身边榜样

——广西大学优秀学子成长记

✦ 左向蕾　文　静　编著

NORTHEAST NORMAL UNIVERSITY PRESS
WWW.NENUP.COM

东北师范大学出版社

图书在版编目（CIP）数据

身边榜样：广西大学优秀学子成长记 / 左向蕾，文静
编著． -- 长春：东北师范大学出版社，2018.1
（广西大学青春榜样系列丛书）
ISBN 978-7-5681-4173-4

Ⅰ.①身… Ⅱ.①左…②文… Ⅲ.①大学生－模范学生－
先进事迹－中国－现代 Ⅳ.①K828.4

中国版本图书馆 CIP 数据核字（2018）第 031840 号

□ 策划编辑: 王春彦

□ 责任编辑: 卢永康　　　　　□ 封面设计: 优盛文化

□ 责任校对: 房晓伟　　　　　□ 责任印制: 张允豪

东北师范大学出版社出版发行
长春市净月经济开发区金宝街 118 号（邮政编码：130117）
销售热线: 0431-84568036
传真: 0431-84568036
网址: http://www.nenup.com
电子函件: sdcbs@mail.jl.cn
河北优盛文化传播有限公司装帧排版
北京一鑫印务有限责任公司
2018 年 4 月第 1 版　　2021 年 1 月第 2 次印刷
幅画尺寸: 170mm×240mm　印张: 21.25　字数: 326 千

定价: 83.00 元

青春榜样

广西大学青春榜样系列丛书

编委会

主　编：左向蕾

副主编：文　静

成　员：（按姓氏笔画排列）
　　　　文　静　　韦兴剑　　王万奇　　　陈晓江
　　　　陈秋旭　　欧阳雄姣　贾琦艳

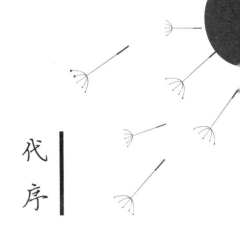

代序

让身边榜样激励青年学子成长

　　"榜样的力量是无穷的。"榜样在青年成长过程中往往会产生举足轻重的影响，有时候甚至能改变一个人的成长轨迹。榜样如同成长道路上明亮的灯塔，为青年人指明前进的方向，给他们以奋进的力量和成长的动力。在社会不断发展的今天，榜样正从"传统英雄"向身边的典型转变。对于大学教育而言，在身边的同学中发掘选拔出来的看得见、摸得着、学得到的朋辈榜样，更能激发他们成长的动力。因此，榜样教育成为我们一种重要的教育方式和有效的教育方法，宣传学习榜样、强化榜样认同和榜样引领作用，在引领校园文化建设、促进时代发展方面发挥着重要作用。

　　在这一教育理念的指引下，近年来广西大学团委通过系列评优评先活动，为广大青年学生树立学习奋斗的榜样，弘扬社会主义核心价值观，弘扬正能量。为更好地发挥他们的榜样引领作用，本书按照"自强不息""学术科研""学术创新""公益行动""道德风尚""团队合作"和"社会实践"7个类型，分别收录了2012年至2016年期间，评选出的广西大学优秀榜样学子及榜样社团队伍的事迹材料。在他们当中，有乐于攻坚、投身钻研的学术先锋；有打破一贯旧思维、探索创新的科研团队；有命途多舛但自强不息的励志青年；有热身公益、爱不独行的爱心大使；有不忘初心、善行善德的道德坚守者；有团结互助、共同进取的优秀团队……榜样类型多样化适应了当代大学生成长的多样化需求。获得奖项的无论是个人，抑或是团体，他们都在用属于自己的方式传递正能量，弘扬社会主义核心价值观。榜样是看得见的"哲理",榜样的精神价值具有其永恒性,不同的奖项蕴寄着对西大莘莘学子的希冀。通过评选每一届学生中有代表性的优秀学子,在校园中树立一个个鲜活的榜样,通过大力宣传他们的精神与品格、感人事迹等,彰显榜样力量,营造了学习先进、赶超先进和争当先进的良好校园氛围。所以,选树身边的榜样,并不仅是设立的一个奖项,更是引领西大学子们拼搏进取的方向,为推动学校"双一流"建设而努力。

总而言之,本书想传递的理念就是每个人身边都有榜样的存在,甚至每个人都可以成为身边人的榜样。我们要善于发现身边的榜样,善于向身边的榜样学习,更要努力去成为自己心目中榜样的样子。

习近平总书记曾说过,"实现中华民族伟大复兴的中国梦,需要一代又一代有志青年持续奋斗。"青年人最有朝气、最富于梦想,中国梦是我们的,更是青年一代的。希望广大青年学子通过阅读榜样事迹,从中感受榜样特有的感召力和吸引力,向他们看齐,学习榜样事迹,传递榜样力量,践行榜样精神,进而树立正确的人生理想,指引正确人生方向,以此砥砺前行。

春风化雨,润物无声。希望每一名有幸看到这本书的读者,通过此书都能有所启迪。

编　者

2017 年 9 月

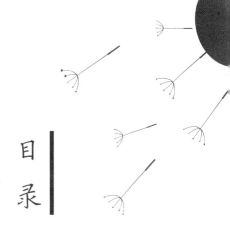

目录

学术科研类 / 113

学术创新类 / 137

自强不息类

成长之路的勇敢者

—— "自强不息"榜样先锋、大学生"自强之星"获得者谢加坚事迹

孟子言：天将降大任于斯人也，必先苦其心志，劳其筋骨，饿其体肤，空乏其身，行拂乱其所为。所以动心忍性，增益其所不能。

这句古语一直作为谢加坚同学的座右铭，影响和激励着他克服成长道路上的重重困难，鼓励他做一个勇敢的挑战者！由于身体的原因，他的成长经历是那么特别；而由于他的坚持与努力，他的故事又是那么感人……

谢加坚，现为广西大学化学化工学院制药工程专业的本科生。下面，我们来听听根据他的陈述整理出来的故事：

一、环境萧然，命运多舛

我 1994 年 4 月出生在广西贺州的一个小山村，从小就患有疾病，导致身体残疾，从小到大都要靠药物来维持生活和学习。

以前家庭务农，现在家庭经济来源主要靠父母打工赚钱，工资较低，人均月收入仅 500 元。随着年龄的增长，父母的体质下降得很快。在我上中学期间，外公、父母均动过手术，现在父亲行走不便，外公和母亲同样要靠药物维持生活。因此，父母的收入根本不足以支撑家庭支出。

现在，我和弟弟均是在校大学生，通过贷款获得接受高等教育的机会。2016 年，我脑膜瘤再次复发，又动了一次手术，目前需要定期复查，用药量极大，需要巨额医药费。所以我在假期去做家教以获得报酬补贴家用。2015 年暑假家访，学院领导和老师在与母亲沟通后了解了我们家的情况。他们的关心给我带来了前进的动力，令我深深地意识到即使家境贫寒，自己也不能停止接受高等教育的脚步。

二、自强不息，砥砺前行

多年以来，由于自身原因，我必须花比常人多得多的时间去学习。实

在不能理解的只能强记，学得比常人辛苦、吃力。小学的时候，我走路上学，四肢残疾的我每次回到家膝盖都是血淋淋的。我的成绩不大理想，尽管每天都学习到日落西山，还要点灯夜读。父母及老师也一直鼓励我，我的成绩还是不尽如人意。后来班主任就给我补课，每天耐心讲解当天的知识点，如果补课到太晚，她就牵着我的手送我回家，我们一直都在坚持。随着时间的推移，我学到的东西越来越多，成绩提高很快，甚至超过了不少同学。我心中的喜悦赶走了膝盖的疼痛。在那以后，我变得自信、坚强，每天美滋滋地，在数学竞赛过后还捧着奖状和奖金回家。经过老师的教导鼓励和自身努力，我考上了市里最好的中学。我永远不会忘记那位人美、心灵美的班主任。

进入中学，科目增多，难度加大，理解更为不易，记忆更为困难。所以我花在学习上的时间比他人更多。我相信勤能补拙，不过实在理解不了的也还是只能强记。每天坚持对当天所学内容进行复习，心中的梦想所带来的动力驱散了身体的疲劳与困倦。我成绩还算可以，竞赛成绩也不逊色，其中数学及化学竞赛均得过省级的奖项。努力终有回报，我考上了广西唯一的一所211高校——广西大学。

大学课程，难度剧增，我的理解力及记忆力受到严峻挑战，天生的缺陷暴露无遗，许多课程的学习都困难重重。尽管如此，我也没有放弃。学习是学生的第一要务，为了顺利完成学业，我学习刻苦认真，勤奋努力，制订合理的学习计划并坚定地完成，学习成绩在班级中处于中上水平。

当然，我的知识不仅限于课内，我还阅读不少课外书，参加不少竞赛。我的兴趣爱好之一就是化学，所以每年参加广西大学"石化杯"化学实验技能大赛。可是，由于自身缺陷，实验环节困难重重，我没有按规定时间完成，但是我仍凭借其他环节的表现取得好成绩——第七届的二等奖、第八届的优秀奖。同时，我已经意识到并采取措施提高自己的动手能力，争取在以后的学习生活中有更多的突破与收获。

三、思想上进，紧跟党走

大学是人生成长的重要阶段，作为一名大学生，我非常注重思想的进步，积极提高自身思想政治觉悟。在十几年的学习中，我深受党的教育和启迪，一直想成为一名优秀的共产党员，所以我紧跟着党的步伐。大二时我鼓起勇气递交了入党申请书，然后积极参加有关党的知识的学习，沐浴在党的教育和启迪中。在学习中，我深深领悟到了"没有共产党，就没有新中国"的真理。从伟大的中国共产党艰难成立，到他们不畏国民党的围追堵截、疯狂屠杀，爬雪山，过草地，再到领导和团结全国人民取得抗日战争的胜利与解放战争的胜利，使饱受剥削和压迫的人民群众翻身，成为国家的真正主人。这个过程就是最好的证明。

为了尽快成为一名光荣的共产党员，我坚定共产主义信念，树立正确的世界观、人生观、价值观，努力学习中国共产党的理论体系，转变思想。生活中，时刻注意自己的言行是否得当，直至成为习惯。我诚实守信，尽最大努力服务他人、奉献爱心。在实践中锻炼，在总结中提高自己各方面的能力，争取早日成为一名光荣的共产党员，更好地为党、为国家和人民服务。

四、饮水思源，服务奉献

作为一个从小到大都要靠药物来维持生活和学习的残疾人，再加上家境贫寒，我深知父母赚钱不易。接受教育期间，我收到过许许多多的资助，如国家助学金、学校的慰问金和企业的助学金等，所以我不能辜负他们，一定要努力提高自己。

首先，身体是生活、学习与工作的本钱，生命只有一次，没有返程票。身体是安身立命之本，珍爱健康，爱惜生命，活得舒心畅意，才能做出更大贡献，实现人生价值。由于天生的疾病我从小就体质极差，因此我每天都在体育场上奋力挥洒汗水，积极锻炼，增强体质。我相信加强锻炼可以让我有更好的精神面貌去迎接未来的学习和工作。其次，我一直都铭记"吃水不忘挖井人"的道理，懂得感恩。因为自己曾受到过许许多多的帮助，所以我服务他人，奉献爱心，参加一些公益志愿者活动、资助育人活动以及志愿者植树活动，以自己的微薄之力回报社会，同时在实践中锻炼，在总结中提高。步入大学没多久，我就去学生会和爱心公益社团绿叶社面试。由于自身先天缺陷，我被学生会淘汰了，所以我更要抓住在社团里锻炼的机会。在社团中，我积极参加活动。福康护老院爱心行动每周末举行，我带着愉快的心情去看望、陪伴老人，与老人聊天，唱红歌，打扫卫生，整理衣物，给老人们送去我的关爱。在拾物箱护理中，我与其他社员们努力打扫干净箱子，清除箱内的残留废物，使社团搭建的广西大学全体师生与失物的桥梁更稳固。在素质拓展活动中，我们在快乐中收获知识与技能。我学会了如何调动社员的积极性，也学到了干部与干事的相处之道。我也积极参加社团干部培训，为换届时竞选干部做准备。我参加了图书馆图书整理工作，方便了师生们查找图书，同时，我还了解了图书摆放的基本规律，为我今后的学习提供了便利。我还积极参与了社团的烈士陵园扫墓活动，在那里，我仿佛回到了激情燃烧的20世纪四五十年代。一个又一个优秀共产党员展现在我的面前，我的心灵受到了强烈的震撼。我要珍惜这来之不易的机会，努力学习和工作，争取早日成为共产主义接班人。在工作中，我努力付出，最终被评为绿叶社优秀社员，因此我也更加努力提高自己。我要坚强地走下去。

实践是检验真理的唯一标准。回想在社团工作的点点滴滴，有欢笑，有汗水，有关爱，有提高。我的能力是否提高需要检验，社团干部换届时，我勇敢迈出竞选干部的一步，面对学长提出的问题，我回答得有条不紊。在此次竞选中，我获得了成功，当上了秘书部副部长。这是社团对我能力的肯定，我感到无比自豪，我必须更努力工作回报社团，同时进一步提高自己的能力。社团招新时我认真听取他们的回答，从而初步分析即将成为干事的新生的性格以便于日后的工作。知人才能用人，用人不疑，疑人不用，这样才能建设好部门。秘书部负责的最主要工作是学院里的贫困生义务劳动时间的计算，此项工作要求极其细致，不允许出现计算错误，这就需要挑选细心的干事来执行。在这项工作中，我们表现出色，获得了学院和社团的表扬。当然其他的工作也不错。秘书部被评为社团的优秀部门之一。通过我和其他干部的努力，绿叶社的秘书部变成一个极其友爱的大家庭。我们团结一致，互帮互助，在社团的活动中奋力拼搏，创出佳绩。我们也开展部门活动以增进部门的凝聚力，干事们在开心地参与社团活动过程中，能力也得到了提高。我工作极其认真，相对于他人来说，我各方面都较为出色，所以我被树立为社团的榜样。

梦想不是让一个人瞬间伟大，而是让一个人拥有希望和色彩。梦想不一定能成就我的人生，但一定能丰富我的人生，这就是梦想的魅力所在！我怀揣着成为一名伟大的科学家，从而实现自己人生价值的梦想，努力拼搏，全力以赴地学好和掌握专业知识与技能，大胆创新，争取为治疗疑难疾病做出一些贡献。

背起妈妈上学，不做命运的低头人

——"自强不息"榜样先锋杨洋事迹

"一点点的进步都要付出比别人更多的汗水与心血，不做命运的低头人"是杨洋始终坚信和践行的准则。

杨洋，女，汉族，中共预备党员，广西大学外国语学院外国语言文学专业2014级研究生。面对母亲病重，生活的压力，求学的坎坷，从不向命运低头。她选择做一个顽强拼搏的挑战者，成了周围同学和朋友的榜样，同时，她还热心公益，乐于助人，时常怀着感恩的心回报社会。

下面，是根据她的陈述整理出来的事迹材料：

一、自强不息，热爱学习

我来自广西桂平市一个普通的家庭，从小与母亲相依为命。虽然从小失去了父爱，家庭也不富裕，但那确实是个温暖幸福的家。从小到大，最令我发怵和害怕的就是每次交学费的时候，因为我深知母亲一个人撑起一个家的不易和辛酸。但是我很懂事，了解家里的情况，每天放学回家，我就拼命地帮着体弱多病的母亲干活补贴家用，我把家里面所有的家务都承担下来。年仅10岁的我仿佛一夜之间长大了，学着用自己单薄的肩膀承担家庭的责任。随着年龄的渐渐增长，我可以靠自己的力量挣钱了，每到周末或暑假，我就去蚊帐厂、餐馆打临时工，洗碗碟、发传单……大大小小的活我都干过，为的就是攒够学费，不让母亲更加辛劳。2010年，我经过自己的不懈拼搏与努力终于考上了大学，但是5 000元的学费对这个贫苦的家庭实在太沉重，家里几乎借遍了所有的亲戚才勉强凑够了大学的学费。

2016年9月，报到第一天我独自来到这个陌生而美丽的校园。那时，我心里暗自下定决心，一定要努力学习，自立自强。只有这样才能对得起母亲的辛勤培育，对得起关心爱护自己的人。在老师的帮助下，我在学校坚持勤工俭学，解决了自己的生活费用。在生活上我非常简朴，每天省吃俭用，从不舍得多花一分钱，然而我却乐观开朗，丝毫不埋怨命运的不公。平时的课余时间我就会勤工俭学或者外出做家教，暑假和寒假同学们都高高兴兴地回了家，我却在打工挣钱，为的是尽量攒够下一年的学费。我身上的担子比别人要重得太多太多。学习虽然紧张，但我热心帮助同学，积极协助老师开展工作。从入学开始一直担任英语103班学习委员一职，我主动承担工作和任务，组织班级学习活动，加强班级组织建设。我曾在学院学生会外联部、勤工部等部门任职。由于工作认真负责、表现突出，我赢得了老师和同学们的一致好评。在大学广阔的舞台上，我绽放自己的芬芳。

我勤学好问，刻苦钻研，学习成绩非常优秀。每学期平均成绩都在85分以上，每学年综合测评全班名列前茅，自入学以来，获得多项荣誉：2012年、2013年度广西大学春雨奖学金；2010—2011学年、2012—2013学年广西大学"三好学生"荣誉称号；2012年度广西大学外国语学院英语演讲比赛三等奖；第三届"东方正龙杯"广西区翻译大赛优胜奖；2013年度广西大学暑期社会实践"先进个人"；2014年度"感动西大学生年度人物"荣誉称号；2015年度全国大学生英语竞赛研究生组三等奖。在科研上，2012年主持"广西大学创新创业训练计划项目"校级项目一项，研究课题为"广西外宣翻译现状与调查"。2014年主持院级项目一项，研究课题为"基于语料库的中国—东盟国家主流媒体英文报刊语篇分析"，成为同学们学习的榜样。

二、背着妈妈上学，弘扬"百善孝为先"的传统美德

大学一年级整整一年的大学生活我过得很充实，眼看开学就是大二了，等到完成学业就可以找一份合适的工作赡养母亲，让她过上幸福的生活了，每每想到这里，我的内心便充满了信心和希望。然而，2012年3月18日，一个噩耗打碎了我的梦想。我最爱的母亲，这世界上唯一的亲人被确诊为乳腺癌中晚期。如果不尽快住院做手术，母亲生命危在旦夕。我感到晴天霹雳一般，为何命运如此不公，上天连自己唯一的亲人也要夺走？家徒四壁，我把家里的积蓄找遍也只凑出5 000多元钱，连住院费都不够，更不用说手术了。母亲知道家里的情况，为了不拖累我，决定放弃治疗，说什么也不肯去医院。面对满目疮痍的家，面对被癌症折磨得痛苦不堪的母亲，

我毅然决然挑起了所有的重担。哪怕拼尽自己的一切，也要和死神抗争，和命运抗争，挽救母亲的生命，不能让唯一的亲人就这样遗憾离去。

我一边耐心地劝导母亲积极配合治疗，一边还得想办法凑齐救命钱。几天几夜没合眼，挨家挨户地把所有亲戚家跑遍，不惜低头下跪哀求医院的医生救救自己的母亲。我数不清自己哭过多少回，流过多少泪，然而却从来没有萌生放弃的念头。每天两点一线，学校医院两头跑，我不仅独自一人在医院照顾母亲，还要马不停蹄地去求助学院老师同学、外面的媒体、当地的慈善组织和社会好心人士。只要有一线希望，我就感觉像抓住了救命的稻草。凑足手术费用的过程进展得并不顺利，我常常碰一鼻子灰，受了委屈回到医院还得故作轻松的姿态。我不仅想方设法化解母亲心理上的压力，还总是鼓励她"要有信心，病一定会好的"，可又有谁知道我内心的无助、煎熬、痛苦、辛酸？人们常说，"上帝是公平的，它关上一扇门的同时也为你打开了一扇窗。"经过学院老师和同学们的帮助，我的事迹很快受到了媒体和社会的关注。同学们无不被我自强不息的精神所感动，纷纷为我捐款，将近6 000元的捐款送到了医院。得到那么多人的支持和帮助，让我更有勇气面对这一切，也让母亲重新燃起了生命的希望。

当母亲完成所有治疗后，我不放心把年老体弱的母亲独自一人留在家中，于是做出了一个大胆的决定——"带着母亲上学"。这对于一个年仅20岁的大二学生可不是一件容易的事。这就意味着一边学习，一边照顾生病的母亲，还要工作维持家里的生计和母亲高额的药费开支。生活的重担和巨大的心理压力都重重地压在我一个人身上。没有和任何人说，我只身带着母亲租住在学校的一间小房子里。白天我和别的同学一样上学，可一回到家就忙着准备饭菜，承担一切家务，照顾母亲的饮食起居。到了晚上我外出工作，兼职做家教、培训老师等。一到冬天，夜里寒风刺骨，特别是遇上风雨交加的夜晚，冰冷的雨水打在脸上，让我感到痛彻心扉的寒冷。学业繁忙的时候，经常顾不上吃饭就得往外跑，而且为了省钱常常只啃一个面包就白开水。长年累月身体透支，让我落下了严重的胃病和营养不良症，体重也掉了近10千克。别人问我觉得苦不苦，我总是莞尔一笑说，"虽然命运对我不公，但我依然笑着面对生活，不能做命运的低头人。"虽然生活的重担牢牢地压在我一个人身上，但在学习上，我丝毫不马虎，从不因为工作而耽误学习。因为工作需要，每天晚上我必须外出工作到10

点，但工作回来后，我总会抓紧时间把当天的学习任务完成，认真预习第二天的上课内容。学习到凌晨一两点，对我来说，是习以为常的事。我深知在大学的美好时光里，应该倍加珍惜这来之不易的学习机会，平时为了工作我不能像别的同学一样多花时间在学习上，工作之余我更要努力学习刻苦钻研，争取成为一名品学兼优、在学术上有所建树的优秀大学生。

三、热心公益，以感恩的心回馈社会

能够得到老师、同学们和众多社会好心人士的帮助，我时常怀着感恩的心，希望能用自己的实际行动回报社会。在大学期间我就多次参加无偿献血活动，还利用周末、暑假时间参加学院组织的万历社区"爱心家教""走进中兴社区"等志愿者活动。

（一）爱心家教，只为孩子们的梦想——万历社区爱心家教活动

2012年6月，广西大学外国语学院和林学院联合发起了一次万历社区"爱心家教"志愿者活动。我带领身边的同学们，亲身参与到这次活动中。社区的孩子们家庭经济条件并不富裕，许多父母虽然为孩子的学习成绩着急，却无力负担额外的家教费用。"爱心家教"让社区里每一个孩子都拥有了家教老师，我们用自己的青春和奉献精神传递知识，为孩子们树立起榜样。一个学期的"爱心家教"服务让孩子们在收获知识的同时，也收获了关心和温暖。相信今后，会有越来越多的同学加入"爱心家教"的大家庭，传递社会正能量。

（二）关注儿童成长，传递孝心和温暖——走进中兴社区志愿者服务活动

2014年暑期，由广西大学外国语学院"绿十字"协会发起了一项关注儿童成长、尊老爱幼的社区公益活动。我作为成员之一，和其他志愿者一起策划、参与了此次活动。活动得到了社区党委书记及群众的一致好评。志愿者们走进每一个家庭了解询问孩子的学习情况，并慰问孤寡老人。暑假里，我们辅导贫困家庭的学生学习，组织生动有趣的"第二课堂"，带着孩子们做游戏，参加户外素质拓展活动。除此以外，我们还帮助老人们洗衣做饭，奉上了精彩的文娱活动。每一次志愿者活动都让我深切感受到"奉献自己，快乐他人"的志愿者服务精神。

经历了一次次磨难，我用一颗勇敢的心承担苦难，战胜命运，也更令我感受到了社会的温暖，感觉自己在众人的关爱下成长。刚开始研究生生

涯的我始终坚持参加志愿者服务，时刻用感恩的心面对生活和自己的人生。

经历了那么多的磨难，乐观的我说道，"我只是一个平凡的大学生，没有什么惊天动地的事迹，只是经历的事比别人多，吃的苦比别人多。我只想用自己的故事去温暖每一个人，告诉他们相信自己，坚强乐观，相信爱，相信奇迹！"

不甘平凡，科研路上的潜行者

——"自强不息"榜样先锋周继续事迹

本人周继续，男，汉族，中共党员，广西大学机械工程学院机械制造及其自动化专业2013级硕士研究生，主要从事城市轨道交通车辆与电力机车在线监测与故障诊断、节能优化操纵、列车安全防护等领域的项目研究开发工作。硕士研究生期间自力更生，艰苦奋斗，参加各类社会实践与社会工作，学习刻苦努力，综合学习成绩专业第一名；科研奋进拼搏，积极参与导师的科研项目和各类研究生电子设计大赛，注重科研成果转化。在工作、学习、科研过程中勇于探索，不畏艰辛，自强不息，勇往直前！

一、生活自力更生，学习刻苦努力

我出生在一个普通的农村家庭，父母供养出我和两个姐姐三个大学生已经实属不易。从本科时期起，我便很注重个人生活的自力更生、艰苦奋斗。进入硕士研究生阶段，我更加刻苦努力，以期能够更好地协调好工作、学习和科研。社会工作方面，在研究生期间，我做了广西大学工程力学课程半年的助教、一年的高三数学辅导家教、半年广西职业技术学院兼职老师，基本实现了自给自足。但是作为一名研究生，最重要的还是搞好自己的学习和科研。因此，为了弥补自己兼职所花费的时间，每天早晨我都会早起一些时间，晚上我会在实验室学习到11点钟，等着实验室关门才回宿舍，静静的实验室让我感觉学习是那么充实。虽然有时候会感觉很累，但是经过克服困难，努力拼搏后，我会感到付出的努力都是值得的。目前，个人的综合学习成绩专业第一名，获得2014年度、2015年度硕士研究生国家奖学金（全院仅1人连续获得国家奖学金）、2015年度宝钢优秀学生奖学金（全校硕士研究生仅1人获得）、广西壮族自治区三好学生、广西大学优秀研究生等荣誉称号。

二、科研奋进拼搏，注重成果转化

科研方面，自 2014 年 3 月以来，主持广西研究生教育创新计划资助项目（城市轨道交通车辆节能优化操作系统研究，NO.YCSZ2015039）1 项，参与国家自然科学基金（基于以太网的高速列车状态监测与故障诊断技术研究，NO.51165001）1 项、广西自然科学基金项目（高速铁路弓网振动机理及其故障诊断技术研究，NO.2013GXNSFAA019297）1 项，发表相关研究论文 5 篇（EI 收录 2 篇），且论文 Research on Comprehensive Method of Metro Train Optimum Handling and Train Scheduling 已在国内车辆顶级 SCI 期刊审稿，申请发明专利 3 项（公开号 CN104656452A、CN104090244A、CN104807639A），获得授权软件著作权 2 项（登记号：2014SR011123、2015R11L230082.）。

在科研成果转化和项目的实际应用方面，我通过不同渠道增强自身的动手实践能力，以期能够学以致用。期间参加了第二届中国（国际）传感器创新设计大赛并获得华南赛区一等奖（广西仅获得 2 项一等奖），参加第十届中国研究生电子设计竞赛并获得华南赛区二等奖（广西获得 2 项一等奖、2 项二等奖、5 项三等奖），参加首届"互联网＋"大学生创新创业大赛并获得广西壮族自治区铜奖，通过项目产品的竞赛提高自身的动手实践能力。2015 年 4 月以来，与西安某电气有限责任公司合作开发项目，担任该公司项目部助理工程师，所研究的项目通过中国铁道科学研究院和中国铁路总公司 CRCC（中国铁路产品认证中心）权威认证，并于 2015 年底装车试验，成功实现了项目研发的成果转化，并有望获得良好的社会和经济效益。

三、提升人文修养，热心服务师生

作为一名工科生，我深知人文素养和社会工作的重要性，硕士研究生期间担任了机械工程学院 2013 级研究生团支部书记、党务副班长、研究生会副主席、研究生第一党支部组织委员等职务。积极为同学服务，多次参加学校迎新志愿者等社会实践活动，平时喜欢看书、爱好文学写作。本科期间获得全国散文大赛精锐奖、大学生创新实验计划项目中期审核一等奖等各类大赛奖项近 50 项，并在校报发表散文、评论十余篇，研究生期间发

表散文、评论 2 篇。迄今为止，我获得了广西大学十大团员标兵、优秀共产党员、优秀学生干部、优秀团干部、优秀志愿者等荣誉称号，并在广西大学第四届研究生辩论赛预选赛中获得"最佳辩手"荣誉称号。

四、积极参加活动，养成良好习惯

身体是革命的本钱，在学习工作之余，我积极参加体育锻炼，期间担任机械工程学院研究生气排球队队长、篮球队主力队员，多次参加体育竞技项目，并获得了广西大学研究生气排球比赛第四名的好成绩。个人卫生方面，我积极培养良好的生活和卫生习惯，所在宿舍获得广西大学文明宿舍荣誉称号。担任学生干部期间，组织了研究生迎新晚会、各类研究生学术活动、院气排球比赛、院辩论赛等活动，获得了师生的好评。

回顾过去，立足现在，展望未来。工作和成绩只属于过去，在接下来的学习、工作和生活中，我会坚定地做到学习刻苦努力、科研细致投入、工作认真负责、生活严于律己，乐于助人，服务同学，自强不息，艰苦奋斗，争取取得更好的成绩。

奋进拼搏，肩负着一个家庭的未来

——"自强不息"榜样先锋沈扬双事迹

青春是一段激情燃烧的岁月，理想是一个无悔奋斗的过程。经过大学时光的磨砺，我稚嫩的面容渐渐地褪去，我怀着一颗赤子之心，正成长为一个敢于拼搏、勇于奋斗的热血青年。在生活中勇于接受挑战，坦然地接受生活带给我的一切：或是阳光，或是暴风雨。大学是我寻找自己理想、人生观、价值观的过程，我在生活中不断地锻炼自己，在知识的海洋里源源不断地吸取知识营养，在社会实践和公益活动中不畏艰险地培养自己的精神和各种能力。

一、个人的基本情况

我是动物科学技术学院水产养殖学专业 2012 级的学生沈扬双，来自一个农村家庭。家里年迈的父母仅靠务农来维持一家人的生计。父亲由于上了年纪而劳动能力下降，母亲更由于长年辛勤劳作，积劳成疾。困苦使人学会坚强，困难并没有压倒我的家，反而使我的家更加团结和温馨。从小在父母的关爱和教导下，我懂得了体谅父母的辛苦，为家里分担家务，学会去做一个善良朴素的农民孩子。父母在田间汗流浃背地劳作的身影深深地印在我的脑海里，他们早出晚归的一幕幕至今让我心疼不已。我还清晰地记得，早早起来晨读的清晨、学习到深夜才睡觉的夜晚。功夫不负有心人，经过无数个日日夜夜的拼搏，我终于进入自己理想的学校读书，我就读于广西大学，弟弟就读于县里的重点高中。

成功的喜悦伴随着无限的压力。昂贵的学费和生活费是我们这样一个普通农村家庭无法负担的，经济问题像恶魔一样一直缠绕着我们家。尽管全家省吃俭用，父母夜以继日地工作，还是难以维持。为了减轻父母的压力，我经常去做兼职，以获得微薄的生活费用。看着父母一日日老去，我

多么希望自己可以工作为他们撑起一片幸福的晴空，让他们过上幸福的生活。

二、我的大学生活

从我走进大学的大门起，我就告诉自己，这是父母用生命给我筑造的学习殿堂，我要在这里用我的汗水浇灌父母的希望，浇灌我的理想，献上我无悔的青春。

犹记得那一年我背上父母为我准备的行囊，在父母深情的目送中，我含着不舍的泪水独自一人踏上大学的征途，来到这陌生的城市。我时刻注意着父母交给我的银行卡，感觉沉甸甸的。因为这卡里的5 000元是全家人省吃俭用，父母多年从牙缝中为我省下的学费，是他们日日夜夜辛勤积攒下来的血汗钱，也是我在大学期间唯一一次向父母要的学费。我知道上大学以后的生活要靠自己来维持，我要通过自己的能力赚钱来完成自己的学业。在以后的大学生活里，我依靠辛勤的兼职来挣得一部分生活费。我凭借勤奋学习、优异成绩获得了国家励志奖学金、专业奖学金等奖学金，奖学金自然成为我主要的经济来源。至今让我激动不已的是弟弟没有生活费，我用自己刚刚得到的奖学金给他打了600元，那时候我的心里是多么自豪。我就这样通过自己的省吃俭用、努力拼搏，维持着自己的大学生活。在这里我想对每一个大学生说出肺腑之言：珍惜在大学的时间，不要在游戏中荒废了时光，凋零了自己的青春，大学有我们的理想和未来，值得我们为之奋斗。

在学习方面，我刻苦努力，在课堂上积极参与到老师的讲课中，认真完成老师布置的学习任务和作业，掌握好专业知识，关注专业的发展。大学以来我的专业成绩一直名列前茅，丝毫没有半刻松懈自己的学习，经常和同学一起去图书馆学习。我勤学好问，面对自己不懂的问题刻苦钻研，怀着一颗严谨求知的心经常与同学讨论，虚心向老师请教。我深知仅学习课本的专业知识是不够的，在掌握好专业文化知识的前提下，我广泛地阅读其他书籍，如经济学方面的书，开阔自己的视野，丰富自己的知识。我参加广西大学的创新创业计划项目，做我们项目的负责人。我和我们组的成员在艰苦的环境下进行科研，吃苦耐劳，增强我们的科研能力。

我在学好文化知识的同时，也同样注重对自己能力的培养锻炼。我积极参加社团活动，丰富自己的大学生活。我还加入学生会，竞选上了宣传部的部长，能成为宣传部部长我深感荣幸。在宣传部，我付出了好多精力，也收获了许多。我学会了许多宣传知识和技能，更重要的是我增强了自己的能力，学会了与人沟通。在宣传部里我组织了很多学院的活动，如策划并组织、编辑 2013 年 98 页的院刊；策划并配合学生会组织 2014 年"四院书画"大赛，参加人数约 2 000 人，时间长达 40 天；配合学生会组织毕业生欢送会、女生节活动、校运会、院运会等。在这个努力奋斗的过程中，不仅使自己的领导能力和组织能力有了一定的提高，更重要的是我能够全心全意地为学院、老师、同学服务，贡献自己的力量。

功夫不负有心人，我在大学的学习生活过程中，取得了一些令自己和父母欣喜的成绩。这些成绩对我而言是一种鼓舞，激励着我不断奋发图强，鞭策着我迈向更好的未来。

三、奉献自己，让自己成为一道亮丽的风景

怀着一颗感恩的心，奉献自己的一分力量，让世界充满爱。在大学的日子里，我尽自己的力量去帮助需要帮助的人，能在别人需要我的时候伸出援助之手是我快乐的源泉。我们上小学的时候被称为"祖国的花朵"，在爱的世界里成长，当我们羽翼丰满，也要肩负起回报社会、帮助他人、建设美丽和谐社会重任。

图 1-1

2013 年 12 月 5 日 8 点，我打完球回到宿舍看到高中老师的三个未接来电。我回过去电话才知道一个性命攸关的重任落在我的肩上。事情非常紧急，一位年过六旬的老爷爷突发心脏病，第二天动手术，需要大量输血，手术费用高昂是他们家人无法承受的。我便立刻联系 10 名充满爱心的同学无偿为他献血，节省医药费，使手术顺利进行。这时候，我深切地体会到生命之线是相互连接的，你的血液流淌在另一个生命中，延续了他生命的长度，彰显了人间的大爱。这是世间多么美丽、多么快乐、多么神圣的事情。

在我们学院爱联社的感召下，2014年11月10日，我们组成一个团队到南宁市西乡塘区裕兴小学支教，用爱心传递知识。我们进行了支教活动的策划，支教内容的选择、收集和准备。我们讲的内容是"关注消防，珍爱生命"，传授消防知识，教他们在遇到危险的时候如何逃生。看着那一双双求知的眼睛，我感觉那么熟悉，仿佛是小时候的自己，这是多么具有意义的工作。把自己所学，传播给他人，是爱心的传递，是知识的薪火相传。

2015年6月18日—7月18日，我到广西钦州南区牡蛎合作社为当地沙井村的渔民服务，这是一次用我自己的专业知识到农村去实现价值的宝贵机会。我们同行的一共有三名同学，第一次体会到渔民艰险的生活，我们和渔民一起接受大海的挑战。我们的工作是监测牡蛎幼苗的数量变化，为渔民的牡蛎生产采苗期提供科学的预报。让他们可以准确地投放牡蛎采苗器，采集牡蛎幼苗用于生产，帮他们提高经济利益。我们不畏大海的危险、风浪的打击，我们跟随渔民的小渔船在海上漂泊着，过着原始人一般的生活，晚上没有电，一片漆黑，只有风浪拍打着渔船，衣食住行都在小渔船上进行。在浩瀚的大海中只有我们一只小渔船孤独地漂泊，每当遇到大风浪的时候，感觉是那么危险。我们紧紧地抓住小船，仿佛那就是我们的生命线，必须紧紧地拽在手中，丝毫不敢放松，担心一松手大海就会把我们吞没。我们和渔民同甘共苦，为了他们的经济来源一起艰苦奋斗的日子，我今生将铭记于心。

一个人的力量是有限的，但是只要我们都怀着一颗感恩的心，就能汇聚成爱的长河，滋养着每一颗需要关怀的心。让我们手拉手，心连心，为社会奉献我们的力量，实现我们人生的价值。

四、结束语

凤凰求生于火，珍珠生于伤痕。我在自己的大学时光中勇敢地面对困难与挑战，在生活、学习、工作中遇到的困境中洗礼着自己，用激情点燃自己的理想，用汗水滋养我翱翔的翅膀。

生活中没有谁会是一帆风顺，艰难困苦并不可怕，可怕的是在艰难困苦面前丧失了前进的勇气，停下脚步。迎难而上，敢于向磨难发出挑战并战胜磨难，方显英雄本色。正是这样的精神在我的内心燃烧，并激励着我，鼓励着我不断地取得进步。

　　大学对于自己而言，虽然取得了很大的进步，但是大学的学习和生活所能给我的，并且我所能够接受的毕竟是有限的。只有把握住今天，才能在今后的学习、工作和生活中，不断完善自我，提高自我。我真诚地希望每一个青年和我一起奋勇直前，不负使命，让自己成长为一个有能力、有理想，对国家、社会、人民有用的人，创造出新的辉煌。

　　我要特别感谢学院领导的大力培养、老师在专业方面的深入指导以及同学们在工作和生活中给予我的支持和帮助。

不能选择出生，那就努力改变命运

——"自强不息"榜样先锋朱济友事迹

前言："成功的花儿，人们只惊羡她现时的明艳，然而当初她的芽儿，浸透了奋斗的泪泉，洒遍了牺牲的血雨。"

朱济友，男，汉族，中共预备党员，林学院林学专业 121 班学生。曾任林学院学生会主席，广西大学赴台交流团团长。曾获国家奖学金、国家励志奖学金、上海黄奕聪公益奖学金、马君武纪念奖学金、广西恒大优秀学子奖学金、连续多次荣获专业一等奖学金、2013—2014 年度自治区三好学生、自治区 2013—2014 年度优秀志愿者标兵、2013 年全国英语竞赛优胜奖、广西英语翻译大赛优胜奖（两次）、2013 年度广西宾阳县邹圩镇大学生志愿服务"突出贡献奖"等。

一、贫困家境成长路

我出生于南宁市宾阳县一个贫困的农村家庭，和千千万万个广西农村少年一样，我也是一个平凡的男孩。正所谓家家有本难念的经，我也不例外。初中的时候，母亲由于重病动了两次手术，巨额的医药费让整个家庭陷入了困境，并因此欠下高额外债，母亲术后干不了重活。而因为母亲治病花去大量的费用再加上缺乏劳动力，家里已经一贫如洗。家里唯一的收入来源是父亲的劳作，且仅能勉强度日。然而上天总是那么爱开玩笑，大一那年，我的父亲因为车祸导致轻度瘫痪卧病在床，生活难以自理，家庭的经济支柱瞬间倒塌，整个家庭陷入了双重困境。

从小家境贫困，母亲因病干不了重活，我小小年纪就特别懂事，学会做家务、干农活、帮母亲熬药，以此减轻父亲的负担。从小学到高中，由于家里经济困难，难以支付我的学费，所以家人经常要四处借钱，筹集我所欠下的学费。为维持生计、替父亲分忧，我和哥哥每天凌晨三四点就起床摘豆角、摘菜拿到集市上去卖。家里离乡镇比较远，为了节省两块钱车费，我们背着捆好的豆角、青菜，徒步走在崎岖的山路上，漆黑的路上只有那一高一低两个瘦小的身影。就这样，我们一直默默地坚持着。

也许挫折已经折断希望的手臂，但是我依旧坚信未来会给我一双梦想的翅膀，因此这样的挫折并没有将年仅18岁的我打倒。虽然条件艰苦，但是我从不抱怨，从不悲观，暗自下定决心，要走出农村，有所作为。

二、自强不息挑重担

高考结束后，刚刚步入成年的我，就开始通过自己的双手赚取上大学所需的学费及生活费。我曾在饭店当过服务员，在电影院检过票，在公交车站卖过票，在大街上发过传单，在食堂打过杂……虽然工作非常辛苦和劳累，但我一直在坚持着。我在不断的兼职中收获了自信，提高了自身的生存能力，在工作中变得更加细心和有责任感，我学会了如何更好地去服务大众；在服务别人的同时也学会了如何去恪守诚信，并在诚信中不断地完善自己的人格。当然，最重要的一点就是，勤工俭学使我的学习生活有了一个坚实的物质基础，使我能专心地投入到学习中去。这让我的内心感受到踏实，而且在这种踏实中，我变得更加坚强。

图1-2 自立自强挑重担 —— 在酒店兼职服务员　　图1-3 自立自强挑重担 —— 在公交车上兼职售票员　　图1-4 自立自强挑重担 —— 稚嫩的肩膀扛起家庭重担

"流自己的汗，吃自己的饭"。上大学至今，我从未开口向家里人要钱。每天在学习、管理学生会的工作之余，我都安排了兼职。当我出门的时候，舍友还在熟睡，当我回到宿舍的时候，舍友早已熟睡。我将现在的艰苦当成另一所大学，努力学习怎样积极地生活。富贵贫穷由天定，我相信，既然不能选择自己的出身，那就选择积极的生活态度和生活方式。尽管出身贫困，父亲意外遭遇车祸更是让家庭经济雪上加霜，但我依然不屈服于眼前的困难，勇敢面对，做到自力更生、自强不息。

三、勤奋刻苦获佳绩

尽管家庭陷入困境，但我依旧顽强不屈，我展现的是新时代大学生的孝德与自强之美，我背负着一个沉重而又充满希望的未来。

在专业技能的学习上，我认真刻苦、成绩优异。自入学以来，我保持着专业综合成绩年级第一的排名，曾获国家奖学金、国家励志奖学金、上海黄奕聪公益奖学金、马君武纪念奖学金、连续三次获得广西大学专业一等奖学金。并先后通过了国家英语四级、计算机一级考试。

在文体竞技比赛中，我敢于挑战，积极参与，并崭露锋芒。曾获2013年全国英语竞赛优胜奖、广西第四届英语翻译大赛优胜奖、广西大学flash动画制作大赛二等奖、广西大学第十届女生节定向运动比赛第一名、广西大学校史馆"讲解员之星"大赛第三名、广西大学第五届饮食文化节蛋糕DIY比赛第一名；林学院运动会集体跳绳第一名、林学院专业技能大赛钢笔画大赛三等奖、林学院2013—2014年学风建设"优秀工作者"、林学院2014年科技文化艺术节之认树大赛专业组第二名、林学院2014年科技文化艺术节班级风采展第一名、林学院2014年科技文化艺术节之蛋糕DIY创意大师比赛第一名、专业技能大赛之叶脉书签装饰画大赛第一名、林学院2014年专业技能大赛之"森林大冒险"第一名、专业技能大赛之"低碳达人"第二名、最环保实用奖、广西大学环境学院"环保随手拍"比赛二等奖。

在学习上，我作为林学院教学信息员负责人，曾多次组织学院各班级同学开展学术研讨活动，如2013年新生中文辩论赛、全国英语四、六级经验交流会（四次）等，并广泛收集、整理有关专业课程的学习资料，建立了一个学习资料库，让更多的同学受益。

图 1-5　勤奋刻苦获佳绩——荣获 2013-2014 年度"林院学子榜样力量"自强不息奖

图 1-6　勤奋刻苦获佳绩—2013 年林学院专业技能大赛四项比赛均获第一名

四、逆境途中扬自信

在逆境中，我始终保持乐观积极的态度，入学以来，我积极参加学生会，从一名小小的见习干事一步一个脚印向前走。我在自身的努力下，成功当选林学院学生会主席。我还在当地首次组建了一支大学生志愿服务团队，开展关注留守儿童活动。在我们的活动影响下，号召乡政府工作人员为当地贫困村募捐到了一大批衣物和文具。我不仅负责策划组织各项文化体育活动，还积极参与其中。在校内外各项活动中，表现出色，荣获各类国家级、自治区级以及校级荣誉，展现了西大学子的青春风采！

图 1-7　逆境途中扬自信——担任院学生会主席、广西大学校园校史形象大使

图 1-8　心存感恩献爱心——组建大学生志愿团深入山村开展支教服务活动

　　我在志愿服务方面起着表率的作用，曾获全国英语辩论赛优秀志愿者、全国体操世锦赛志愿者、自治区 2013 年大学生志愿者关爱农村留守儿童活动"先进个人"、南宁市万历社区爱心家教公益活动优秀教员、自治区"美丽广西，清洁乡村"活动优秀团长、"世界水日公益护水大使"、2013 年广西大学"优秀接新志愿者"等荣誉。

　　在学校的活动和评比中我也有出色的表现，曾获 2014 年度自治区三好学生、2013 年度广西高校优秀大学生志愿者、2013 年度广西大学优秀学生干部、2013 年度"林院学子·榜样力量"道德文明奖、2014 年度"林院学子·榜样力量"自强不息奖、2013 年度广西大学学生暑期社会实践活动"先进个人"、广西大学2013 年度"优秀共青团员"、广西

图 1-9　心存感恩献爱心——世界体操锦标赛志愿者

大学 2013—2014 年度"优秀学生会工作者"、2014 年预备党员培训班"优秀学员"。

　　用一颗感恩的心去对待生活，永远保持一颗向善奉献的心，我从身边那些很微小的事做起，去帮助别人，提升自己。我始终相信，在生活中，只有以一颗感恩的、平常的心去服务大众，才能在实践中塑造自己。

　　（一）海峡两岸携手奋进，桂台学子扬帆远航

　　广西大学－台湾大学第八期暑期社会服务实践活动已经取得圆满成功，我作为本届赴台交流团团长，从团队组建以来，一直负责整个团队的活动开展和活动记录，融合了桂台两地的历史文化，对宣传壮族与高山族的民俗文化，增进两岸青年学子的相互信任和友谊，唱响两岸文化交流的时代强音起到了积极的推动作用。

　　参加这次活动不仅使每一位赴台的同学的组织能力、服务意识、奉献意识得到了进一步提高和充分的体现，还有利于提升双方大学生的个人素养，完善个性品质，而且还能拓展学生的视野，增进两岸大学生的情谊，促进两岸大学生相互了解对方的学习、生活，了解两岸当地风土人情，进一步深化了两岸青年之间的文化交流。

图 1-10 社会实践长才干——为台湾大学研习生及校领导讲解校史

图 1-11 社会实践长才干——带队赴台湾开展社会实践交流

（二）聚焦美丽广西，关注贫困山村

我是林学院学生会主席，在 2014 年暑假，我带领林学院团委、学生会发起了巴马实践活动，组建了巴马实践团队，并担任本次实践团团长。

实践团队在我的带领下，在当地开展了支教活动。通过一系列丰富多彩的活动，我们将外面的世界和大学生应有的青春风采展现给孩子们，激励他们奋发读书，走出大山。并通过对安全技能和知识的讲解、培训，培养孩子们的团队合作精神，让他们学会独立、信任他人、互相帮助。我们还在随后的行程中，前往弄王屯考察、讨论初步改造规划方案以及开展大石山区石漠化现状调查。

图 1-12 社会实践长才干——赴巴马开展暑期社会调研活动

在本次实践活动中，我身体力行，让每一位成员明白大学生社会实践是引导大学生走出校门，走向社会，接触社会，投身社会的好形式；是促使大学生投身改革开放，培养锻炼才干的好渠道。

（三）宣讲校园校史，践行文明风尚

2013 年 7 月 3 日，广西壮族自治区教育厅厅长秦斌莅临广西大学，在广西大学赵艳林校长、梁颖书记等领导陪同下参观校史馆。我作为校史馆讲解员及林学院学生代表，带领领导团参观校史馆，并为领导详尽地讲解了广西大学源远流长的历史。在讲解中展现出自己丰富的知识底蕴，并且深入浅出

地将广西大学的历史表现得有血有肉，富有感染力，充分展示了西大学子应有的风采，深受领导的认可和赞赏，为学校增添了新一笔荣光！

五、科技创新搞科研

我善于思考，乐于探究，以饱满的热情，焕发青春的创新活力，激发独特的创新才能，善于将自己所学知识融入实际中。2013年，我成功申报自治区级"大学生创新创业训练计划"创新课题的项目，并作为负责人主持该项研究。与此同时，我积极参与院级创新项目研究，成为"林学院植物培育研究"的创新项目总负责人，组织更多的同学参与其中，发掘潜力，服务于更多的同学。

六、心存感恩献爱心

自2012年9月入学以来，我先后参加了校内外大大小小的各类活动几十余次，组织开展各类大小型实践公益或学习技能培训活动近十次，服务总时数达500多小时。我组织开展并参与的活动在校内外都有一定的影响力，也得到了学校和社会的肯定，现将我在其中几个方面的表现简要汇报如下：

（一）爱心支教，传递梦想——乡村爱心支教活动

我曾多次组织班级同学到南宁市解元坡小学开展大型爱心支教活动。作为新时代的大学生和班级公益活动类负责人，我策划组织了一系列爱心支教活动，希望用我们的爱心和知识，让这些孩子得到关心并开阔视野。我希望通过自己的行动，树起爱心支教

图1-13 热心公益献爱心——带动班级在解元坡小学开展支教活动

的旗帜，带动更多的同学投入到今后的爱心活动中，为这些孩子们送去温暖。

（二）应对白发浪潮，弘扬敬老新风——关注空巢老人爱心活动

我担任南宁市宾阳县邹圩镇人民政府志愿者团团长一职，从志愿团组建至今，我多次带领志愿者团团员深入基层，走进当地两个贫困村开展

"关注贫困村留守儿童活动""关爱空巢老人活动"。这两项颇具影响力的爱心志愿服务活动，我们已经坚持了三年。在我的带领下，团队规模逐渐壮大。凭借出色的表现，我荣获了2013年度宾阳县邹圩镇大学生志愿服务"突出贡献奖"。

（三）保护水源，生命永远——邕江两岸大型环保公益活动

我在2013年10月份组建了林学院文明互促委员会，带领团队开展学风文明、公益志愿活动。2013年12月份，由我策划组织开展了"保护母亲河，邕江两岸环保行"大型环保公益活动。本次活动地点位于青川大道到中兴大桥段邕江两岸。参与本次志愿活动的同学共计112人次。我通过自己的努力，倡导环保理念，让更多的人从意识上和行动

图1-14　心存感恩献爱心——组织开展"保护母亲河"邕江环保公益活动

上真正地去关注环境和资源。尽管没有明星闪耀的光环，却可以用自己的实际行动回报这个社会，温暖这个世界。

七、筑梦路上蓄力量

出身于农村，我深知"知识改变命运"的道理。在掌握好专业技能的同时，我努力提高自己的综合素质，向着德才兼备的高标准方向发展。在过去两年的大学时光里，我时刻牢记"勤恳朴诚，厚学致新"的校训，刻苦学习，积极参加校内外各种活动，尊敬老师，团结同学，注重自身素养和能力的提升。尽管去年的一场意外事件，使我的家庭陷入了极大的困境，但我依旧保持良好的心态，怀着一颗赤诚的心，热爱生活，热心公益。

我用一颗感恩的心去对待生活，并将永远保持一颗向善奉献的心，事无巨细，竭尽全力地帮助他人，直至生命的终点。因为我始终相信，在生活中，只要以一颗感恩的、平常的心去服务大众，即使给他人提供的帮助微乎其微，但只要你肯去做，这个世界一定会变得灿烂而温馨。因为有大家的共同努力，所以未来才会更加精彩。

年华绽放的热烈，青春撕裂的疼痛，都将成为筑梦路上最美好的纪念品。

鲜花需要绚烂阳光的日日照耀，青春也需要如阳光般的正能量不断补充。自强不息，厚德载物；帮助别人，快乐自己；立信于心，尽责尽善。告别阴霾与悲伤，凝聚青春正能量，为筑造美丽的中国梦，我，在自强不息的路上奋发前行。

"知遇之恩，永生不相忘；自强不息，凝聚青春正能量。"

——后记

扼住命运的咽喉，担起家中大梁

——"自强不息"获奖者刘上倩事迹

我叫刘上倩，现就读于广西大学化学化工学院应用化学专业 2012 级（1）班，现任广西大学化学化工学院学生会秘书长、学院学生第五党支部书记、应用化学 141 班班主任助理；曾担任化学化工学院学生会就业部副部长、班级团支书、副班长、劳动委员、广西大学第六期党员头雁班班长、学院学生第五党支部材料员、学院辅导员老师办公室助理等职务。在同学心目中是一位乐观开朗、待人真诚、学习认真、集体荣誉感很强的学生。在担任部班干及团干部期间，曾多次组织并带领班级同学参与各类竞赛活动，并获得学校及学院各项荣誉。

我的困难——

2008 年 12 月，失去了父亲；

2013 年 11 月，因突发疾病失去了母亲；

大弟弟年前因为事故住院，现在家休养；

小弟弟今年在南宁读中专；

爷爷年逾九十，需要家人的照顾；

在校的学费、生活费等费用需要解决；

我和小弟的生活费用全部由我个人承担。家里的生活开支有部分来自政府的最低生活补助和爷爷的养老金补贴，其余收入源自我的兼职工资。

我的行动——

在校外利用晚上时间做家教；

大学两年一直在学校勤工助学岗位工作，在学院辅导员老师办公室做助理；

假期、周末一有时间就联系兼职，做过客户服务咨询话务员、派过传单等；

自己联系学校让弟弟继续接受教育，弟弟现在就读于南宁高级技工学校修车检测与维修专业；

每周做兼职，承担起自己和弟弟在校的生活费；

节假日回家照顾家人生活，承担起家庭责任。

我的故事——

我是个苦命的姑娘。

2008年的12月，父亲溘然长逝，病因是肝癌。2006年发现癌变时，已进入中期，随后的两年里，花掉了大笔治疗费用，却还是没能留住父亲。顶梁柱倒下了，整个家庭处于坍塌的边缘。

谁能料到，父亲的离去只是个开端。2013年的11月，母亲又因为突发疾病，离开了我；一阵震惊过后，我放声大哭……幸福的家庭总是相似的，不幸的家庭却各有各的不幸！悲伤尽管来吧，但必须赶紧过去……因为我还要回到家中，操办后事。

厄运之神依然纠缠不休。2014年春节，大弟弟遭逢车祸，入院月余。多亏热心的邻人凑钱医治，暂且渡过难关。然而伤势恢复不尽如人意，头骨留下裂痕，不能够从事重体力劳动，只好在家休养。

2014年6月份，小弟弟初中毕业。中考成绩不好，没能考上高中。私立高中的学费宛如天文数字，辍学就在我们姐弟俩的面前。但是，弟弟必须继续读书！但这是个艰难的决定，因为除了低保之外，家里没有任何可靠稳定的收入来源……如果让弟弟继续念书，那我的压力将是无法想象的。幸好这一次，命运总算微微颔首：经过多方了解，我发现：现在读中专不需学费，只交纳住宿费及实践设施费用即可。我豁然了：弟弟可以继续念书，还可以申请助学金、奖学金，补贴他的生活费用。于是一到9月，我便领着小弟弟，前往广西南宁高级技工学校，办理入学手续。现在小弟弟就读的是修车检测与维修专业，成绩还算不错。

家中的老人需要照料。大弟弟既然在家休养，就与爷爷相依为命。所幸爷爷还算硬朗，生活能够自理，这个家总算维持了下来。

安顿好了家人，我决意勇往直前，要扼住命运的咽喉！其实，这对我来说并不陌生。我一直是个懂事、有担当的姑娘。早在初中的时候，我就考取了县城首屈一指的学校，但为了更多的奖学金、助学金，我毅然奔向了二中。

我在高中时就已经申请加入中国共产党，并于 2012 年 6 月 25 日成为中共预备党员。很快，我又接到了广西大学的录取通知书，惨淡的生活里，总算多了一抹亮色。

然而生活的重担从未远离。为了生活，我一直参与校内勤工助学，担任老师助理。除此之外，我还不得不寻找各种兼职机会：话务员、发传单，我什么都做过。但是再怎么忙碌，我也没有忘记学习。我加入广西大学第六期党员培训班，并担任了班长一职（头雁班校外团队负责人）。后来，我还担任了学生党支部的材料员和书记，细致耐心地为同学们服务。我还积极投身于学生会工作中，历任化学化工学院学生会就业部副部长、秘书长；班级团支书、副班长、劳动委员；学生党支部书记；新生班班主任助理等职务，组织、参加了学校、学院的各项活动。在校园里，总能看到我活跃的身影和灿烂的微笑。

我的荣誉——

2012—2013 学年广西大学"三好学生""优秀学生干部"；化学化工学院"优秀团干部""学生会优秀干事"；广西大学第六期党员头雁班"优秀学员"、化学化工学院班干部培训班"优秀学员"；2013—2014 学年广西大学"优秀学生会工作者""优秀共青团员""暑期社会实践先进个人"、化学化工学院"优秀学生会干部"、广西大学"心怀感恩，真诚奉献"主题演讲比赛三等奖、化学化工学院"中国梦"主题演讲比赛二等奖、广西大学"小康社会，我的成长"征文大赛二等奖、化学化工学院"本科生学术论坛二等奖""路线思想教育系列主题活动故事展示三等奖"。

我的聘书——

"广西大学化学化工学院学生会秘书长""广西大学化学化工学院 2014级应用化学（1）班班主任助理""化学化工学院爱心支教小组校外辅导员"

我参加的社会实践——

（1）2013 年暑期参与"关注农村留守儿童"送关爱活动。

关注留守儿童，关注弱势群体，送出一份爱，温暖全社会。

关注农村留守儿童，生活在一个有爱的社会，大家一起向着阳光生长，微笑便是最好的证明。（与你交谈，一起用笑声回应生活的每一个孤单与不易……）

图 1-15

通过这次活动，收获了很多，感悟到很多……

作为弱势群体生活在这个社会里，感到孤单、无助，他们没有丰盛营养搭配合理的午餐，他们没有得到系统的学习培训，他们住着几代人住过的泥房，下雨天还漏着雨……他们不是不想主动去获得好的生活，而是没有机会。作为家里的顶梁柱爸爸妈妈不甘于贫穷的现状，他们烈日下砌砖，大雨天送货！父母，漂泊在各个工地，孩子，只能跟着爷爷奶奶生活，在本该有着校园嬉戏的年纪学会了自己洗衣做饭、上山打柴。他们像是生活在几十年前的社会里，国家的发展似乎与他们无关。这样一群孩子，与社会隔绝，贫苦艰难，如何担当起国家未来之责？他们需要扶持，需要关爱，没有爸爸妈妈在身边的中秋节，在大学生或者是工作了的年轻人看来是无足轻重的。可是，他们还是孩子，只有八九岁的孩子……

（2）2014年暑期赴玉林兴业县科教兴农社会实践。

图 1-16

图 1-17

有时，我和组员去给孩子们做家访，孩子们都很开心聊他们的学习，这学期老师给谁发了奖状，也翻出了自己的那一张……

（3）2013-2014学年一直担任裕兴小学校外辅导员

图 1-18

图 1-19

一直参加党员社会服务实践队、加入学院爱心支教校外辅导员团队，在这个过程中我总能得到成长……

不放弃，不言退，不气馁

——"自强不息"获奖者党振玲事迹

本人党振玲，现为广西大学材料科学与工程学院材料加工工程 2011 级硕士研究生，研究方向为有色金属新材料的制备与性能研究。在两年的硕士研究生学习中，在导师的指导下，我在各方面都取得了长足的进步。

一、家庭情况

茫茫人海，每一个人都有着各不相同的经历，但一个重要的原因——贫困，让我多了一份比常人更大的动力。我肩上的使命让我不得不努力学习，任重而道远。学海茫茫，我艰难地坚持着我的信念，心里有一个不屈的声音在呼喊：一定要争气。可是辛苦的学习路途上我也曾犹豫过，但因为种种原因，我还是坚持了下来。我不能放弃，不想放弃，更不敢放弃，老师常常教导我"巾帼不让须眉"。我深深地记在心里，暗暗地努力。

作为一个来自贫困家庭的孩子，在家中最困难的时候就读研究生对于我来讲是多么不容易。我父亲自从 2005 年突发脑溢血后就落下了半身不遂的病症。当初为了救治父亲，家里不仅一贫如洗，还借了很多外债。父亲生病后，右半边身子完全不能动弹，这几年更是各种并发症不断：肠梗阻、腰椎间盘突出等，瘫痪在床需要人服侍。母亲没有工作只能靠打零工维持家计，而我还在学校读书，这就更增加了家庭的经济负担。从前我家一直领取柳州市最低生活保障，而自从我选择就读研究生后，就失去了领取的资格。但是我的父母从未放弃，这给了我很大的鼓励和支持，更是我的精神支柱。学院的老师和领导关心我、帮助我，给了我完成学业的信心，让我有动力一直走下去。

在生活上，我勤俭节约，质朴简单，不因家庭贫困而自暴自弃，努力学习，认真生活，积极工作。获得的奖学金和工作薪资不仅支付了自己的学费和生活费，还有余力支付家中病重的父亲的医药费和生活费。不因贫穷而自卑，因为自己发愤图强而自信，自立的生活作风和自强的生活能力获得了老师和同学的高度称赞。

二、学习情况

我知道读研究生的不易。因此我勤奋努力，从不敢懈怠，也从不奢望物质上的满足，我不能跟其他同学一样，买名牌衣服和随意消费等。我只知道要一心学习，争取在读研期间掌握扎实的理论知识，以便为今后的工作打下坚实基础，回报在大学期间帮助我的那些好心人，报答父母的养育之恩。在学习上我态度端正，刻苦努力，严于律己，始终坚持学习第一的原则。为了自己的目标与理想，我利用课余时间阅读了大量的有关提高自身素质和专业技能的书籍。在生活上，我省吃俭用，尽量减少家庭负担，空闲和休息时间在不影响自己学习的情况下，我还参加了勤工俭学等活动以解决我的部分生活费。这样不仅减轻了家庭负担，我还学会了一些书本上没有的知识。

自入学以来，我认真学习各门功课，课外自己也阅读了很多相关方面的书籍。由于我的努力，在学习上取得了十分优秀的成绩。在研一各门课程的考核中均取得了优异的成绩，课程成绩位列专业第一，并且早早就通过了英语四、六级考试，取得了比较优秀的成绩。

三、科研情况

在导师的悉心指导下，我确定了硕士期间的研究领域。通过调研大量的文献，准确把握前沿发展动态，对齿科医用材料相图、材料设计与性能研究等领域的专业知识有较为深入的理解和掌握。目前，作为主要研究者参与多个科研项目的研究，主要有国家自然科学基金重点项目1项（Ti-(Cu, Zr)系齿科医用材料相图、材料设计与性能研究），广西自然科学基金项目1项（复合材料干滑动摩擦界面微观行为与原位自修复机理的研究），广西"千亿元"产业重大科技攻关项目1项（高性能锡基无铅焊料新材料开发与关键技术攻关），展现了良好的专业基础和很强的科研能力。

在专业研究上，将化合物结构性能的第一原理计算、晶体结构实验测定和理论计算、实验相图测定等工作结合起来，以 β 型 Ti-Zr/Cu 系人体友好型牙科（齿科）材料为研究目标，通过对 Ti-Zr/Cu 系合金添加合金元素来进行材料设计，获得所需的 β 型或近 β 型微观组织，从而得到拥有理想的力学性能及生物相容性的齿科材料，实现综合性能和制备工艺的优化。到目前为止，作为第一作者发表论文 2 篇，所有论文研究成果都发表在 Computational Materials Science，Current App-lied Physics 等相关领域的知名国际期刊上，其影响因子均大于 1。还有一篇论文正在准备发表阶段。

发表的论文如下：

1. Zhenling Dang, Yongzhong Zhan, Mingjun Pang, Haizhou Wang, Yong Du. Structural, electronic, elastic and thermodynamic properties of CaAl2Zn2 compound under different pressures[J]. Computational Materials Science, 2012, 59, 33-40.

2. Zhenling Dang, Mingjun Pang , Yongzhong Zhan. Theoretical prediction of structural, elastic and electronic properties of Si-doped TiCuGe intermetallics[J].. Current Applied Physics. 2013, 13, 549-555.

四、工作思想

在工作上，研一加入了学院研究生会，担任文体部门部长，担任部长期间，成功组织了学院气排球比赛，还曾协办学院参加校研究生文艺晚会的文艺节目。在工作中，我任劳任怨，积极主动，受到了大家的一致好评。现任学院研究生会副主席，作为主要参与者组织了广西大学相图协会五十周年庆典与学术交流活动，取得了良好的效果。

在担任有色金属材料这门课程的助教期间，主要工作是随堂听课、协助主讲老师批改作业、备课讲授部分内容、课堂答疑、监考、评阅试卷等。不管是以多媒体方式或板书授课，均能将老师安排的工作基本完成好。通过担任助教，培养了工作中的细致及耐心，同时也获得了更多的专业知识。对于自己做得不足的地方，在老师提出意见后，也能积极改正，获得进步。助教工作获得了老师和同学的一致赞扬。

在思想上，作为一名党员，坚持四项基本原则，认真学习党的方针政策，政治上同党中央保持高度一致。定期自我反省，积极向党组织汇报自身情况，以加强党性修养，提高理论水平。拥有正确的世界观、人生观、价值观，自觉遵守国家法律和校纪校规，始终都以一个优秀共产党员的标准来要求自己，时刻牢记党员应尽的责任和义务。

基于以上优秀表现，我先后获得2011—2012年度广西大学优秀研究生和2012—2013年度材料学院优秀研究生会干部等荣誉称号，另外还获得了2012年广西大学材料科学与工程学院"众森奖学金"，并于2013年获得了研究生国家奖学金。

心能到，志不断，行不断

——"自强不息"获奖者刘正平事迹

本人刘正平，男，汉族人，中共党员，现就读于广西大学计算机与电子信息学院，是计算机科学与技术2010级（1）班的一员，在班上担任过班长、学习委员和团支书等职务。

广西大学是我大学成长的乐园，在这里我获得了德智体美劳的全面发展。我从一个懵懵懂懂的少年长成一名有理想有抱负的热血青年，树立了为社会主义现代化建设奋斗终生的理想，渴望向社会贡献自己微薄力量。下面简要介绍一下我各方面的情况。

在思想道德方面，我积极上进，从踏进大学校门的那一刻就积极向党组织靠拢，认真学习马克思主义和毛泽东思想、邓小平理论等党的知识，树立正确的人生观、价值观和世界观，强化为人民服务的意识。在入大学后不久，即2010年9月22日，我就踊跃向党组织递交了入党申请书，成为入党积极分子。在被推优后，我顺利成为党课培训班的一员，在党课培训班里接受党的先进理论的熏陶，完成思想上入党的过程。2011年12月，我以优异的成绩在党校毕业，并于2012年5月正式加入中国共产党。我不断加强自身思想道德修养，树立了为共产主义奋斗终生的理想，立志"为中华富强而读书"。作为一名党员，我严格要求自己坚决拥护党的领导，贯彻党的纲领、路线、方针和政策，争当一名优秀的共产党员。平时团结同学，尊师敬长，遵纪守法，善于团队合作。由于各方面的优异表现，我获得2010-2011年度和2011-2012年度的校级"三好学生"。

在学习方面，我勤奋刻苦，态度端正，认真学习，树立起"为中华富强而读书"的正确观念。我勤学苦练，力争练就为人民服务的真本领。在学习中，我积极与老师同学交流学习中的问题和心得体会，在我个人的努力和老师同学的帮助下，取得了优异的成绩，大学期间的平均学分绩点将近 4.0，成绩排名专业第一。由于成绩优异，我获得了 2012—2013 学年的国家奖学金，也获得了大学开学到现在每个学期的优秀奖学金，到目前为止已获 6 次，即 2010 年下学期优秀奖学金、2011 年上学期优秀奖学金、2011 年下学期优秀奖学金、2012 年上学期优秀奖学金、2012 年下学期优秀奖学金、2013 年上学期优秀奖学金。同时，我也连续获得两年的国家励志奖学金，即 2011 年国家励志奖学金和 2012 年国家励志奖学金。除了搞好学习，我还乐于参加各种竞赛和科研活动。在竞赛方面，我获得 2013 年 8 月的"中国软件杯大学生软件设计大赛"全国二等奖、2012 年 5 月"蓝桥杯"全国大学生软件设计大赛区一等奖、2013 年 4 月"蓝桥杯"全国大学生软件设计大赛区二等奖、2012 年 5 月的"蓝桥杯"决赛全国优秀奖、2011 年 12 月的全国大学生数学竞赛区二等奖、2013 年 4 月的美国数学建模决赛全国三等奖。在科研上，我积极参与导师的项目，负责"多承租应用性能建模及其优化技术的研究"项目，并且参与 flash 游戏开发和南宁市统计局"美丽南宁"项目开发。更重要的是，我获得了"基于过滤驱动的文件透明加解密软件"和"校园二手交易平台"等 4 个软件著作权，显示了我在科研上的深厚底蕴。

在工作方面，我认真负责，在班上担任过班长、学习委员和团支书。在工作岗位上，我勤勤恳恳，积极为同学服务，为班主任分忧。因此获得老师同学的好评，被推优并成为预备党员，还获得 2012 年校优秀团员、2012 年校优秀团干部和 2013 年校优秀团员等荣誉。

在社会实践方面，我积极参加各种社会活动和社团组织，曾加入学院的"奋进连"，并参加其组织的"清明扫墓"和"清理校园牛皮癣"等活动。我热衷于志愿者活动，参加过十万大学生寒假社会服务活动，并且获得 2011 年院级"寒假社会实践优秀个人"称号。

由于我的优异表现，得到了老师同学的一致认可，今年我被成功保送了广西大学研究生。

总之，在广西大学的这些年里，我凭借自己坚韧不拔的毅力和自强不息的精神，奋发图强，克服了重重困难，才获得优异的成绩。我会继续充分利用广西大学得天独厚的环境，从课本、老师、同学和社会等方方面面汲取有益的营养，创先争优，一切向前看，力争成为社会主义建设的栋梁之材。

公益行动类

以志愿为名，身体力行

——广西大学大学生志愿者联合会

"印象·记忆"——"君武青年，志愿薪传"志愿者工作艺术与服务技能培训班心路历程

写在前面的话

"君武青年，志愿薪传"志愿者培训班在校团委的指导下，经过校志联的精心筹备，于 2015 年 12 月 24 日开始实施。培训班旨在通过对学生公益组织干部的培训，提高学生公益组织干部的志愿服务技能和工作艺术，提高校内公益组织的工作和运营效率，增加校内公益组织相互间的交流。

共有 31 个学生公益组织的 82 名代表申请参加本次培训班，100% 覆盖校志联的成员单位。当前，团队共提交申报项目与课题研究共 9 项，开展公益项目 3 项，主持公益创新课题研究 2 项，开展理论培训与研究分享 6 次，组织活动 18 次，参与实践服务 11 次，服务的步伐从西乡塘先后涉足北海、百色等城市与地区，参与人次达 200 余人，累计服务近 2 000 小时。

通过培训，使每个志愿者都能达到三个提高。

① 提高服务意识。要充分认识到志愿者服务是构建和谐社区、校园的需要；是加强社会主义精神文明建设的需要，从而，增强志愿者提高自身素质的紧迫感。

② 提高理论水平。要在思想上弄清社区工作理念、国家对社区的方针政策、志愿者的权利和义务；要遵循"实践—理论—再实践"的规律，不断对志愿者的工作进行概括、分析、总结、提炼，以形成新的经验。

③ 提高业务能力。通过培训，要开阔视野、增长知识、启迪思想，从而提高辩证思维的能力，提高业务能力，提高动手能力。使志愿者在服务工作中各种关系处理得更协调一些，创造性工作更多一些，工作方法更科学一些，工作作风更严谨认真一些，工作质量更高一些。

爱不独行——富康护老院爱心之行

现在大家身边孤寡老人越来越多，很多子女因为工作原因把老人送去了护老院。老人虽然能在护老院得到好的照顾，但却常常会感到孤单。因此现在各界爱心人士纷纷以各种形式到护老院去献爱心，进行慰问活动。作为新一代志愿服务大学生更应该将这种敬老爱老的中华传统美德传承下去，呼吁更多人去关注老年人，让他们时时刻刻能感受到社会这个大家庭的温暖。

为此，培训班的学员于 2016 年 3 月 20 日到南宁市富康护老院看望老人。在经过活动的策划和评估、慰问物品的采购等准备工作之后，学员一行到达护老院。天空阴沉沉的，但这并不能阻挡学员们前进的脚步。刚开始见到老人的学员们似乎有点拘束，但大家很快就适应了护老院的环境，积极与老人们开展互动。参加活动的学员喂老人们吃饭、陪老人聊天、给他们切水果、捶背洗脚，为老人们带去了一个愉悦的下午。

一位老婆婆坐在凳子上，学员与她攀谈了起来，了解到：她来自外地，曾几次中风，所幸都挺过来了，孩子们很忙，很少来看望她，她听不懂南宁白话，所以无法与周围的老人沟通。

一位年轻的阿姨高声欢迎学员们，她始终在重复着同样的话，原来她曾有过脑溢血，现在已经失忆了。

图 2-1 学员在给老人洗脚　　　图 2-2 阿姨在锻炼身体

活动结束之后学员们与老人依依不舍地道别，并承诺有时间一定会再来探望老人，最后学员们在护老院门前合影，圆满完成了这次活动。

慰问敬老院的孤寡老人，给他们送去一份关爱和温暖，让老人感到社会对他们的关怀，同时在活动中能让学员们充分认识到志愿服务的重要性，让每一位学员保持志愿者"奉献、互助、进步"的精神。同时，提高自己对生活的体会，尽己所能，帮助他人，培养一种全心全意服务社会的实践能力和公益性的服务能力，为建设美好社会奉献力量。

护老院的老人们大都在被病痛折磨着他们的身体与意志，在剩下的日子里他们很少有亲人的陪伴，只能在冷冰冰的房子里与同样命运坎坷的老人相依为命。作为当代大学生，是不是应该抽出自己的课余时间去陪陪老人？每一个人能做的有限，但也许已经给老人带来了莫大的安慰与温暖。本次活动目的在于给老人送温暖，同时也希望能给参加活动的同学带来反思与收获。

图 2-3　学员在护老院外合影

关爱母亲河——邕江环保调查

现在的母亲河——邕江正在遭受着污水侵蚀和垃圾摧残，保护母亲河的行动刻不容缓，她曾哺育了生活在这片土地的每一个人，是她给了大家生存的机会和生活的希望。

通过对邕江江边环境进行问卷调查，可以对江岸的环境进行了解，从而调查出邕江受到深度污染的原因。这个活动也可以锻炼培训班学员的个人能力和胆量，也为学员们以后的社会公益活动积攒经验。最后将调查结果和渔民的建议反馈到当地的相关部门，希望他们对邕江环境进行改造。

培训班学员于 2016 年 3 月 20 日上午到中兴大桥附近对在江畔垂钓、锻

炼的民众进行了一对一问卷调查。学员与调查对象合作十分顺利，调查对象很配合，交谈很愉快。此次问卷调查很好地反映出江边民众对邕江环保问题的关注度，以及热切想要改善邕江环境的想法。

图 2-4

图 2-5

此次关于环保问题的问卷调查志愿活动，让志愿者们对邕江附近的民众关于邕江环保的看法有了很深的了解。大部分人认为邕江沿岸环境不好，特别是垃圾方面，很多人会随地乱扔垃圾，因为旁边没有垃圾桶。他们有为了保护环境做出贡献的心，却没有一个很好的平台与途径。

美丽南宁——清洁公共自行车

三月是一个春光明媚、生机勃勃的月份，三月更是一个讲文明、树新风、彰显雷锋精神的月份，正值这个时机，志愿者们大力倡导雷锋精神。城市自行车是为了城市的居民而设立的，能够缓解一定的城市交通能力，恰逢三月雷锋月，广西大学"君武青年，志愿薪传"志愿者培训班第六小组组织了此次清洁城市自行车的实践活动。目的就是为了响应国家节约能源的号召，贯彻落实科学发展观的要求，增强大学生的环保意识；同时提高当代青年的思想道德素质，锻炼吃苦耐劳的精神，传播爱心互助的风气，改变社会中存在的一些自私自利的现象，倡导我为人人，人人为我的社会风气。

一个活动的顺利进行离不开活动的前期准备，而对于此次清洁自行车的活动，培训班第六小组也是做足了准备。在筹划此次活动的时候，小组长吴俊逸积极组织成员，就开展什么形式的活动和如何开展活动，举行了一次小组会议，并制定了完善的活动策划案；当活动策划案完备之后宣传工作当然必不可少，此次活动专门安排了一名小组成员负责活动前的线上宣传工作；与宣传同时进行的是场地的选取与物资的准备，经过商议，最后选址在广西大学的南门、西门与东门。

3月26日这一天，春光明媚，天公作美。广西大学志愿者培训班第六小组开展了此次清洁城市自行车的活动。在当天的15时之前，参与此次活动的志愿者便抵达6B小广场，并准备好了相关的活动物资；15时活动正式开始，志愿者在6B小广场做了查勤工作后，便动身前往第一个目的地——南门，进行相应的擦拭工作，在工作中，学员也是顶着烈日，辛苦工作着。

图 2-6　志愿者在清洁自行车　　　　图 2-7　志愿者在倒污水

在16时左右，学员结束了在南门的擦拭工作，准备更换场地，前往广西大学西门开展活动。两者距离甚远，学员运用了电动车这一便捷的交通工具。抵达西门后，学员们立马进入了工作状态，开始了新一轮的擦拭。在完成了第二轮擦拭工作之后，又按时赶到了东门进行擦拭工作。经过学员的积极配合，此次活动按时于17时完成，大家在广西大学东门进行了活动的纪念留影。

学员怀着愉悦的心情工作，能够使活动完成的更加有效率。同时为了此次活动真正发挥作用，学员在选题的时候，也是着眼于身边细微且关键的问题，关注当代青年的思想道德修养，关注时下最重要的交通问题，使得此次活动意义深远。

图 2-8 志愿者在东门留影

夕阳别样红——柏灵护老院爱心之行

作为当代大学生应该明白的是：尊老敬老是中华民族的传统美德。然而，当今社会却有越来越多的老人被冷落，是敬老院让这些需要帮助的人重新找到了家，得到了家的温馨和爱的呵护。为了让老人得到更多的温暖与爱，"君武青年，志愿薪传"培训班希望通过慰问老人活动给敬老院中的老人们献上更多的爱心，也希望此次活动能够呼吁更多的青年大学生去关注老年人，敬老爱老，让他们时时刻刻能够感受到社会大家庭的温暖！并且增加同学们的社会实践经验与社会服务意识，增强广大同学的社会责任感。

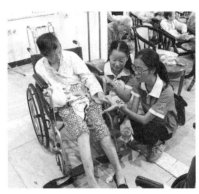

图 2-9

图 2-10

培训班学员于 2016 年 3 月 19 日来到南宁市西乡塘区柏灵护老院，在护老院内，学员帮忙清洁房屋、与老人聊天、喂老人吃东西等。

图 2-11

通过慰问护老院老人的志愿活动，弘扬青年志愿者"奉献、友爱、互助、进步"的精神，让爱的旋律永远伴随老人；同时把青年志愿者协会一直以来无私奉献的精神更加发扬光大，为生活在敬老院的老人们带去心灵上的慰藉，让他们感受到青少年的朝气和社会的温暖。

绿色点亮生活——拒绝使用一次性筷子

2016 年 4 月 25 日，广西大学志愿者联合会志愿者在广西大学 6b 小广场举行了一次独具新意的公益活动——拒绝使用一次性筷子及签名活动。

活动于下午五时准时开始，志愿者们身穿专属校志联的蓝色马甲，向路过的行人介绍这次活动的相关内容并积极鼓励同学们投入到这个有意义的活动中。过往的同学大多对这样的活动抱有很浓厚的兴趣，也积极响应到活动中。

图 2-12　同学们积极参与到本次活动的热烈场面

本次活动的背景

随着世界经济的迅速发展和生产力水平的不断提高，人类对环境的影响越来越大，环境问题日益突出和尖锐化。一次性筷子在生活中被大量使用和消耗，造成大量林地被毁。身为新时代的大学生更应该注重对环境的保护。

活动目的

为响应国家节约能源的号召，贯彻落实科学发展观的要求，增强广西大学大学生的环保意识，切实改变日益严峻的能源浪费、环境污染的现象。

活动现场

下午五时，活动正式开始，五时正是同学们下课的高峰期，人流量较多。来往的同学们被志愿者们的宣传吸引，纷纷上前了解。4名志愿者引导同学参加活动，4名志愿者对同学们进行保护环境相关知识的问卷调查，2名志愿者进行活动精美小礼品的派发，4名志愿者维持着活动现场的秩序。

同学们填写了相关调查问卷，在自愿不使用一次性筷子的横幅上签下自己的名字后，会得到来自活动主办方送出的精美礼物——精美筷子或花盆及种子。通过种子的生长，可以让同学们了解到一颗小小的种子长大是需要多漫长的过程，而使用筷子又是多么轻易地把参天大树变成餐桌上小小的筷子，更能让同学们在自己的实践里体会到减少使用一次性筷子的重要性。

校内新闻网站的记者们也赶来采访。很多同学称赞说这是个有意义的活动，还有一些同学即便有事赶得匆忙仍愿意主动停下在横幅上签名后再匆匆离开。在这些身影里还发现了一名外国人，他了解了相关活动内容之后，笑着称赞活动很有意义。

图 2-13

图 2-14

保护母亲河——邕江环保行

邕江被称为南宁市的母亲河，是南宁市主要的城市用水源。随着南宁市经济社会的快速发展，邕江的水质却每况愈下，其中生活废水、废弃物则为导致邕江水质变差的主要原因。日常漫步于江岸，塑料袋、塑料瓶、烟头、果皮纸屑等生活废品随处可见，不仅严重影响了邕江的水质，也对城市的清洁、美观造成了不利影响。为更好地保护邕江的水质及其周围的环境、更好地唤起南宁市民的环保意识，培训班特组织此次活动，让学员们到邕江边开展志愿服务活动——打捞沿岸水面的漂浮物、清理江岸的垃圾、向路过群众宣传爱护环境、保护水质的重要性。

为响应国家保护水资源、爱护生态环境的号召，贯彻落实科学发展观的要求，更好地改善邕江的水质、保护其周边的环境、增强南宁市民的环保意识，特组织此活动，从实际做起、从身边做起，为保护邕江水资源及其周围环境尽一份绵薄之力。培训班于 2016 年 4 月 23 日到邕江进行了邕江环保行活动。

通过对培训班学员的动员，让大家更积极地参与此次公益活动，让公益活动有更多人员参与，使此次活动有更多人力、更显活力、更有意义；组织大家携带简单的清洁装备到邕江河岸打捞水面漂浮垃圾、清扫岸边生活废弃物，清洁邕江周边环境，为保护乃至优化邕江水质尽自己的一份力。

通过发放宣传单、口头宣传等方式向路人阐释保护邕江环境的重要性，以提高城市居民的环境保护意识，让更多的人被感化参与到保护邕江、清洁邕江的队伍中来，让南宁的"母亲河"得到更多人的保护。

通过拍照、摄影记录下每位成员辛勤劳动的画面，一是具有纪念意义，二是可为将来制作宣传、教育视频收集素材。

图 2-15

图 2-16

本次活动志愿者们做到了各个环节衔接到位，包括活动策划、人员动员、物资准备、活动开展、离校返校等都有序、安全地进行；活动参与者积极参与、热情度高，活动得以顺利开展、圆满完成；着眼于当下非常关键的环保和水质问题，以清洁南宁"母亲河"——邕江为具体活动内容，使得此次活动号召力强、意义深远；通过实地开展清洁活动、人员宣传阐释环保意义等形式，既实际清洁了邕江的沿岸环境，又激发了人们保护环境、爱护邕江的意识，具有现实和长远双重意义。

欢乐童年——友爱南社区"快乐六一游园会"

2016 年 5 月 22 日广西大学志愿者培训班的 20 位志愿者在广西同欣社会工作服务中心的帮助下，在友爱南社区开展了"欢乐童年——快乐六一游园会"活动。

上午 9 时整，志愿者们早已布置好场地等待着友爱南社区的小朋友来玩游戏。仅仅半个小时，场地集结了四五个小朋友，志愿者们开设了四个游戏——拼图、套圈、吹蜡烛、你画我猜，都是小朋友可以完成的小游戏。志愿者们引导小朋友分别完成他们感兴趣的游戏，在小朋友们完成游戏的时候会有相应的奖品奖励，如小笔记本、气球、橡皮擦等。游戏过程中，让小朋友独立完成游戏，小朋友可以尽情享受游戏的快乐，能够走出家门，和其他小朋友一起玩耍，度过一个快乐有意义的六一。

图 2-17　志愿者在与小朋友互动　　　图 2-18　小朋友在玩吹蜡烛游戏

小朋友的笑脸是对志愿者们最大的奖励，此次活动共计有 16 对家长与孩子参与活动，活动过后每个小朋友都围在活动场地不肯离去，与志愿者一起玩闹，真正做到了"让小朋友有一个快乐的六一"的目的，让"快乐"贯穿整个活动，看着孩子们开心的笑脸，志愿者们的脸上也绽放出开心的笑容。活动结束后，志愿者整理场地，清理活动遗留的垃圾，集合返回学校，每个人脸上都持续着笑容。

图 2-19　游园活动现场

　　此次活动各个环节衔接到位，包括物资准备、场地申请、布场等有序进行，中间未出大的差错。志愿者的积极参与，使得此次活动圆满完成。通过游戏的方式，有利于锻炼小朋友的独立自主能力。但申请场地时未能与当地城管部门交流，导致活动时有城管前来询问，物资准备过于充分导致剩余太多等方面做得并不尽善尽美。

图 2-20

"以爱防艾" 分享会

　　2016 年 4 月 17 日 18 时 "以爱防艾" 分享会在志愿者们悉心准备后于君武楼一楼报告厅正式召开。参加此次分享会的有智行基金会创始人杜聪老师、各位智行内地办事处负责人，其中包括广西、广州、河南、安徽、云南等各省智行基金会负责人，此外，还有广西大学校志愿者联合会秘书长陈晓江老师、主席刘俊伟等校志联成员，以及校其他志愿者组织代表参加。

　　分享会首先由主持人致辞，随即隆重请出智行基金会创始人杜聪并由他做

"以爱防艾"主题演讲。演讲期间，杜聪老师声情并茂，结合PPT向志愿者们展示了防御艾滋病的重要性，艾滋病的传播方式以及预防方法。他用一个个真实的事例扫清了大家长期以来对艾滋病毒看法的盲区，同时他也讲述了智行基金会多年来为帮助艾滋病患者及其家庭所做出的努力，以及他们救助的原则和方式。

图 2-21

图 2-22

杜聪老师在分享会上积极与参会同学交流互动，提出各类小问题，还特别准备了各类小礼品，激发与会学习者的学习热情，现场气氛活跃。同时，参会人员认真学习，积极向杜聪老师提出自己的疑惑并请其解答，老师也耐心精确地为各位同学做了解释。

本次分享会不仅提高了与会者对艾滋病的认知度，让志愿者们了解了更多的防艾知识。同时也增长了大家的爱心，提高了社会责任感，增强了大家"以爱防艾"的决心和信心。另外大家还学会了思考怎样更好地服务于公益，寻求更理性和恰当的方式去帮助他人。

图 2-23

公益实践分享会

为促进培训班各公益实践小组之间的交流，充分借鉴其他小组的公益实践活动经验，巩固和提高自身活动质量，为日后高效开展各种特色活动奠定基础，争取为社会做更多力所能及的事情。培训班于2016年5月21日在广西大学农学院举行了公益实践分享会。

会上，各公益实践小组的代表通过PPT向学员们讲解小组所开展活动的内容、体会和经验。与此同时，坐在讲台下面的同学积极与小组代表进行交流，解答自己的疑惑，相互交流经验。

图 2-24   图 2-25

　　通过交流会形式，既能向别人展示自己小组的活动成果，加深培训班各实践小组之间的了解，又能发现自身不足，借鉴他人活动经验来丰富和完善自身活动，实现各实践小组的共同成长与进步。以弘扬公益精神、宣扬社会公德、倡导公益文化、开展公益实践、塑造公益形象为宗旨开展本次公益交流会。通过本次交流会，学员更好地了解培训班的运作，让学员吸收其他小组的一些经验和教训，促进学员间的交流，促进学员间的情感，提高广西大学公益组织的凝聚力。

十三载"两会"春秋，百千青年书华章

——广西大学"中国 — 东盟博览会"志愿者服务队

一、志愿者，我服务我快乐

金秋十月，微风送爽。第十三届中国—东盟博览会、商务与投资峰会已然在南宁落下帷幕。然而，此等国际盛会上，总有一股清新之风，从来都不曾飘散；总有一种微笑，从来都最令人温暖；总有一种力量，从来都最深入人心。他们就是广西大学外国语学院中国—东盟博览会志愿服务队！他们甘愿充当盛会的一草一木一砖，任劳任怨，默默无闻，在平凡的岗位上做出了不平凡的奉献。

在这支青年团队里，微笑是他们最亮丽的名片，无微不至的关怀是他们最基本的原则，无私奉献是他们最大的坚持。十三载"两会"春秋，百千青年书华章。铁打的组织纪律性，流水的青年志愿者，经久不变的是无私奉献的情怀以及与时俱进的凝聚力和创造力。

春秋十三载，广西大学"中国 — 东盟博览会"志愿者服务队自成立后载誉满满。2004 年 12 月外国语学院中国 — 东盟博览会志愿者服务队获得"首届中国—东盟博览会志愿服务先进集体"称号，多名志愿者被评为"首届中国—东盟博览会志愿服务先进个人"。2005 年 10 月，服务队再次获得"先进集体"称号，并有 40 名先进个人受到表彰。2006 年，被评为"首届环北部湾经济合作论坛志愿服务先进集体""中国—东盟建立对话关系 15 周年纪念峰会、第三届中国—东盟博览会、第三届中国—东盟商务与投资峰会志愿服务先进集体"。2007 年至 2014 年，连续被评为中国—东盟博览会、中国—东盟商务与投资峰会志愿服务先进集体，320 余名志愿者获得"先进服务个人"荣誉称号等。2013 年，荣获中国－东盟博览会 10 周年志愿者突出组织奖。

服务前奏，时刻准备着

自首届中国—东盟博览会伊始，广西大学就派出了众多志愿者。历经多年发展，志愿者队伍日益壮大，与此同时，学校对东盟志愿者的管理也逐渐规范。如今，志愿者队伍已经成长为一支受过专门培训，厚积薄发，学以致用，面向中国—东盟博览会的高素质服务人才队伍。

广西大学外国语学院历来重视泰越小语种专业的培养，大力支持同学举办东南亚风情展，普及东盟十国文化风情。此外，翻译专业选用的口译教材《广西口译实务》，以"两会一节"的外事接待翻译为主线，素有"广西促进中国—东盟自由贸易区建设人才小高地"之美誉。同时，学院开设的听力听辨课还会专门训练同学们对不同地域的英语语音的分辨度和灵敏度，培养同学们在面对非纯正英语发音时的应变能力。经此种种，同学们对东盟国家的风俗习惯、东盟会议接待礼仪以及口译技巧都有了一定的掌握。除了专业知识的培养，学院还十分重视对志愿者的素质拓展，旨在提高志愿者的团队合作能力以及凝聚力。当然，"无规矩不成方圆"，严格的管理制度章程一直是该团队的行为准绳。服务队领队王芳老师也一贯以一丝不苟、精益求精的态度管理着团队，强调组织纪律性和责任归属感。

正是这一系列的训练和培养使得志愿者团队精英辈出，他们的身影总是活跃在东盟博览会的每一个角落，形成一道亮丽的风景线。东盟，志愿者们时刻在准备着！

志愿小调进行时

南宁，广西省会，作为"两会一节"的主办城市，连续成功举办了十三届，靠的是政府、社会和大学生志愿者服务的共同努力，政府的支持给予志愿者更加热情工作的动力。在今年第13届"两会"志愿者工作的第三天，团中央国际联络部万学军部长到中国南宁国际会展中心看望慰问志愿者，对志愿者的工作表示了肯定和

图 2-26 慰问客服工作组

赞赏，并鼓励志愿者们要以饱满的热情投入到服务和工作中去，为中国 — 东盟博览会奉献自己的一分力量。不仅是2016年，自"两会"举办以来，每次

政府领导都会亲自到各个工作岗位去看望志愿者，给予支持。

广西大学参与志愿服务的学生凭借其专业优势，积极参与两会志愿者工作，服务两会，甚至有很多学生已经连续参加了好几届东博会。这些志愿者分布于南宁国际会展中心、中国 — 东盟博览会开幕式现场、广西壮族自治区外事办、各论坛现场、南宁民歌艺术节、各大宾馆、博览会新闻中心、票证中心等岗位，为中外客商提供场馆指引、交通疏导、运送物资、秩序维持、陪同翻译、收发文件、证件办理等服务。

图 2-27 第八届自治区政府主席马飚慰问广西大学志愿者

图 2-28

研究生高级翻译服务团队风采

广西大学外国语学院东盟高级翻译团队成立于 2011 年，由第一届 MTI 研究生在东盟语言高级翻译团队创始人关熔珍老师及黄建凤老师指导下发展起来的。此后，每一届 MTI 研究生均踊跃加入这个团队，使得团队规模不断壮大。近 13 年先后为多项国际会议和中外交流活动承担了同声传译、交替传译、文字翻译、外事接待、外语培训等工作。团队成员是广西大学外国语学院的在校外语硕士研究生，主要是英语口译专业及英语笔译专业的研究生。学生在掌握扎实专业知识的基础上，为每年在南宁举办的东盟系列活动提供语言翻译服务，一方面在实践中提升了学生的专业素养及全面素质，还促进了专业学科的教学与发展，另一方面扩大了广西大学外国语学院的影响力，在社会实践中展示了西大学子积极的精神面貌和服务精神。而翻译队伍也随着学科的完善及东盟系列活动的发展不断成熟、日益壮大。

高翻团队的主要服务模式为陪同翻译、笔译、交替传译、同声传译，涉及的领域有贸易、投资、教育、医疗、艺术等，团队成员深入到各职能部门、大会及各分会筹备组、各分论坛等部门，出色地完成了各项外事任务，深获各部门和单位的好评。仅 2016 年，"两会"活动志愿者服务队中的高级翻译服务团队派出了张博、林秋明、韦乔钟、欧阳舟、方晓、金果子等 20 多位教师，以及 100 多名外国语学院研究生，为东盟国家推介会、中国 — 东盟企业家合作高端对话会以及各个对话论坛等国际活动提供了包括同声传译、交替传译和高级笔译在内的高级翻译服务。与此同时，学院研究生在 2016 年"两会"活动中陆续被派往广西国际事务博览局、广西区外事办公室、南宁市外事侨务办公室、广西商务厅、广西贸促会、防城港市外事侨务办公室等单位，承担包括同声传译、交替传译、高级笔译、陪同翻译、接待、礼宾、后勤等各项任务。学院 MTI 翻译团队将会继续保持这一良好的势头，也将继续扩大团队力量以更好将其打造为一支精品翻译团队，更好回馈社会。

图 2-29   图 2-30

奉献点滴在心头——记优秀志愿者的服务足迹

时间：2013 年 9 月 4 日　地点：科技厅　岗位：翻译与会务

志愿者主要的工作是会场的翻译工作，同此次两会一同召开的，还有首届中国—东盟技术转移与创新合作大会，而志愿者负责的是其中的手机游戏专场。由于参会的代表有来自国内外的企业代表，他们会在商务酒会和重点项目推介会上介绍自己公司的产品，而志愿者们的主要任务就是在这些企业代表自由洽谈的时候，充当翻译的角色。相比之前的接待工作，翻译工作需要的不仅是流利的英语，同时，专业知识是支撑整个翻译的核心，因此，前期的准备工作必不可少。之前在学校上理论课的时候老师就说过，一场翻译下来，可能仅有短短的几十分钟，但是背后的准备过程是远远超过这台上的几十分钟的。

图 2-31

图 2-32

当时志愿者拿到参会公司的资料后就有些震惊了，十多家公司的介绍和他们的产品，志愿者需要在两天的时间内熟悉，面对中文志愿者都不一定能看懂并熟记的资料，更何况是全英文，而且期间志愿者还有其他的志愿工作，根本没有集中的时间让志愿者慢慢背资料，这个准备过程对于志愿者来说是一个巨大的挑战。拿到这么多陌生的资料，为了最合理地利用有限的时间和资源，志愿者见缝插针地利用休息的时间，并用自己画图记忆的方法，将众多的数据梳理以便于自己理解，这样就能够节省许多时间，并且最大限度地筛选并记下有用的重要信息，加上自己对手机游戏这个领域有一定的了解，两年英语学习也为志愿者的资料整理打下的坚实的基础，整个准备的过程进行得还算井然有序，此外，志愿者也不放过任何机会，认真仔细听企业代表是如何介绍自己的公司以及相关产品，关注现场同传翻译的遣词造句，从而掌握一些基本的信息，更好地梳理出自己的储备知识网络，进而形成对每个公司的一套比较详细的了解，这为志愿者的正确翻译过程做了非常有用的铺垫。

时间：2016 年 9 月 10 日　地点：广西区外事办公室　岗位：礼宾组

今年是志愿者第二次参加中国—东盟博览会，9 月 1 日志愿者来到自治区外事办开始为期 12 天的志愿者服务。这次同学们不仅是志愿者，更应该说是工作人员，也学到了很多，不仅是学习上的，更学到了为人处世之道。

在外办，志愿者被分配到统筹礼宾组。一开始并不清楚礼宾组到底工作是什么，所以也很怀疑自己究竟是去做什么类型的志愿者。随着工作的开展，才渐渐明白礼宾的真正的含义。礼宾的每一个细节都体现了外交无小事，光鲜的双边会见会场是工作人员在工作室对每一个台卡，每一套礼宾方案，每一份手边名单的多重检查。刚进外办，领导就告诉志愿者们，每一个小细节都有可能带来外交事故，志愿者们必须对每一份任务都保持高度谨慎。这是志愿者学到的第一件事，外交无小事。

第二件事是教会志愿者为人处世之道，志愿者工作的环境接触的是外办的领导甚至是外交部礼宾司的领导。志愿者认为他们都很好相处，但即便如此，说话做事还是要小心，该严肃的时候就要严肃。志愿者组有一个处长平常工作很严肃，但是有一场晚宴他知道志愿者们喜欢马云，就亲自带大家去见马云，还帮志愿者们拍照。无论如何，志愿者们还是应该在自己的行为上约束自己。就像一进外办，就签署了保密协议，参加保密培训，身为中国人，志愿者们有责任维护国家利益安全。

图 2-33

第三件事是学到了一些专业技能知识。志愿者们的工作任务有一项是制作中方人员的手边名单给外方看，这意味志愿者们需要翻译中方领导的职称。开始志愿者对职称翻译一点都不懂，收集资料，从外办的网站下载以前有些整理好的，但是有些还是需要志愿者们去每一个单位的官方网站上收集才能帮助更好的翻译。在这个过程中学到了基本

图 2-34

的职称翻译和机关的职位等级顺序。这些东西真的需要重复做才能有更深的印象。志愿者还熟悉了一些办公软件的专业技能。

第四是很开心的事，见到了我国和东盟国家的高层领导，也听到外交部的交替传译，真的很激动，算是对自己的激励吧！

时间：2016 年 9 月 12 日　地点：博览局外联处　岗位：文莱馆

2016 年 9 月 11 日到 14 日，笔者作为一名志愿者参加了中国－东盟博览会，这是笔者第一次参加中国－东盟博览会，为期四天的志愿者工作让志愿者学到了很多，四天下来虽然很累，但却很开心。在中国－东盟博览会招志愿者之前，笔者就听学长学姐讨论过这件事，学长学姐说会是一次很棒的经历。那时候每天充满了期待，希望自己能成为一名志愿者。参加了面试，经过了培

训，终于成功成为一名志愿者，笔者的工作主要是负责为一些展商进行翻译和服务，虽然笔者的水平有限，但是在尽自己的力量去做，不仅开阔了自己的视野，也体验到了志愿者工作的乐趣，明年笔者还会再来的！

志愿尾曲——东盟知识宣传你我他

志愿服务的时光稍纵即逝，但并不意味着志愿者们的工作到此结束。13年来中国与东盟在政治、外交、经贸、社会人文等多领域合作方面取得的成就，促进了双方友好合作迈上更高水平，更好地发挥博览会对双方合作的推动作用。作为广西大学"中国—东盟博览会"志愿者服务团队的一员，对东盟知识的宣传推广志愿者们也是义不容辞。为了让大众了解更多中国—东盟博览会的知识，志愿者们开展过一系列的宣传活动。本项目以东盟为背景，以广西大学中国—东盟志愿者团队为主力，以东盟知识进万家为目标，开展东盟知识宣传，不仅在校内进行宣传，还在校外进行宣传，涉及范围广、人员多。通过印发东盟知识宣传单，走进社区，走进高校宣讲和互联网、微博等平台进行宣传。与此同时，开展一系列的东盟成果展示活动。旨在进一步促进博览会的发展，让更多人了解东盟，促进发展我国与东盟各国的经贸友好关系。

奉献、友爱、互助、进步

一位从本科到研究生连续服务了四届的志愿者在他的志愿服务日志里这样说："总有人问东盟志愿者是做什么的？志愿者总是笑呵呵地回答，志愿者们就是社会主义一块砖，哪里需要往哪搬。这句话经典又形象，志愿者有的是陪同翻译，有的是机场迎送，有的是贵宾接待，有的是展馆服务，还有的协助安保等，总之，每一块'砖头'的工作都不尽相同，但每一块砖头都忠实尽着自己的职责。"

"作为中国—东盟博览会对外展示的窗口，志愿者'事事小心、时时细心'。每个岗位的服务都充满着挑战与劳累，而每位志愿者的见闻却都洋溢着幸福和快乐，感觉就像加了糖的咖啡，初尝是苦涩，但须臾后便是沁人心脾的醇香。记忆中总是回荡着大家一起接过的志愿任务，一起挥洒的汗水，一起留下的欢声笑语。结识不同国家的人物、文化和风情，彰显自己的价值，志愿者们始终以积极饱满的热情去完成每一份工作，以真诚和煦的微笑服务八方宾客，被誉为'博览会最美的名片'。"

"奉献、友爱、互助、进步"这是广西大学"中国—东盟博览会"志愿者服务队一直牢记的精神和信念。志愿者们并不会因荣誉而志得意满,也不会在博览会结束后归于平静。十三年来,志愿者们不断发展壮大,不断成熟完备。志愿者们把这样一个团队当作一个家,把每一位志愿者成员当作兄弟姐妹,志愿者精神就在一届又一届"两会"服务中传承和发扬。志愿者们坚信,这支新时代的雷锋队伍将会继续微笑,继续前行,继续奉献!

饮水思源，感恩于心

——广西大学思源社事迹

随着高校扩招，国家和政府在高校加大了投入，可相对于激增的大学生，贫困生的人数也在不断上升，由于家庭背景的原因，贫困生往往比其他同学缺少成长的条件。但是每一位贫困生都渴望成长发展，都想要一个能锻炼能力和心理素质的平台。2011年，在广西大学学生资助管理中心的支持下，成立了受助学生公益社团广西大学思源社，通过组织大学生参加公益项目与素质训练活动，从而给贫困学子提供一个锻炼能力与提高素质的平台。思源社以"饮水思源，感恩于心；提升自我，回报社会"为社团的宗旨。在这里提供丰富的公益活动与素质训练活动，希望能够为每一位渴望成长的学子创造一个自我提升的平台，思源社竭诚地为每一位学子创造机会锻炼自我，一切要以学子能力发展为中心。

项目锻炼能力，文化塑造品格。当今时代，在社会上立足需要有各种能力，思源社致力于开创各种能让大学生成长的项目，营造优秀的文化氛围。在全校范围内营造浓厚的"饮水思源，感恩于心；提升自我，回报社会"的文化氛围，使优秀学生成为全校学生的楷模和榜样，真正达到以点带面，以积极的典型教育人、以先进的事迹感染人、以积极的文化塑造人的目的，从而让社团成为广西大学加强大学生思想道德建设的一个载体，使公益意识扎根每位学子的心中，使社会责任感融入广西大学校魂之中。

为实现大学生的成长从受助到自助，再到助人这一长期而又充实的过程。社团将大力引导和资助大学生参与公益活动，通过体验参与的方式，让大学生在参与实践、参与奉献、参与创造中锻炼能力、提高认识、培养品格，使大学生在感恩、回报社会中升华高思想品质，在快乐公益中提高公益意识、增强社会责任感。广西大学思源社以大学生的能力发展为一切活动的中心。思源社相信以大学生成长发展为己任、相信以"饮水思源，感恩于心；提升自我，回报社会"为精神追求的广西大学思源社，将会用爱和自信为大学生撑起成长的天空。

一、党建活动——南湖扫墓、缅怀先烈

活动简介

广西大学思源社、自强社、致诚社受助学生临时党支部成立于2014年，由广西大学学生资助管理中心直接管理，主要负责广西大学受助学生党建工作。2015年4月11日，广西大学思源社、自强社、致诚社受助学生临时党支部，怀着悲痛而又崇敬的心情，手捧白菊，来到南宁市南湖公园革命烈士纪念碑，缅怀逝去的英雄烈士。而后社员们还参观了历史陈列馆，再度回顾那段波澜壮阔的英雄事迹，抚今悼昔。

活动意义

此次活动，让大家深刻意识到今日的幸福美满生活来之不易，是无数仁人志士用鲜血换来的。当代大学生作为中国特色社会主义建设的生力军，肩负着祖国的未来。所以，每一个人必须时刻提醒自己，积极向党组织靠拢，树立全心全意为人民服务的思想，努力提升自己的综合素质，为投身中国特色社会主义伟大建设做好准备。

二、公益文化交流——广西科技大学梦想助跑团西大行

活动简介

2014年4月12日至13日，广西科技大学梦想助跑团一行15人与广西大学思源社以及自强社、致诚社开展了为期两天的交流活动。4月12日，首先在三楼会议室与广西科技大学梦想助跑团举行会谈，莅临这次会谈的有广西大学学生工作处副处长黄必春、学生资助管理中心罗苑老师，广西科技大学学生工作处副处长、学生资助中心主任史凌芳，广西科技大学农建南老师、尹丽老师。之后，广西科技大学梦想助跑团参观了思源社办公室。4月13日，思源社又举行了一次就社团部门建设以小组讨论为形式的干部交流活动。

活动意义及成果

此次交流，让社员们了解到其他高校公益社团的发展以及开展的公益活动情况，对社团的建设以及公益事业的发展起到了很好的借鉴和指导作用；同时通过此次交流，大家也向其他高校传递了广西大学广大学子从事公益、乐于奉献的精神面貌，对广西大学思源社的影响力也起到了很好的促进作用。

图 2-35

三、社团内部文化类活动

1.周年庆。周年庆是思源社一年一度的素质拓展活动，旨在通过一系列素质拓展游戏和比赛项目，增进社员的合作交流，鼓励社员全面发展，加强情感联系，增强社团凝聚力。

2.元旦晚会。元旦晚会是思源社一年一度的文娱类活动，旨在为社员提供一个展示自身特长和挑战自我的舞台，丰富社员大学生活，建设活泼健康的社团文化。

3.活动策划大赛。这是一个针对社团内部成员的考核式比赛，旨在培养社员的策划组织能力和一定的写作能力。

图 2-36

图 2-37

中国扶贫基金会公益类项目

1.爱心宿舍活动

爱心宿舍简介

爱心宿舍项目是中国扶贫基金会新长城办公室发起的长期、大型校园公益项目。该项目主要是通过在高校招募爱心宿舍，定期捐出宿舍内的废旧书报和矿泉水瓶等参与环保助学活动，或参与爱心储钱罐活动，再把所募集到的善款通过邮局捐购爱心包裹给山区的小朋友，尽每个人所能，帮助贫困地区小学生全面发展。通过组织爱心宿舍活动，不仅为大学生搭建一个参与公益的平台，培育大学生公益意识和捐赠习惯，同时也起到了锻炼大学生能力、丰富大学生宿舍的文化生活、促进校园和谐等作用。而且爱心宿舍项目是一个长期大规模的校园公益项目。社团的管理者们不仅参与公益、体验公益，同时也提升了自己的能力，增强了社团的凝聚力。社团的社长每年都可参加中国扶贫基金会的社团精英训练营活动和学校社团间的交流活动。

（1）思源社定期组织爱心宿舍志愿者到爱心宿舍回收废品（每隔三周一次），并及时将废品变卖为现金，活动所获得的资金将暂时保存，学期结束全部用于购买爱心包裹，寄往贫困山区学校。

（2）期末本社将对爱心宿舍及志愿者进行评优，对贡献较大的爱心宿舍及优秀志愿者进行表彰。

图 2-38　　　　　　　　　　　　图 2-39

爱心宿舍成果

（1）成果概述

自社团成立以来，爱心宿舍一直作为思源社的主打项目，从承办"爱心宿舍"活动至今，志愿者累计服务时数约达 8 000 个小时，已向全国各地贫困山区的孩子们捐赠了 3 万余元。现在该项目已发展得相当成熟。每次活动收益呈上升趋势，目前全校范围内共有志愿者 600 余人，爱心宿舍 1 800 多个。思源社的爱心宿舍活动已在广西大学引起非常大的公益效应。该项目不仅能增强大学生的热心公益意识，也可以培养大学生垃圾分类的习惯，一举两得。如今平均每个学期爱心宿舍活动都能筹集 5 000 元左右善款，捐助对象面向全国各省贫困地区，受益的有学校和个人。

图 2-40	图 2-41

（2）历年爱心包裹捐赠情况表

表1

爱心包裹捐赠情况表				
捐赠时间	包裹种类	捐赠数量（个）	捐赠地区	捐赠总金额(元)
2011/6/1	学生型美术包	10		1 000
2012/3/5	学生型美术包	20		2 000
2012/5/7	学生型美术包	15		1 500
2012/5/29	学校型体育包	1		1 000
2013/4/23	学生型美术包	37		3 700
2013/6/1	学生型美术包	19		1 900
2013/12/3	学校型体育包	3	河嘴乡芭蕉小学、河嘴乡小学、董地苗族彝族乡罗嘎小学	3 000
2013/12/3	学生型美术包	14	云南省红河哈尼族彝族自治州合莫小学五年级1班	1 400
2014/6/8	学生型美术包	47	四川省凉山彝族自治州雷波县马湖乡中心校、黑龙江省鹤岗市绥滨县富强乡富强中心校、山西省大同市天镇县贾家屯乡贾家屯村贾家屯中心学校、河南省南阳市桐柏县固县镇新庄村新庄小学、湖南省益阳市安化县大福镇禾黄村中心学校（禾黄小学）、安徽省安庆市潜山县黄铺镇古墩村黄埔中心小学（古墩村小）、安徽省安庆市潜山县官庄镇乐平村水贵学校（栗园小学）等共7所学校，累计受助学生陈羽婷、欧阳世佳、李艾琳等共47人	4 700

续　表

爱心包裹捐赠情况表				
捐赠时间	包裹种类	捐赠数量（个）	捐赠地区	捐赠总金额(元)
2015/1/10	学生型体育包 学生型美术包	15 18	内蒙古自治区安盟扎特旗兴安盟扎特旗音德尔镇扎特旗音德尔第七小学三年级三班，贵州省毕节纳雍县新房乡德勒克村三组纳雍县新房乡永丰小学六年级一班。宁夏回族自治区固原市泾源县泾河源镇上秦小学六年级一班赵兴源、陈捷、宋立爽、李岩哲、冯玥柱等	4 800
2015/6/27	学生型美术包	44	四川省凉山彝族自治州喜德县中学小学四年级一班，四川省凉山彝族自治州喜德县拉克乡幸福村 2 组 1 号中学小学二年级一班	4 400

2. 善行 100

活动简介

善行 100 是由中国扶贫基金会发起，通过整合社会资源，支持高校公益社团发展，带动大学生参与公益，从而促进青年大学生了解公益慈善，培育现代公益理念，推动中国公益未来发展的大型公益劝募活动。

2014 年 5 月至 6 月期间，广西大学思源社和广西大学爱心协会合作，共同承办了以"短信月捐，六一圆梦"为主题的善行 100 活动，期间广西大学思源社在活动策划、前期宣传，志愿者招募及组织志愿者到校内外进行劝募活动中做出了巨大的贡献。

图 2-42

活动成果

此次活动，不仅为广大学子提供了一个奉献爱心的平台，也向全社会传递了正能量，致力于改善贫困地区小学生综合发展和生活条件。最后该活动在思源社社员与广大志愿者及社会爱心人士的努力及帮助下，取得了丰硕的成果，以爱心包裹的形式，为中国许多贫困山区的孩子们送去了温暖。

3.好丽友公益梦想实践大赛宣传活动

活动简介

好丽友公益梦想实践大赛由好丽友食品有限公司、中国扶贫基金会、北京师范大学社会公益研究中心联合发起，旨在通过征集全国大学生公益性暑期实践方案、奖励获奖团队实践活动的形式，来促进社会公益事业发展、鼓励大学生积极投身社会公益。2015年第四届好丽友公益梦想大赛4月15日启动。4月15日至4月19日在北京、上海、广州3地9所高校进行校园启动活动。4月18日-5月10日进行大型校园的宣传活动，广西大学思源社作为广西大学好丽友公益梦想实践大赛宣传大使参与了本次宣传活动。

图2-43

活动成果

对好丽友公益梦想实践大赛一系列的宣传活动，促进思源社与广西大学其他公益社团的沟通和交流，对西大公益事业的建设起到了很好的推动作用。而且通过对好丽友公益梦想实践大赛的宣传，开拓了西大学子的视野，使大家对公益有了一个全新的意识，以及全民公益的理念。由于广西大学思源社在本次宣传活动的表现，中国扶贫基金会授予了社团"好丽友公益梦想实践大赛校园行动大使"荣誉称号。

交通服务类公益活动

1.南宁火车站志愿服务

活动简介

每当节假日，南宁火车站的客流量就会急剧增长，与此同时，火车站工作人员的工作任务十分巨大。为缓解节假日工作人员的压力以及为旅客提供更好的服务，2015年初，思源社与共青团南宁车站委员会合作，根据南宁火车站具体情况的需要，在节假日期间向南宁火车站输送志愿者。每个节假日思源社的志愿者要去服务两天，每天工作8小时。每天所需志愿者10人左右，由思源

图2-44

社的社员和校内的志愿者组成。活动中志愿者换上统一的志愿者服，5人一组，分别在检票口指导旅客检票进站和在自动售票机前指导旅客买票。

活动意义

当今社会正处在一个大公益时代背景下，作为一名大学生，有义务通过自己的行动向社会传递正能量，也应该积极投身社会各类公益活动当中。思源社非常荣幸节假日期间能有机会在南宁火车站从事志愿服务活动，虽说志愿者工作比较累、比较苦，但作为一名有担当、热爱祖国、热爱人民的大学生，能真正投身服务人民的队伍之中，为旅行的人们提供帮助，志愿者会感到非常自豪。

活动成果

2015年初至今，在三月三、五一、清明、端午、国庆，思源社共向南宁火车站输送志愿者93人次，累计服务时数达752小时，服务旅客人数初步估计达50万人次。为广大旅客提供了方便满意的服务，提升了南宁市的形象，极大地缓解了节假日南宁火车站的客运压力，深受工作人员及旅客的赞许与好评。

2."让你好好过斑马"活动

图 2-45

在南宁市人口近700万，城市交通拥堵问题日益突出，而南宁市市民交通

安全及法规意识普遍较弱的背景下，思源社勇于担当公益使命，积极响应中国宋庆龄基金会丰田助学基金项目的号召，于 2015 年 6 月到 7 月期间展开为时一个月的"让你好好过斑马"活动。该活动通过一系列的线下宣传和线上 QQ/微信 / 微博等不断转发宣传，在校内校外产生了大范围的影响，对于提高西大学子以及南宁市市民的交通安全意识具有重要作用和深远意义。

"让你好好过斑马"活动在广西大学南门前三岔路口的斑马线两端开展，思源社在这里摆上自己的 DIY 漫画板进行交通安全宣传，同时放置一块空白的交通展板，准备好写有交通安全寄语的贴纸和卡片，"一张贴纸代表一份承诺，"因此每一位在交通展板上贴上贴纸的行人都郑重向志愿者许下了"遵守交通规则，文明出行"的承诺"一张卡片代表一份警醒"，每位拿到精美宣传卡片的行人都将自己的承诺铭记于心。

环保类公益活动

1. 清清荷塘

活动简介

2015 年 4 月中旬至 7 月中旬，中国宋庆龄基金会携手丰田汽车公司组织"让你 好好过"大学生社团活动。该项目旨在帮助中国中西部地区家庭经济困难、品学兼优的青年学子接受到良好的高等教育、获得更多成长机会，从而实现梦想、回报社会。

响应中国宋庆龄基金会的号召，在广西大学学生资助管理中心的廖园老师的指导下，思源社 14 级丰田成员与思源社的志愿者围绕"环保"主题，开展了以打捞广西大学荷塘内难降解废弃物，美化荷塘环境，提高游客、学生文明意识，倡导文明校园建设的清清荷塘的公益环保项目。

图 2-46

活动成果

（1）活动得到校园空谷网站新闻报道，对广西大学学子产生了广泛的影响。向广大师生传递了公益环保、文明出游的正能量。

（2）活动中志愿者热情高涨，认真积极，每次活动参与的志愿者达数十人，而且每次活动志愿者都会将广西大学 6 个荷花池彻底清理一遍。通过一系列的清理活动，极大地美化了学校荷花池的环境，为美化西大，以及倡导文明校园建设起到了积极的宣传和推动作用。

2. 滴水在指间　节水在心田

活动背景及简介

广西大学地处北回归线以南，位于中国水资源较丰富的地区，不会受到定时定量供水的限制。因此，很多同学的节水意识较薄弱。根据学校学生宿舍水电管理的有关规定，入住学生宿舍的学生每人每月用水 5 立方米，超用部分按规定收费。这 5 立方米的免费用水，对于大学生来说绝对充足，平均一天有166 升的可用量。这个数量相当于国家干旱地区四五个人一周的用水量。同学们在日常用水上存在很大的节水空间。

活动小组通过实地宣传和网上宣传等方式，在校园内进行节约用水知识宣传。团队成员在校园内定点设置报名点，现场进行宣传和报名。通过宣传项目背景，解说活动规则、活动实施方式及活动要求，吸引宿舍同学报名参与。每隔一个星期到节水宿舍了解节水的情况，记录参与宿舍的水表数值，收集参与节水宿舍连续三个星期的人均用水量和前后星期的人均用水总量差值。通过横向比较不同宿舍间的用水状况，和纵向比较宿舍前后两星期的用水状况，调查出学生宿舍的用水现状，追踪节水宣传的效果，收集节水小妙招。

活动意义

以宿舍为单位，通过在宿舍间进行节水竞赛，掌握学生宿舍用水的状况和可改进的地方，以

图 2-47

便进一步实施或者策划更科学的节水方案，并将之推广到其他高校，形成一种可复制的学生社团公益活动，达到让大学生逐渐养成节水习惯并显著减少校园学生公寓用水量的目的。

关爱弱势群体类公益活动

1. 关爱农民工子女

伴随南宁市周边地区城镇化进程的加快，农民工问题已经成为重大的经济和社会问题。在南宁市西乡塘区万秀村，这个南宁市最大的城中村里，有很多需要社会予以关爱的农民工子女。关爱农民工子女是实现广西大学思源社宗旨

中"提升自我，回报社会"的重要举措。

2013 年思源社组织志愿者带上书籍、文具、玩具等到万秀村看望小朋友们。陪同留在农村的农民工子女做游戏、聊天交流等，和他们交朋友，倾听他们的诉说心声和愿望，促进他们保持良好的心态、培养健全的人格。同时，此次活动对于培养社员以及志愿者的社会责任感起到很好的带头辐射作

图 2-48

用。关爱农民工子女是一个长期的工作，今后，广西大学思源社会把这个活动发展为一个常规活动，一直坚持下去。通过逐步发展，扩大社会影响力，带动更多的人参与进来；逐步建立一个有效的管理体系，并然有序地开展下去。

2.关爱空巢老人

随着社会老龄化进程的加速，空巢老人的问题已经越来越成为社会普遍关注的问题，关爱和照顾这些空巢老人也成为全社会的重要课题。作为在校公益性社团，思源社把目光投到了高校空巢老人的基本生活情况上。经多方面综合调查，仅在广西大学内就有很多空巢老人。由于年龄关系，老人们对

图 2-49

生活中体力活力不从心、无法排解思想上的空虚和孤独。在广西大学学生资助管理中心的指导与支持下，思源社联合组织受助团体定期看望老人们，为他们打扫房间，一起聊天谈心、听老人们讲过去的故事。在本学期，思源社将继续开展此活动，希望得到学校的关注和支持，给予老人更多的帮助和温暖。

义卖在行动

1.绿城高校联合活动

活动简介

受广西中医药大学赛恩斯新医药学院手法协会的邀请，并以"将爱心传递，共建和谐绿城"为宗旨。联合南宁各大高校社团开展主题为"绿城行动"的爱心公益活动。以此次活动全方位地调动南宁市各大高校学子

图 2-50

的积极性，并让更多的同学积极参与到爱心活动当中。以公益服务、义卖捐助为主要目的，通过义卖所得资金进行"爱心送温暖"活动。本次活动具有很强的公益性，对培养大学生的社会责任感有着重要的现实意义。

活动成果

本次活动义卖商品价格为商品原价的1-5折，共筹集了450元。善款以"绿城高校联盟"的名义捐给养老院。这次义卖活动不仅加强了广西大学思源社与南宁各大高校之间的联系，增强学校之间的交流，提高广西大学思源社的社会知名度和影响力；同时也在一定程度上引发了社会对爱心公益活动的关注，增强大学生作为时代主人翁的责任感，并使其拥有一颗感恩的心，促进社会的和谐发展。

2.应景平安夜——思源社爱心苹果义卖

活动简介

2014年12月24日，思源社抓住平安夜创造的机会，策划举行一个水晶苹果义卖活动，为贫困地区的小朋友筹集更多善款。此活动于12月9日就开始为其准备，因为所有的水晶苹果都由社员自己亲自动手认认真真完成。社员们为了能做更多的苹果，不惜占用自己休息的时间，为活动成功举办做出了巨大的贡献。

图 2-51

活动成果

此次水晶苹果义卖活动，一共筹集500元善款，为山区的小朋友在带去了温暖。而且此次活动，培养了社员们的动手能力，通过自己努力付出，帮助他人的快乐，让他们感受到公益的魅力。同时活动得到很多大学生的支持，在一定程度上引发了西大学子对爱心公益活动的关注，并使他们拥有一颗感恩的心，关心社会弱势群体。

公益拓展活动

携手"中国—东盟博览会"

2015年9月，在博览会开幕式前15天，广西大学思源社向中国—东盟博览会官方网站承办单位紧急提供7名品学兼优的志愿者，为其解决了人手紧缺的难题，被评为"中国—东盟博览会优秀协办单位团体"。

南宁是中国—东盟博览会的永久落户址，身为青年大学生公益团体，广西大学思源社有义不容辞的责任服务博览会，服务来自东盟十国以及世界各国的友人，为他们带去志愿者的温暖和微笑，同时，也向世人展示了思源社把自身公益行动推向世界，为世界人民送去关爱的决心。

图 2-52

の 安徒生不后悔、 会不会有明年 @14级杨翠玉 @何秀华 @李胜明 @13级吴娜娜 @黄晓梅 @14邱丽花

2015年9月21日　　　　　　　　　　取消赞 评论(24) 转发 更多 ▾

👍 我和、等73人觉得很赞

图 2-53

扎根基层，志愿教育，行走在基层中的大学生志愿者

——广西大学研究生支教团事迹

题记：广西大学研究生支教团作为广西最先拥有中国青年志愿者研究生支教团的高校，三年来已组建了三支共计 31 人保送研究生志愿团体赴国家级贫困县富川瑶族自治县开展义务支教。前两届研究生支教团服务期间深受当地人民的欢迎和好评，都已圆满地完成了自己的使命，第三届研究生支教团于今年 8 月前往服务地，开始新的征程，第四届已经筹备完毕。

广西大学研究生支教团，秉承广西大学勤恳朴诚、厚学致新的校训精神，以临时党支部为战略堡垒，学习在基层、奉献在基层、创新在基层，以实际行动践行社会主义核心价值观。

作为高学历的志愿者服务团队，广西大学研究生支教团深化了对西部计划志愿者的认识，不断加强研究生支教团自身建设。他们没有贪恋大城市的繁华，而是走进了国家级贫困县——富川瑶族自治县。近 2 年的时间里，他们走遍全县 12 个乡镇，累计家访或开展公益活动 80 余次，行程 3 000 余千米。支教团将所见所闻所感运用新媒体进行广泛传播，在"情系瑶乡，圆梦富川"关爱留守儿童活动中，累计为基层筹集善款、募集爱心物资共计 26 万余元，直接或间接帮助留守儿童 3 000 余名，他们用实际行动阐述着青年大学生党员志愿者的新型服务精神，真正让基层成了培育广大青年核心价值观的摇篮。

学习使人心里踏实、不浮躁，使人目光远大、不短视，使人心胸开阔、不小气，使人提高本领、不恐慌。广西大学研究生支教团一直重视学习，从而得以茁壮成长。支教团健康发展的故事，就是一个不断学习的故事。学习在基层，要求具有谦虚的学习态度，明确的学习目标，合理的学习时间，持续的学习能力以及良好的学习环境。学习在基层，要求支教团全体成员要通力合作，使学习成为支教团的一种内在要求，进而以学习提高支教团的凝聚力和创新力。

加强学习是基础。在陌生艰苦的基层生活面前，没有一成不变的工作方法，没有普遍适用的支教理念。要想适应艰苦环境、破解支教难题，最好的办法就是加强学习。虽然支教是本职，学习是兼职，但对于深入基层的青年大学生而言，基层本身就是个大学堂。支教团曾到距服务地10千米外的大山深处，看望2014全国优秀教师杨迎富，学习杨老师几十年如一日扎根山区，驻守在教学点的敬业精神；也曾向贺州义工联学习，并联合开展"关爱地贫儿童""走近抗日英雄"等公益活动；更到富川脐橙种植示范区参观学习，了解现代集约化水果种植及加工情况。敏而好学，不耻下问；三人同行，必有我师。支教团坚信无论是提高支教水平、做好支教工作的能力，还是增强奉献创新的意识和水平，学习都具有及时性和永久性意义，在支教团成员的个人成长和支教团队伍的不断壮大中，起着风向标的作用。

奉献在基层，不骄不躁

要建设奉献型支教团，首先要在思想认识上牢固树立服务意识；其次是在支教方法上，自觉坚守"一切为了学生，为了学生的一切"的初心；接着是在考核评价时，把学生满意度作为重要依据；最后是在服务机制上，建立常态化的扶持体系。建设奉献型支教团，集中体现了西部计划志愿者的性质和宗旨，体现了当代青年大学生深入基层践行社会主义核心价值观的愿望，同时对当代青年党员志愿者提出了更高的要求，对加强和改进支教团的支教理念，密切师生关系具有重要意义。

奉献于基层是根本目的。把奉献于基层作为根本目的，回答了"为了什么学习、为了什么创新"的问题。西部计划志愿者的最大优势是青年人不但年轻并且富有活力，支教过程中最大的敌人是得过且过。支教团成员在教学工作中认认真真，服务群众时踏踏实实。他们在富川县一中、二中担任语文、数学、政治、历史、地理、美术等不同年级任课老师之余，还兼任政教处干事、教务处干事、图书室管理员等工作。更难能可贵的是，支教团成员每周三还坚持到距离县城20余千米的麦岭镇三民完小进行义务支教。他们的要求，亲切严格；他们的授课，风趣幽默。支教团成员们经常利用下午大课间，为个别后进生补课。他们的课程在地方教学评比中有口皆碑，在同行评议中列为"优秀"等级。而要做到这些，最主要的就是支教团一直对学生的关心，尤其是对留守儿童的关爱。"爱心蜜橘 走进西大""暖冬行动""圆蛋计划""梦想书屋""心灵氧吧"

等一系列关爱富川留守儿童的活动中，支教团深得社会爱心人士支持，活动获得富川人民的广泛好评。做事接地气，才能有人气。一旦离开了"一切为了学生"的宗旨，不家访，不交流，活动看起来再美也容易流于形式；不围绕问题学生、留守儿童的实际需求进行所谓的关爱计划，想法再新颖，计划再周详，都缺乏实践的土壤，也就开不出实实在在的支教之花，结不成真真切切的支教之果，渐渐失去正确的价值观，人生观、世界观也会出现扭曲。

创新服务方法，是支教团队始终保持奉献基层的热情之本，也是支教老师坚持教书育人、以德为先的动力之源。长期在基层，面临各种新情况、新问题、新考验，如何创建一支矢志不渝、奋勇当先的志愿服务团队，这给支教团提出了新的要求。能否继续推进西部计划的伟大事业和西部开发的伟大工程，关键看热血青年能否深入了解实情，始终保持支教团的先进性。真问、真学、真懂、真干，既是西部计划志愿者的精神实质，又是建设创新型志愿者、保持支教团的先进性的决定性因素。

创新是一个团队永葆生机的源泉。新时代的青年，有新使命，有新担当。尤其是随着时代的发展，基层人民的生活方式、学习方式、交往方式、思维方式等都发生了全方位的变化，一些以往行之有效的学习方法、奉献方式不可避免地会失效，探索新形势下学习型、奉献型支教团建设的新思路、新举措，离不开创新驱动。在大数据时代，支教团跳出服务基层的传统方式，合理应用新媒体在全广西乃至全国发起一场微公益之风。2014 年 6 月，广西大学研究生支教团为帮助富川瑶族自治县留守儿童收获爱心，在支教团微信公众号和新浪官方微博发起"圆梦六一"为留守儿童完成六一愿望活动，短短半天时间 99个愿望被网友全部认领；同年 9 月"购买爱心蜜橘，为留守儿童献爱心"义购活动，两天时间内通过微平台 13 000 余千克蜜橘被认购一空；11 月至 12 月"情系瑶乡，圆梦富川"暖冬行动，学生们累计收到了来自全国 23 个省（市、自治区）及香港、澳门特别行政区等社会各界爱心人士价值 100 760 元的善款或物资。其中的 95 000 元都是网友及社会爱心人士看了微博及微信后，利用网上支付或直接快递送给留守孩子们的。

点亮一盏灯，照亮一大片。"西大研究生支教团支教日记"已经累计发出博文 120 余篇，阅读量超 64 万次。以"情系瑶乡，圆梦富川"为主题的微博，累计发出微博近 1 200 余条，转载 600 余次，阅读量近 120 万次。他们用真真切切的服务，扎扎实实的业绩，努力为全社会传递"正能量"。用自己的实

际行动，艰苦奋斗，开创了广西大学生奉献基层的历史篇章，写下了 90 后青年投身祖国西部建设时浓墨重彩的一笔。支教团灵活运用新媒体，积极开展新媒体的培训工作，正确引领舆情社论，稳步开展志愿活动，既点亮了新媒体，又弘扬了社会主义核心价值观。

　　学生时代，是激情满怀、富有朝气的时代；西部基层，是放飞理想、人生出彩的摇篮。广西大学研究生支教团作为一支青春志愿者团队，始终怀揣西部情，坚信中国梦。他们在基层这片践行社会主义核心价值观的沃土上，感受着不矜不伐的学习青春，品味着不骄不躁的奉献青春，亲历着不颓不馁的创新青春。"复兴中华，发达广西"，支教团期待更多的八桂青年加入西部计划志愿者的队伍中，一起到基层寻找美丽的中国梦，一起到基层践行社会主义核心价值观！

法援为民，普法利民

——广西大学法律援助中心

秉承"法律援助，你我同行"的宗旨，2004年4月30日，广西壮族自治区法律援助中心广西大学工作站，在校党委副书记李继兵的大力支持下正式挂牌。自成立以来，法律援助中心不断探索和创新学生法律援助的途径、形式和方法。中心以保障公民合法权益为工作目的，以进行法制宣传，代写法律文书，进行诉讼代理，提供法律咨询为主要工作方式。

志愿服务方式多样

本中心的志愿服务方式主要是接待来访咨询、定期举办普法活动及案件代理。本中心在广西大学东校园碧云路东13栋一楼设有办公咨询点，周一至周日均安排成员定时值班。

图2-54

工作人员恪守中心的宗旨，热情对待每一位来访者，审慎为来访者提供相关法律意见，从不收取当事人任何报酬。自2011年12月至2014年9月底，已经接待当事人来电、来访24 542人次(含青秀区法院便民服务岗)，其中民事18 806人次，刑事4 757人次，行政979人次。

本中心平均每学期组织3-5次普法宣传活动，并以每年3·15消费者权益保护日和12·4全国法制宣传日为契机，定期举办各种专题的法制宣传和义务法律咨询活动，深入居民小区和南宁一些院校，南宁市万力社区、金湖广场、西乡塘北大南社区、广西物资学校、惠民小学等都留下了法律援助中心的身影；同时，本中心还积极贯彻"依法治校"的方针，多次在广西大学校园内开展普法活动，热心为在校的同学们解答各类法律问题。成员们以实际行动践行

了本中心的服务宗旨，连续多年开展"法律援助乡村行"暑期三下乡社会实践活动，中心成员的足迹遍及广西区许多县城，对象从高级知识分子到法律知识欠缺的贫民，法制宣传面甚广，取得了前所未有的成效，特别深入基层进行法制宣传，将法律援助的春风吹向偏远的农村。

在案件代理方面，本中心对经济困难的群众免费提供代理诉讼服务，包括提供法律意见、代拟法律文书、出庭应诉。全程不收取当事人任何费用。2010年11月至今，本中心已代理援助案件34起，涉案金额逾300多万元，已结案件大多都胜诉，如由陈贞代理为宾阳胎死腹中的医疗诉讼案；由宾修清、张继伟为武鸣孤寡老人讨要多年前被他人撞伤的医疗费的案件；由梁君瑜、葛婵代理的历时18年的滩涂侵权纠纷再审案件，都收到了社会及学校的好评。这些案件在社会上都产生了广泛的影响，不仅保护了弱势群体的合法权益，履行了本中心自成立以来

图 2-55

的承诺，也增强了法律援助中心在社会大众心中的形象，提高了本中心在整个广西区内甚至是区外的信誉。

社会合作广泛

本中心与众多国家机关及社会公益组织建立了友好合作关系。本中心与南宁市青秀区人民法院、南宁市司法局建立合作关系，在青秀区人民法院立案大厅设立"司法救济窗口"——便民服务岗。由本中心工作人员在便民服务岗值班，为立案的群众免费提供法律咨询、代拟法律文书，积极配合立案庭开展工作。自2011年11月以来，中心成员在便民服务岗平均每年提供涉诉，涉法问题答疑6 000余次，法律文书代写近600次，受到了广大群众的一致好评。

2012年广西大学法律援助中心还与共青团南宁市江南区委员会建立合作关系，由本中心成员前往江南区各所农民工子弟小学及社区开展法制教育宣传活动。

图 2-56

中心将专门为家政服务人员提供法律咨询，为其进行法律知识的培训，帮助其更好地维护自身权益。

此外，本中心与武汉大学法学院合作承担行政诉讼法律援助项目。此项目系由武汉大学法学院、武汉大学社会弱者权益保护中心承接的"中国行政诉讼制度改革的理论与实践"课题分支的合作内容。本中心广泛开展行政案件代理，为农民工等弱势群体免费代理行政案件。

图 2-57

对外宣传深入

本中心不仅注重学生的实践能力的提高，而且注重学生理论水平的提高。中心办有自己的刊物《法援之声》，每月向全体法律援助中心工作人员征稿，来稿内容形式灵活，内容有当今法学理论研究的前沿、社会最新动态，也有学生对课堂知识的所想所感，并且邀请学院知名教授点评，每年定期发行后，面向全校师生发送。中心还设立了自己的网站，由专门人员维护，借助网络将法律援助的理念发扬光大，并接受在线的法律咨询，为当事人提供便捷服务。另外，去年中心还开通了新浪微博，发布各种中心活动及宣传法律知识等，吸引了更多群众对中心关注。

荣获各种嘉奖

图 2-58

2006 年 5 月，获得广西大学"芙蓉学子，西大精英"之"芙蓉学子·道德风尚奖"；2007 年 5 月，获得广西大学"芙蓉学子，西大精英"之"芙蓉学子·社会活动奖"；2007 年 11 月，获得第二届全区法律援助工作先进集体；2010 年 11 月，获得广西大学"芙蓉学子，西大精英"之"芙蓉学子·公益爱心奖"；2012 年 3 月，获得江南区团委颁发的"关爱农民工子女优秀志愿服务团队"荣誉称号；2012 年 10 月，获得自治区教育厅颁发的"优秀志愿服务项目"荣誉称号。

工作总结

自 2013 年 11 月换届后，本中心更是进入了迅猛发展时期。主要表现在以下几方面：首先，进行了内部机制改革，首次面向全校进行招新，吸收了不同学院有志于从事法律援助志愿工作的优秀人才，为法援中心注入了新鲜血液，提高了工作效率，扩大了本中心在学校的影响力；其次，本中心开通了官方微博并对官方网站进行了改版，丰富了对外交流、宣传的途径，提升了本中心的外部关注度以及影响力；再次，2014 年 9 月 12 日，广西商务厅副厅长为广西家政服务行业协会和广西大学法律援助中心授予"广西家庭服务业维权法律援助中心"牌匾，标志着广西家庭服务业维权法律援助中心成立。自此，本中心建立了与广西家政服务行业协会的长期合作关系，这为本中心服务社会提供了更好的平台。另外，2014 年 9 月 18 日，最高人民法院院长周强，在自治区高级人民法院院长罗殿龙的陪同下，前往南宁市青秀区人民法院校法律援助中心驻青秀区法院"法律援助便民服务岗"视察，对校法律援助中心的工作给予了高度评价。这就是对中心近年来工作最好的肯定。最后，本中心办公室重新进行了装修，完善了工作设备，改善了工作环境，提升了工作效率。

广西大学法律援助中心成立至今，成绩斐然，法律援助中心的各位成员都尽心尽职，各项活动开展得有声有色，为法律援助中心赢得了老师同学和社会各界的信任，并得到群众广泛好评；同时，为保障公民合法权益，健全法律援助制度，畅通和规范群众诉求表达、利益协调、权益保障渠道，促进和谐社会发展发挥了重要作用。中心将继续努力，发挥自身特有优势，为社会更多弱势群体提供服务与帮助！

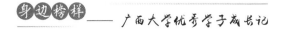
用爱和行动感动每一个人

——广西大学学生社团联合总会暑期公益实践服务队

　　广西大学学生社团联合总会暑期公益实践服务队成立于 2007 年，是广西大学学生社团联合总会为倡导广大学生积极践行社会主义核心价值观，到祖国最需要的地方去勤劳奉献、艰苦奋斗而成立的公益实践服务队。广西大学学生社团联合总会暑期公益实践服务队以暑期下乡为契机，结合时代精神，接受各社团自由报名，积极开展具有较大号召力的公益实践活动。暑期公益实践服务队以"用爱和行动感动每一个人"为宗旨，践行勤奋、友爱、团结、奉献等优良传统，多年来一直引领着西大社团关注社会、关注贫困地区的社会实践方向。

　　广西大学学生社团联合总会公益实践服务队以"丰富校园文化生活，促进校园精神文明建设"为己任，是校园文化建设的重要力量，是践行公益活动的中坚力量，也是在校大学生们利用假期进行校外学习交流、关爱社会的大课堂，同时更是大学生们张扬个性、奉献爱心的大舞台。

　　多年来，公益实践服务队的成员利用暑期奔赴广西各贫困地区进行社会实践活动，通过助学支教、实地调研、知识宣讲等志愿服务活动，有针对性地了解基层在教育、生态方面的实际情况，进行有切实帮助作用的服务活动。开展的活动多次获得当地政府和居民的一致认可和肯定，让团队成员更积极主动响应党中央的号召，以实际行动践行社会主义核心价值观。

服务农民土地权益，投身农村法治建设

——广西农民土地权益普法咨询中心

2009 年 2 月 18 日，广西农民土地权益普法咨询中心在广西大学东校园成立。自成立至今，该中心一直秉承"服务农民土地权益，投身农村法治建设"的宗旨，通过当事人来访、下乡设点咨询、网站在线答疑、电话和邮件等方式向农民提供有关土地权利的法律咨询，通过邮寄中心宣传材料、发放土地法律知识宣传资料、进村播放土地法律宣传录音、进行村组干部土地法律知识培训、举办土地法律座谈会、进村讲座、文艺演出普法等形式，深入农村向农民宣传党和国家有关农民土地权利的政策、法律和法规，让农民知晓其法定土地权利，并对涉嫌侵害农民土地权利的案件提供法律咨询和法律援助。

如今，中心总共接待并解决案件 573 件，普法足迹涉及 28 个县（市、区），发放土地法律宣传资料共计 47 430 份（其中土地权益一卡通 24 000 余份，林权一卡通 23 000 余份），发放干部培训小册子 1 154 册。现场接待咨询人数超过 2 000 人次，宣传受益人数预计 120 000 余人。

图 2-59

中心的各项工作都步入了正常发展的轨道，经历了实际工作的考验；各部门分工明确，普法援助工作开展得有声有色，取得了预期的效果。

一、咨询和法律援助工作

咨询接待工作是中心日常工作的重要内容。在咨询接待方面，中心事先制定了详细的《办公室注意事项》和《业务管理部工作细则》等工作规则及相关的工作流程图，使中心的咨询接待工作得以在一个井然有序的程序中进行。

从 2009 年 2 月 18 日挂牌成立至 2013 年 10 月，根据中心咨询登记表备案，总共接待案件 573 件，其中征地纠纷案件 243 件；承包地纠纷案件 79 件；林地纠纷案件 73 件；宅基地纠纷案件 49 件；土地侵权案件 114 件；其他类型案件 64 件（见表一）。

该中心在法律援助上为农民群众做出了突出贡献，为他们排忧解难，收到农民朋友赠送锦旗 4 面。南宁市仙葫经济开发区五合社区那窝坡村村民梁天佐因土地承包合同纠纷和征地补偿等问题多次来中心咨询。经过多届中心成员三年多的无私帮助和不懈努力，案件终于得到圆满解决，中心为当事人争取到 40 多万的经济利益。

图 2-60　梁天佐送来的锦旗

梁天佐为表谢意送来上书"法贤持正义，解我困迷津"的锦旗。此事在 2012 年 12 月 6 日被《广西法治日报》以《获援助讨回公道赠旗捐款表谢意》一文报道，体现了中心竭心为农民服务的宗旨，一时传为美谈。

表 1

类　　型	征地纠纷	承包地纠纷	林地纠纷	宅基地纠纷	土地侵权案件	其　他	总　　数
件数	243	79	73	49	114	64	573

二、普法宣传活动

"送法下乡"是中心把农民土地权益法律知识向农民普及的前线。为了切实提高农民土地权利意识，让农民了解党和国家的相关法律政策，中心融合相关的国家法律、中央政策、部门规章和地方法规统一编写制作了关于农民土地法律知识的《农民土地知识问答小册子》《农民土地权益法律知识一卡通》《林权知识一

图 2-61

卡通》。这些普法材料均以通俗易懂、农民熟悉的语言写成，印在可折叠成册的铜板纸上，既方便农民保存，也方便张贴。

广西农民土地权益普法咨询中心的普法足迹涉及 28 个县（市、区），60 个乡镇，总路程达 30 000 余千米。广西农民土地权益普法咨询中心发放土地法律宣传资料共计 47 430 份（其中土地权益一卡通 24 000 余份，林权一卡通 23 000 余份），发放干部培训小册子 1 154 册。现场接待咨询人数超过 2 000 人次，宣传受益人数预计 120 000 余人。

许多村民在接受普法宣传后感觉受益匪浅，纷纷根据普法宣传资料上的联系方式，通过电话和信件向广西农民土地权益普法咨询中心咨询。例如，在金秀瑶族自治县下乡结束后，中心收到了 5 封来信咨询、10 多个来电咨询。中心下乡普法宣传不仅拓宽了咨询接待工作渠道，也为当地农民的权益保护打开了一片新的天地，给他们带去了希望与期待。

三、形式多样进行普法

除了发放宣传材料进行普法宣传，中心成员还精心准备了送法进村讲座。事前中心执行主任与当地村委会取得联系，提前进行讲座公告。当华灯初上，村民便聚集在预定地点，主讲成员用幽默的言语、通俗易懂的例子进行讲座。为了调动村民积极性，主讲成员会针对主讲的内容设置一些问题，无论村民回答正确与否都会得到小礼物，此种寓教于乐的普法形式受到村民朋友的热烈欢迎。从中心成立到现在，中心分别在南宁横县百合镇、校椅镇、西乡塘区双定镇、良庆区南晓镇、柳州融安大良镇大坡村、北流镇九代村等六个地方进行了此种形式的讲座，累计听课人数 450 余人。

图 2-62　志愿者们进行文艺会演

在大化县七百弄镇、北流市北流镇九代村，中心还创新性地改用文艺会演的方式，寓教于乐，如幽默风趣的小品、知识有奖竞答，在轻松愉悦的氛围中宣传了土地法律知识，充分调动了现场气氛和农民积极性，使农民朋友更容易接受相关的知识，拉近了中心与农民朋友之间的距离。

四、校园宣传

广西农民土地权益普法咨询中心立足广西，着眼于涉及农民群众切身利益的问题，同时注重利用校园平台推广自我，帮助更多的人。在中心成立后一段时间，中心认识到广西大学有许多来自农村的学生，校园宣传是普法宣传不可或缺的组成部分。

图 2-63　广西大学碧湖苑食堂门口
6·25 普法签名活动

在 2012 年和 2013 年的 6 月 25 日，利用全国土地日的契机，广西农民土地权益普法咨询中心开展了以"普法惠民护土地，学法用法维权益"为主题的校园普法宣传活动。通过现场解答咨询、主题签名、工作成果图片展、派发宣传单页等形式，在大学生中培养了学法、用法、守法的良好风尚，提高了他们依法保护土地的意识。

在活动中广西大学校内外的不少同学增进了对中心的了解，有部分同学表示家中或多或少存在一些土地纠纷，通过中心能了解法律知识，学会解决问题的方法。

五、宣传平台建设

1.为扩大对外宣传，以更活泼、更便捷的方式为更多农民服务，中心还开设了广西农民土地权益普法咨询中心网站（http：//www.nmtdqy.org/）和博客（http://blog.sina.com.cn/u/1705125300）。在网站的管理方面，广西农民土地权益普法咨询中心安排专人负责系统的管理维护，及时更新法律法规、案例以方便农民群众查找，还安排中心成员值班对网上咨询问题进行解答。目前，网站主要分为七大板块：土地法治、中心新闻、法律法规、法律文书、妇女土地权益、普法专栏、工作随笔。中心值班制度规定中心成员在值班期间上传最新的农民土地新闻，以保持信息的时效性。

2.广西农民土地权益普法咨询中心自主创办报刊《红土地》，已出版四期。

报刊有利于扩大中心的影响力，广西农民土地权益普法咨询中心在发放传单时夹带《红土地》，向广大人民群众宣传中心概况，普及土地法律知识，实现中心的宗旨。

3.《法治日报》是中心的固定合作伙伴。《法治日报》（原《法治快报》《广西政法报》）是广西唯一的省级政法类党报，在广西发行量大、影响大。目前，《法治日报》为广西农民土地权益普法咨询中心开设了"土地法律进农家"专栏。为了该专栏的建设，中心在人员组织、稿件撰写要求和递交程序等方面做了具体的布置。

图 2-64

4.邮寄宣传资料。2012 年 1 月至今，广西农民土地权益普法咨询中心用平邮共寄送 1 700 份宣传材料至广西各县市的司法所和村委会，希望在农村法治建设上有所作为，增进农民朋友与政府部门对中心工作的了解与支持。不少农民朋友在接到宣传资料后纷纷来电咨询，也有司法所因农民土地工作向中心咨询法律法规政策的。信件的邮寄收到了良好的宣传效果。

六、薪火传承，以业务培训促自身建设

自身建设是进行法律咨询援助服务的前提，只有不断提升法学修养，才能真正理论联系实际，达到帮助他人的目的。广西农民土地权益普法咨询中心成立后，建立了严格的业务培训制度，每学期前六周开展六次业务培训，内容为土地法律知识技能以及与当事人交流的技巧。除了法学院孟勤国、黄俊阳等老师外，还形成成员轮流担任主讲人的机制，以增强大家自主获取知识、运用知识的能力。业务培训使中心事业代代相传，每一届的中心人都矢志不渝地为农民土地权益挥洒自己的青春和汗水！

七、结语

广西农民土地权益普法咨询中心，一个团结的整体，一个优秀的团队！在过去短暂数年里，它尽心尽力为广西的法治做出了突出贡献。广西农民土地权益普法咨询中心深深地扎根在农村法律援助的领域上，是广西乃至全国唯一一家专注于农民土地权益保护的非政府组织。

有人问："为什么广西农民土地权益普法咨询中心要致力于这一事业？"广西农民土地权益普法咨询中心的回答是："为了尊重人性的尊严！"罗伯斯比尔曾言："法律是人民意志的自由而庄严的表现。"社会的发展要求每一个人能够并愿意主张自己的人性尊严，同时也能够且愿意尊重他人的人性尊严，建立一个尊重人性尊严的社会。广西农民土地权益普法咨询中心要关心所在共同体的各项事业的发展，进而构建一个不断接近正义的和谐社会。正因如此，土地权益援助一直在行动，尽绵薄之力，为农村弱者撑起一片法治的蓝天！

中国法治社会的建立必须要以农村法治为基础，否则将成为无源之水，同时为农村法治建设奉献力量是法科学生的使命。广西农民土地权益普法咨询中心秉承这种理念，探索新模式，采用多种方法，在两年多的时间里，行走近一万千米，发放了很多普法传单，进行过多次村干部培训，将土地法律知识普及到广西农村。回首往昔，广西农民土地权益普法咨询中心无怨无悔；展望未来，广西农民土地权益普法咨询中心心怀憧憬！

入乡村，以所学益农，以所为惠农

——广西大学农学院"益农"社会公益服务队

广西大学农学院"益农"社会公益服务队隶属于广西大学农学院，由学院所有曾受到国家以及社会各界爱心资助的同学组成。服务队以爱心公益、回馈社会为宗旨，积极参加社区服务、公共福利、慈善活动、爱心援助、环境保护、知识传播、文艺展演等活动，全面展示农学院受助学子的感恩意识和社会责任感。服务队的日常管理和活动安排由共青团广西大学农学院委员会负责具体指导。

图 2-65

"益农"公益服务队成立于 2012 年 4 月 19 日，目前，队员 600 余名，是广西大学各学院中首个以全院受助学生为主体进行感恩回馈社会的队伍。同时，它也是一支全新概念的学生队伍，采用活动逐级通知、参与完全自愿的形式开展公益服务活动。自服务队成立以来在多次公益活动中队员均积极报名参加，得到一定社会认可。

一、成立仪式上队员庄严承诺

"益农"社会公益服务队秉承宗旨，用实际行动尽己所能帮助他人，服务社会，用实际行动表达感恩的心。他们不断加强自身管理，积累活动经验，提高服务质量，努力将服务队打造成为一个传播爱心的公益的优秀服务团队。通过开展爱心公益活动，锻炼所有参与者的社会实践能力，不断提高其社会责任感、使命感，为弘扬中华民族的传统美德、构建和谐社会，尽广西大学农学院"益农"公益服务队的绵薄之力。

服务队：设活动联系人数名，各年级设年级联系人一名，各班设班级联系人一名，活动联系人将活动时间、地点、形式等内容以短信形式下发至各年级联系人，由年级联系人转发至班级联系人进而转发至各服务队员。服务队员知晓活动内容后，自愿选择是否参加本次活动，参加以到场为准。在活动结束之后，由活动联系人在参加本次活动的服务队员的服务手册上填写评语并加盖服务队印章。

图2-66

二、"益农"公益携手中国扶贫基金会进行"善行100"爱心包裹项目

2012年11月14日，农学院"益农"公益服务队善行100分队将11月9日至11日在广西大学校内进行的"善行100"爱心包裹暖冬劝募活动的爱心包裹邮局凭证复印件公布在校西校园6B小广场以及东苑餐厅前。

募捐善款共计24 000元人民币。回执公布主要为体现爱心包裹项目的透明性，以便更多的爱心人士参与到此次募捐中来。回执单上详细地注明了爱心包裹的去向以及受益者的信息，捐赠人可以凭借捐赠订单号和手机号，在爱心包裹的官网轻松查询到包裹的实时状态。

农学院"益农"服务队善行100分队队长陈江介绍，"校运会期间，善行100分队组织服务队员向广西大学校内班级、宿舍、学生会、路人、社团等募捐善款共计24 000元人民币，其中向农学院班级、宿舍、学生会部门等募捐6 100元，向广西大学校内路人募捐17 900余元"。

图2-67

图2-68

图2-69

成功办理的爱心包裹已经分别寄往陕西咸阳、湖南郴州、贵州毕节等贫困山区的孩子手中，这些爱心包裹包括 100 元的学生型美术包裹、200 元的学生型暖冬包裹等。回执公布得到了广大师生的关注，激发了同学们的爱心，蓝丽娜同学激动地说道："有了那么多好心人的帮助，相信贫困山区孩子们的冬天不会寒冷了。"

2013 年，益农公益服务队继续进行了"善行 100"爱心包裹劝募活动，服务队员梁月涛同学代表广西大学到北京参加中国扶贫基金会的培训。

三、大手拉小手，关爱留守儿童

宣言：我们要有慈母般的爱，有持之以恒的耐心，有一颗淳朴的童心，走进他们的世界，让他们感受到家人的温暖。

益农公益服务队成员—梁锋同学的对活动感想

前言

益农公益服务队是一群有梦想的新青年，敢为梦想而奋斗；益农公益服务队是一群有思想的新青年，思想燃烧出新的希望。益农公益服务队是由大学生精英组成的青年志愿者团队，益农公益服务队专为梦想而生，为孩子的梦想撑起一片蓝天。

孩子有心怀梦想的权利，亦有健康快乐成长的权利。社会经济的发展，城镇化的建设，农村的转型，特殊的时期诞生了一个无辜的群体——留守儿童。他们本是父母的掌上明珠，本应拥有像城里的孩子一样的母爱与父爱，享受一样的教育资源，但因农村基础建设落后，父母跑生计的无奈，孩子们只能由爷爷奶奶抚养。由于缺少父母的教育，留守儿童一般内向、自卑、敏感，性格比较脆弱。还有学生的父母在外打工，经常往家里寄钱，导致孩子养成大把花钱、逃学上网、吸烟喝酒、自暴自弃等不良行为，这样的学生往往自私、孤僻、暴躁、蛮横。现在留守儿童的问题正是明天社会的问题，若此问题长期存在，必将影响和谐社会的建设。

益农公益服务队的理念很简单，就是希望创建一个富有爱心、耐心、有理想的优秀大学生组成的团队，一对一地给他们帮助指导，益农公益服务队要当他们的大哥哥大姐姐，要像对待亲人一样去对待他们，通过书信、电话、网络等多种途径长期与他们保持沟通联系。学习上鼓励他们，解答他们遇到的疑惑，当他们生活的倾听者，陪他们聊未来、聊理想、引导他们健康快乐地成长。生活已经让他们缺少了父爱与母爱，益农公益服务队不能再让他们感到孤单，感到害怕，快乐的童年应该是充满阳光与雨露的，而不是冰冷的玩具、昏暗的教室、无聊的方格字。

益农公益服务队只是一个小团体，能做的事情有限，但能做一点总是好的，能做一点总是有意义的。若能看到孩子们脸上天真的笑容，看到孩子们一天天变得开朗起来，便是益农公益服务队最大的安慰与鼓励。希望会有千千万万个团体可以定期帮助他们、关心他们，长此以往，孩子们将更加自信，更易与人交流，心灵更加健康。

一、建立留守儿童服务基地

2013 年 7 月 13 日，服务队由南宁坐火车到贵港市，再转车至木格镇平悦乡。

14 日早上八点，队员集合在村委会大楼前举行揭牌仪式，建立一对一长期帮扶留守儿童服务基地。孩子的成长是需要慢慢引导的，所以建立长期帮扶的基地是有必要的，益农公益服务队才能长期与当地村委会合作交流，为解决留守儿童问题寻找更好的方法。唯有建立起基地，才能发现更加深层次的矛盾，也可以对益农公益服务队的工作成绩做出评估。黄村作为第一个基地试点，意义重大，挑战也大，益农公益服务队必须努力去做好。随着牌匾揭开红布，一对一长期帮扶留守儿童服务基地——黄村试点基地正式建立。

二、对村庄环境进行调研

8 月 20 日，来到博白的第三天，队员对村庄的生态环境建设进行了调研，主要任务是入户走访结合自己所看到的现实写出一份调研报告。关心孩子的未来，关心孩子的健康，益农公益服务队就要关心当下孩子生活的环境问题。

博白县作为全国第四大的肉猪生产基地，好处在于解决部分就业问题，给人民带来了收入上的提高，弊端是肉猪的粪尿及废水排放问题一直是当地的诟病所在。当地以村民散养为主，废水集中处理较困难，并不是每家养殖户都有沼气池，废水很多就直接排到了水田里或河里，给环境带来很大的压力。鉴于此，村里开始环境建设，保持了原始的松树林和大片的竹林，村里建起了垃圾处理池，村里道路清洁了，垃圾少了，人民的精神面貌也好了。白面麓的生态园建设给当地生态文明建设增色不少，生态园区由白面麓创业青年冯李明带领本村青年，于2011年1月在村民的支持下正式开工建设。三年过去了，园区里已经种有桃子、梨、番荔枝、罗汉松、降香黄檀、株柏等一大批果树及珍贵树种，所种的草皮也长起来了。园里还建起了餐厅、篮球场、烧烤场等休闲娱乐场所、园区景色优美，湖泊错落其间，还有大批原始松林，观光休闲与养殖相结合，松弛有度，规划合理。站在山顶，俯瞰园区，益农公益服务队相信园区定会越建越好，西塘乡的生态文明建设定会越来越好，西塘乡人民的生活会越过越好。

图2-70

家访时，一位退休老干部冯爷爷对队员们说："调研一定要多看多思考多走路，口里是问不出多少东西的，想要学到东西就不要只流于形式，要相信自己所看到的事实。"这些话深深触动了队员，只有实干才能为社会创造财富，实干方能兴国，所以以后做事情，务必脚踏实地，多做事少形式，勇于承担而有所作为。

三、队员们与孩子在一起

与孩子们生活在一起，一起游戏、一起上课、一起在放学的路上聊天，从刚开始的陌生、胆怯到后来的好朋友般的信赖。只有彼此信任，队员们才能达到心灵上的沟通，才能打开通往孩子们内心世界的门，完成深入的沟通。团队为孩子们带来形式多样的小游戏，如吹乒乓球，在桌面上放置5个杯子，杯子里装上深度不一的水，乒乓球放在水上，参与者吹气将乒乓球从开始的杯子吹到末尾杯子，游戏结束；贴鼻子游戏，在黑板上画上缺了鼻子的猪头，小朋友在蒙住眼睛的情况下，在特定时间内将剪好的鼻子贴到正确位置上，越接近标准位置得分越高；夹玻璃珠子游戏，在两张距离5米左右的桌子上，分别放上一个碗，碗里放置玻璃珠子5个，加上适量水,参与者将玻璃珠子夹置对面桌子的碗里,其间珠子不能落地,否则重来,时间少者获胜。这些游戏材料易找,取材方便,专门针对小朋友而设计,小朋友们参与度高。通过游戏队员们很快就与小朋友们打成一片,彼此熟识,他们也很快就喜欢上了队员们,与队员们成了好朋友。游戏是个良好的互动环节,不仅加深了队员们与小朋友间的交流,还加深了小朋友间的交流,使彼此间的关系得到改善。

团队中心灵手巧的女生们还手把手地教小朋友一些手工,教他们折纸船、折飞机、折纸鹤、折美丽的花朵。虽有些步骤比较复杂,但大家教得很认真,小朋友们学得很仔细。炎热的天气,没有风扇的教室,面对几十名小学生,队员们的衬衫已被汗水打湿,脸上也挂着汗珠,她们像是田野里篱笆上的牵牛花朴素而优雅,她们是盛夏里的倩影。纸鹤,代表一种祝福,代表希望的腾飞,他们是梦想的制造者,他们是希望的承载者,希望大学生们能发挥自己的作用,给孩子们带去新的思想,带去新的希望。

8月21日下午,团队联合学院另一下乡队伍,在教室里教小朋友们制作植物标本。利用大自然馈赠给每一个人的一花一草,经过简单的构图加工,制作成有艺术气息的具体或抽象的作品,这是给小朋友们发挥想象力及锻炼动手能力的机会。队员们教会他们方法并在一旁辅助。小小教室里是创造的小天堂,小朋友们都是小小艺术家,他们在纸上画好自己的构图,用剪刀细心剪好材料,最后小心翼翼地将材料贴在纸上,等待干燥。大概三个半小时后,孩子们完成了作品,看着稚气的作品,就能窥探到他们小小的内心。

与孩子们在一起,大手拉小手畅谈心中小小的梦想,一起数着仲夏晚晴天的星星,一起去捕捉河边落脚休息的蜻蜓,一起看水里的浮萍……真希望能永远陪在孩子们身边,一起面对成长的悲欢离合。

四、你们是小小演说家

2013年8月21日,在学校操场上,队员们简单搭建起了一个简易小舞台,一个给小小演说家们展现自己,大胆说出自己梦想的舞台,小舞台亦有大梦想。

图 2-71

本次演讲以"中国梦，我的梦"为主题。每个孩子都有心怀梦想的权利，神圣不可侵犯，梦想或大或小，或现实或天真，这些都是藏在孩子心中的秘密。孩子的梦也是中国梦的一部分，队员们要给孩子们大声说出自己梦想的机会，鼓励他们敢于怀梦，敢于用行动去实现梦。

"我有一个科学家梦""我有一个教师梦""我有一个发明家梦""我有一个大学生梦""我有一个老板梦"……小孩子们在舞台上大胆地秀出了自己的梦。当这些梦想从一个十一二岁的小朋友口中说出来的时候，请不要嘲笑，请尊重他们的那份勇气。

怀有梦想的人，心理是健康的，未来是光明的，本次活动旨在鼓励孩子们勇于做梦，做大梦、做好梦，梦想是盏灯，希望它能照亮留守儿童脚下的路。

五、心系孩子教育

十年树木，百年树人，教育乃百年大计，知识改变命运，教育往往能决定孩子一生所能达到的高度。关心孩子就从关心他们的教育开始。

西塘乡是个大乡，有着三千多人口，思想观念落后，每个家庭都有3到4个孩子，孩子上学的需求与教学资源的匮乏形成一个长期的矛盾。2013年上半年西塘乡小学在博白县226所小学中，成绩倒数，自换了校长，教育水平每况愈下。

下乡的队伍中有一个支教的大学生团队，来自玉林师范学院。他们白天基本都在学校教学，有时间会入户进行调研，探明学校成绩不佳背后的原因。

队员们还采访了西塘乡小学的冯校长。他已过不惑之年，多了份慈祥但缺少了一种领导者的魄力。采访中校长虽面带微笑，眼神却是游离的，手里始终把玩着各种物品，能感觉得到他的紧张，很多问题他都是以"我去年才调到这所学校，对一些情况还不是很了解"来搪塞队员们，或者避重就轻把话题引开，但冯校长也是真心想做点事的，他为学校安装了路灯，对下乡的大学生提供一些帮助，在孩子眼中他是个慈祥的校长。采访中队员们了解到，在小学十几个教师中还有两个代课老师，就是所说的临时工，工资始终比正式老师少一半。学校缺少年轻的骨干老师，教师队伍大龄化严重，都是利用一些老方法来教学，不能拓展孩子的眼界。教室中没有先进的投影仪，没有电脑，现有的条件无法吸引更多的年轻教师到农村中来。

目前，学校的新规划得到了上级的重视，一栋旧教学楼将被拆除，建立新的大楼，学生卫生间也会得到改建，还学生一个清洁的空气清新的校园。学校的围墙将会加固，保证孩子的安全，教室将重新装修，操场将会硬化，相信西塘乡小学的未来将会充满阳光。

六、建立一对一帮扶关系

队员们下乡的任务之一就是建立一对一帮扶关系，建立一对一帮扶基地只是第一步，队员们还要有实质性的进展，队员们挑选出一批需要帮助的孩子，建立了一份留守儿童的档案，使之与志愿者的档案相匹配。让档案中的孩子选择一位志愿者作为自己的结对子，队员们也将对应的孩子信息反馈至志愿者手中。在未来的日子里他们可以通过书信、网络、电话的形式长期交流，在假期，志愿者可以自愿去看望孩子，与孩子有更深入的接触沟通。队员们的理念是让每一位志愿者都能成为孩子的榜样，志愿者在工作中要尽职尽责，帮助小朋友解决生活学习上的疑惑，鼓励其在艰苦的环境中自强不息，永不放弃，引导其远离社会网吧、吸烟、酗酒、色情等不良因素，保持心灵与肉体的健康。建立一对一帮扶关系，对孩子有利，对志愿者也是一种锻炼，是对自我人生意义的升华与肯定，自身的综合素质得到了相应的提高。作为此次活动的志愿者，每个人将严格要求自己，自觉遵守志愿者管理条例，服从组织安排，不接受家长给予的任何物质方面的报酬，展现当代大学生良好的精神风貌，弘扬奉献精神，奉献社会，践行志愿服务精神。大学生应多参加社会实践活动，服务社会。

七、普天同庆，与民同欢

2013 年 8 月 23 日晚上，西塘乡举行了以"我的中国梦，美丽西塘乡"为主题的大学生牵手西塘乡联欢晚会。

开场舞恢宏壮丽，舞姿曼妙唯美，歌声高昂热情，小品激人奋进，还有神秘的魔术表演，动人心扉的钢琴曲独奏，精彩的演出博得村民阵阵掌声，玉林师范学院的小品《我发现你越来越美丽》，以冯李明艰辛的创业背景为剧本，道出了白面麓生态园区一路建设所面临的种种障碍。"这里是生我养我的地方，不管怎么说，始终是我的家乡，建设她有什么不对"，他

的坚持打动了村民，越来越多的人加入生态园区的建设，开垦荒地，种植果树，开山辟地，誓将白面麓生态旅游发展起来，带动西塘乡经济的腾飞，造福父老乡亲。

两个多小时的晚会落下帷幕，大学生们和当地青年一起在舞台上狂欢。在西塘最后一个晚上了，团队将结束为期12天的下乡之旅，踏上回家的路。队员们酣畅淋漓，不欢不言散，以最青春的方式让这段回忆更加美好。

弘扬志愿精神，构建和谐交通

——生命科学与技术学院交通协助管理志愿服务队

广西大学生命科学与技术学院交通协助管理志愿服务队（简称"生科院交协"），在时任团委书记胡俊杰的倡导和推动下，于2003年9月正式成立。经过九年的实践和发展，目前形成了由团委副书记周嬙为领导核心，团委学生会为组织者，党员、预备党员、积极分子、广大团员、各班班级骨干以及在校本科生为主要成员的志愿者团队。"生科院交协"秉承"弘扬志愿精神，构建和谐交通"的宗旨，发扬"奉献、友爱、互助、进步"的精神，在生科院团委指导下，通过"制度化、社会化、多样化"三化一体的运作模式，推动生科院交通协助管理服务队的服务不断呈现多元化、深层次化发展。

九年来，"生科院交协"认真组织党员、预备党员、入党积极分子、学生会干部、干事和班干，参加交通协管专题知识讲座和培训；组织志愿者在中华友爱路口和衡阳友爱路口等人流量较大的路段协助交警同志宣传交通法规，引导文明交通；组织开展"交通协管"活动社会满意度调查以及主题为"传承雷锋精神——青少年在行动"等系列活动。"生科院交协"每学期至少安排十次活动，每次32人，吸引近4 000多名本科生参与，发动6 000人次参与交通协管志愿服务，不论烈日高空或者寒风凛冽，从未间断。在交通协管服务活动前期，举行交通安全知识讲座；巩固期，把以规范的交通法则管理非机动车和行人通行的理论变为实践经验，走上街头执勤；活动期，则大力扩充服务团队，扩大服务项目以及采取多样的服务形式。

在志愿服务实践中，"生科院交协"不断总结经验教训，大胆借鉴优秀团队的发展经验，开拓创新，突破自我，确立了以学院团委学生会为中心向四周辐射的"辐射式"发展路线，以自身的行动带动更多同学参与志愿服务。努力探索"培训—实践—扩展"的运作模式，根据参与志愿服务的青年学生的实际情况制定了《关于交通协管的注意事项》和《交通协管奖惩规定》，逐步建立与完善培训制度、人员安排制度、评定制度和奖惩制度，做到有章可依，形成了一个纪律严密且战斗力强的和谐团队。历经九年的锻炼和成长，"生科院交协"队伍不断壮大，服务活动范围逐步扩大，社团影响力明显增强，多项活动受到校内外媒体关注，获得学校和社会的广泛赞誉。

爱心与服务并举，学习与实践共进

——广西大学爱心协会

广西大学爱心协会成立于 2004 年 3 月 5 日，由外国语学院党委书记陈泽军、校工会组织宣传部长王顺茗、校团委学籍处韦兴剑老师担任协会的指导老师。协会自成立以来会员已累计发展到两千多人，秉承"关爱同学、关爱社会，爱心与服务并举，学习与实践共进"的宗旨，发展成为学校社团中最有特色、最年轻、最具有意义的社团之一。协会一直致力于爱心的传承和发扬，注重实践，积极组织和参加各类爱心公益性活动，尽最大努力帮助需要关爱的人群。在传承爱心的同时，广西大学爱心协会通过活动锻炼和提高自身的能力，努力实现当代大学生的人生价值。

协会目前设有会长 1 名，常委 2 名，副会长 4 名，各职能部门各设部长 1 名，副部长 2~3 名。协会每年有 300 名左右的会员，每人平均服务 60 个小时。协会共设有十一个部门，分别为秘书处、组织部、外联部、爱心交流部、宣传部、网络部、编辑部、文艺部等八个职能部门，以及社会服务项目部、急救项目部、四点半课堂项目部等三个项目部门。此外，协会还在每年暑假举行"爱心广西行"项目，组织协会成员赴贫困偏远山区开展暑期社会实践活动。同时，广西大学爱心协会还和南宁委员会家工作营志愿者协会合作，组织参与了服务麻风病康复者的一系列志愿活动。

目前，协会已建立起较为完善的章程和管理制度、网站、微博、会员管理系统，发行了协会会刊，还拥有协会的会歌、会徽、会服等，形成了具有广西大学爱心协会特色的组织文化和内部文化。

事迹材料

公益行动之一：

爱心支教，关爱农民工子女——四点半课堂项目

"四点半课堂"项目是以"关注城市流动人口，关爱农民工子女"为主题的

农民工子女免费培训班。每周周日上午9点到12点，来自爱心协会的志愿者老师都会准时去江南区的一所农民工子弟学校——桂宁小学给学生们授课。"四点半课堂"共开设七个兴趣班，分别是舞蹈班、英语入门班、英语提高班、绘画班、手工班、书法班、音乐班。每年所开展的支教活动共30余次，每次有40余名志愿者参与服务，上课时间为3小时左右，共计服务3600小时。

图2-72　四点半课堂开班活动合影

图2-73　四点半课堂之世界地球日电影展

图2-74　志愿者老师给学生辅导作业

图2-75　志愿者与学生课间娱乐

图2-76　四点半课堂成果展文艺会演

图2-77　毕班典礼大合照

2012年3月11日，四点半课堂项目春季期兴趣班正式开班授课。一学期以来，为了拓展学生的知识面，培养学生们更广泛的兴趣，广西大学爱心协会除了开展正常的兴趣班教学以及各班内的英语演讲比赛、绘画比赛、书法比赛、歌唱比赛等活动之外，还积极开展了各种丰富多彩的活动。

4月22日，广西大学爱心协会进行了"世界地球日"主题活动，给学生们宣传地球知识，提高他们对保护地球及生态环境的认识；5月6日，开展了百科知识小竞赛活动，鼓励学生们广泛涉猎课外知识，将书上的知识与生活常识结合起来，充实自我；5月20日，为改善桂宁小学的教学条件，同时呼吁更多的社会力量关注农民工子女，广西大学爱心协会爱心协会携手财经、工商、南职、工业、建院等院校爱心组织组成"六大高校爱心联盟"，前往桂宁小学举行"关爱农民工子女"捐赠活动，共计捐赠两千五百元物资，包括书包、书本、字帖、教学用具和体育用品等，桂宁小学共800多名学生受益；5月30日，广西大学爱心协会与桂宁小学共同举办了"欢度6·1"晚会，与桂宁小学的小朋友们欢度儿童节；6月3日，广西大学爱心协会举行了四点半课堂学期支教成果展暨毕班典礼，典礼上学生们将自己一学期所学纷纷在舞台上展现出来，这既是学生对自身学习成果的展现，也是对志愿者教学成果最好的肯定。

志愿者希望通过自身的努力，以丰富多彩的教学方式，能开拓学生的视野、发散其思维、培养其兴趣及能力，让他们在快乐中更好地学习、在学习中更加健康快乐地成长。

每个孩子都需要被宠爱，每次看到孩子们灿烂的笑脸，广西大学爱心协会都默默立誓会将这份关爱进行到底。2012年10月21日，"四点半课堂"再一次在桂宁小学举行了秋季期的开班仪式。新的起点，新的征程，爱心支教，任重而道远，关爱流动中的花朵，广西大学爱心协会一直在行动。

公益行动之二：
感恩社会，服务他人——社会服务项目

爱心协会社会服务项目秉承"关爱老人，关爱社会"的宗旨，积极走进社区、敬老院组织志愿服务，服务老教职工，慰问孤寡老人，关爱留守儿童，服务社会。

一年以来，广西大学爱心协会社会服务项目部组织成员定期到夕阳红敬老院进行服务。陪老人聊天、打扫卫生、教老人唱歌、组织老人参加活动等，每

两周一次的活动，给敬老院增添了许多欢乐。

此外，广西大学爱心协会社会服务项目部还积极开展各项活动，积极服务社区，关注留守儿童，关爱弱势群体。

2012年3月11日，在"学雷锋月"里，广西大学爱心协会与新闻传播学院奋进社牵手走进了白苍岭小区，开展了雷锋月社区志愿服务活动。参加活动的志愿者

图2-78 白苍岭小区志愿服务活动

有100多人，他们为小区打扫卫生、清洁楼道、除草等。3月25日，与中医药大学等协会合作，在友爱广场开展了学雷锋服务活动。广西大学爱心协会通过宣传单、海报与图片展等形式，呼吁广大市民关注空巢老人、偏远贫困地区以及农民工子女等需要帮助的人群，并尽己所能为他们奉献出自己的爱心。在"学雷锋月"中，弘扬雷锋精神，传递志愿服务理念，使雷锋精神得到了很好的发扬。

图2-79 雷锋月友爱广场宣传

图2-80 志愿者到布泉小学与孩子共度六一儿童节

图2-81 敬老节爱心进家

图2-82 敬老节爱心义诊

4月22日，广西大学爱心协会邀请中医药大学为协会成员进行了按摩培训，60多人参加了培训，取得很好的效果，为广西大学爱心协会开展爱老敬老服务活动奠定了基础。

6月1日，广西大学爱心协会和微博协会合作，在学校里和网络微博发布宣传，号召近百名大学生志愿者和社会爱心志愿者奔赴隆安县布泉乡中心小学，和那里的留守儿童们欢度六一。此次活动得到了当地老乡会的爱心人士和乡政府的大力支持，活动包括志愿者和孩子们举办精彩文艺会演、志愿者和孩子们互动交流、爱心人士为布泉小学捐赠物品等。

10月20日，在重阳节到来之际，广西大学爱心协会举行了第四届敬老节活动。此次活动参与人员达100多名，活动内容有为社区里的老人和部分居民爱心义诊、免费按摩；慰问老人，帮助老人打扫、修理东西；陪他们聊天、宣传生活中的医学常识等。活动得到各社区居民的一致好评。

感恩社会，服务他人。广西大学爱心协会在活动中，感受生命，感受爱，每一个微笑都是一次感动，每一次感动都是一份无价的收获。

公益行动之三：
人人学急救，为生命护航——急救项目

爱心协会急救队成立以来，多次组织急救项目成员到广西中医药大学红十字会进行培训与学习。在校内定期开班讲解急救知识，进行急救培训，宣传急救知识，弘扬急救自救的理念，传递红十字精神。广西大学爱心协会希望通过协会的努力，普及更多的医学常识，以填补因学校未开设医学专业而造成的急救方面医学知识的空白。

2012年5月，协会开展了为期一个月的"急救校园行"系列活动。活动包括急救培训、急救实战演练、急救电影展等。其中急救培训共开设了3场，培训内容包括CPR心肺复苏术，止血包扎，触电自救与他救，火灾自救与他救，山崩、地震等情况下的自救与他救。培训邀请了广西医科大学红十字会的专业人员进行讲解，参与人数达300多人。

5月19日，为了检验同学们急救培训的效果，引起广大同学们对急救知识的关注，广西大学爱心协会在校医院对面举行"急救知识大冲关"急救实战活动。此次活动有30多支队伍共150多人参加，广西中医药大学专业人员作为比赛裁判。冲关内容包括动脉止血、心肺复苏、大腿骨折等，通过情景模拟

的形式，让参赛队实践中进行急救演习。急救大冲关使同学们在团结合作和实践中加深了对急救知识的理解和认识，提高了急救技能。

"人人学急救，人人得自救"，这是广西大学爱心协会举办急救系列活动的初衷，用行动关爱生命。只有真正重视、了解急救知识才能更好地呵护生命，挽救更多的生命。

图 2-83　急救系列活动之活动宣传

图 2-84　救急系列活动之急救培训

图 2-85　救急系列活动之救急冲关

图 2-86　救急冲关活动之包扎演示

公益行动之四：
关注贫困山区，共创和谐未来——爱心广西行项目

2012 年暑期，协会组织 45 名成员奔赴偏远的百色市田林县八渡乡六林村六林小学开展为期 8 天的"暑期社会实践"活动，在实践中以己所学、尽己所能帮助贫困地区的人。开展的活动主要有爱心支教、农村教育调研、义务维修、知识宣讲、建设图书屋、爱心捐赠、爱心会演、走访贫困户等。六林村是一个交通不便、经济十分落后的村落，村里很多青壮年都外出打工了，当地很多是留守老人、留守儿童，老人年老多病、行动不便，儿童年幼无人照顾、教导。

在广西大学爱心协会的支教中，传递的不仅是知识，更是一种"往外飞"的信念，一种走出大山的勇气。为了让六林的孩子在志愿者离开后还能够继续学习到更多的课外知识，广西大学爱心协会在六林小学建立了小型图书屋，共计捐赠图书600余册。图书一部分是广西大学爱心协会在学校向广大同学募集而得，一部分是用2012年5月荷花节专场举行的《中国国家地理》杂志义卖筹到的善款所买，还有一部分来自于社会爱心人士的捐赠。

在调研中，广西大学爱心协会的成员不辞劳苦，每天走屯串户，了解当地民情民风，将了解到的情况写成调研报告，从而引起社会的关注。在调研的同时，广西大学爱心协会维修组的成员跟随进行家访，以自己所学，帮助修理坏掉的电子产品。

在知识宣讲中，除了契合建团90周年的大背景给当地青年讲解关于团史的知识外，广西大学爱心协会还积极走进村民家里，为村民普及容易忽略的生活小常识及医学知识。同时，广西大学爱心协会还把协会的特色活动——急救知识带到了小学，教给小学生们常用的急救知识，为其生命保驾护航。

在走访贫困户的过程中，广西大学爱心协会除带去一些慰问品外，还把随队带去的电子产品捐赠给当地一些贫困家庭。2012年4月到6月，协会携手科技协会在校内举行"电子爱心环保行"活动，爱心协会负责收集同学们废弃的电子产品，科技协会负责把东西修好，在下乡的时候把修好的电子产品送给山区有需要的居民，让当地人民感受到来自大学生的关爱。

这次实践给队员们提供了更好认识自我、了解自我的平台，通过实践，队员们感受到浓厚的乡村气息，体验到生活的甜酸苦辣，也有很多难以忘怀的回忆。"爱心广西行"是广西大学爱心协会的一个品牌项目，每年暑期都会组织协会成员去贫困地区进行为期一周的"暑期社会实践"活动。如今，广西大学爱心协会传承的爱心来到了六林，并打算以六林为实践活动基地，以便更好地服务农村、关注贫困山区教育、关爱山区留守儿童。

图2-87 电子爱心环保行启动仪式

广西大学爱心协会相信，在每个人的努力下，六林的明天会变得更好。

图 2-88　电子产品回收

图 2-89　2012 年爱心广西行出
发前合影

图 2-90　志愿者在从八渡乡前往
六林村的路上

图 2-91　孩子渴望知识的眼睛

图 2-92　为建立小图书角而忙碌着

图 2-93　在八渡乡进行知识宣讲

图 2-94　田林县团委书记到现
场考察工作

图 2-95　志愿者老师给孩子
上励志课

图2-96　走访村民家进行调研

图2-97　志愿者在认真地帮村民维修家电

图2-98　文艺汇演——志愿者大合唱

图2-99　志愿者风采

拿得起放不下的西部支教情

——广西优秀志愿者王万奇事迹

2014 年 8 月,我到国家级贫困县富川瑶族自治县支教,时至今日虽已有 2 年多的时间,但每每想起支教时的点点滴滴依然清晰可见。无论是课堂上给学生们讲解世界地理,抑或是与支教小伙伴们一起策划公益活动,还是到留守儿童家中家访,都让自己无法忘却,而这一切都源于那份拿得起放不下的西部情。

图 2-100　邀请贫困地区留守儿童到广西大学参观

每逢佳节倍思"亲"

"用一年不长的时间,做一件一生难忘的事情",这几乎是每一位西部计划志愿者的心声。一年的时间不长也不短,但每逢佳节来临时,总会收到孩子们寄来的书信或是在 qq 中的留言,我想这应该就是一年支教带来的最大收获。如今重新做回学生,渐渐学会从学生的角度去审度这段经历,去思考这群孩子,去缅怀那份情怀,偶尔也会觉得自己曾经太苛刻,如果还有机会王老师一定要宽容些。今年六一儿童节,我揣着思念了几个月的小情绪去看望孩子们,发现他们都变了——小胖变瘦了,二虎长高了,李芳会笑了。孩子们都在变,变得越来越接近王老师一直希望的样子。说好送给孩子们的文具没敢忘记,看见他们捧着文具脸上洋溢出灿烂的笑容,我深深地甜在了心里。

化作春泥更护"花"

一年时间里,我和我的团队成员累计家访 60 余次,行程逾 1 200 余千米,足迹遍布全县 13 个乡镇,30 多个村。在走访调研期间,了解到富川

县竟有留守儿童 9 000 余名，个别孩子生活异常艰辛。如今自己虽已不在
服务地，也不用站在讲台上为学生们授课，但
历久弥深的师生情谊只会随着时间的推移更加
浓烈。所以我毅然决定用自己在研究生期间的
奖学金资助能帮助的每个孩子，因为自己永远
都是孩子们心中的王老师。我告诉他们，这是
王老师通过自己的努力获得的奖学金，现在把
它拆分成小的奖学金，就是希望将来你们也能
够读大学，也能够得"国家奖学金""专业奖
学金"。或许 200~500 元的奖学金并不算多，但对于 12 个受资助的留守儿
童，也许就是最好的支持，愿他们像花儿般美丽绽放。

图 2-101　为那坡县留守儿童
发放"摇篮奖学金"

天下谁人不识"君"

如果说在当下谁最有号召力，谁能够在大学生群体中最具带动力，那
无疑就是我们青年志愿者。在我们每一名西部计划志愿者心中都有这样一
种情怀，那就是不能因为支教结束就放下志愿服务。回到学校为了把对孩
子们关爱延续下去，在校团委的指导下，我们成立了摇篮计划志愿服务队，
旨在为山区的留守儿童创造摇篮般的成长环境。截至目前，"摇篮"计划已
筹集近 10 万余元用于资助贫困山区小学，累计捐赠图书 6 800 余册，图书
架 34 个，建造图书室 4 间，心理咨询室 1 间，爱心款项覆盖贺州市、百色
市、河池市等三市 8 县 10 乡 12 村，援助乡村小学 12 所，直接或间接帮助
留守儿童 3 000 余名。我们坚信，随着一届届支教团成员的努力，一个个
摇篮计划志愿者的努力，将会有更多的人参与到对留守儿童的关爱活动中
来，让每一个人都知道志愿"君"，让每一个人都努力成为志愿"君"。

自己现在已经是一名马克思主义学院研究生二年级的学生，导师常常
鼓励我，在学好理论知识的同时，别忘到基层去听听人民群众的心声。恰
逢全国上下为打赢精准扶贫、精准脱贫攻坚战的关键时期，青年大学生唯
有把自己的专业所学与社会实践结合起来，才能真正做到学以致用，才能
在将来更好地投身到中华民族伟大复兴中国梦的实践中，再续那拿得起放
不下的西部情。

简单的心，不止前行

——志愿者刘俊伟事迹

他说"志愿服务是心灵的洗涤，让人快乐，让人充实，让人踏踏实实"。

一个论颜值与才识都甘愿奉献衬托他人的人，他便是刘俊伟，广西大学第三届大学生志愿者联合会主席，一位来自大海之滨乐观积极的男生。

校园里，恒心践行志愿服务

他积极组织参与校园防艾活动、迎接新生、暑期社会实践三下乡等活动。将近三年的时光里，犹是"一根火柴"的他，组织活动近百余次，为广大在校志愿者们创造了志愿服务平台，直接或间接参与志愿服务活动的大学生志愿者达 1 000 余人，在志愿职务上服务不下 2 000 小时，从壮乡首府街头到大山深处，从农民工子弟课堂到大型赛事服务，为需要帮助的人提供了有效的服务。他相信只要从自己做起，感染更多的人参与志愿服务活动，就能有更大的力量去帮助更多的人，社会就会更加的美好，如同一根火柴，燃烧自己，点亮火把，照亮一隅。

护老院里，倾心恭听长辈故事

2013 年，广西大学大学生志愿者联合会与柏灵护老院建立联系，使得组织常规慰问陪伴活动日趋成熟化和长效化。为了更好开展陪伴老人志愿活动，他先后到惠众义工、乐益行、壹方基金会学习交流，亲身参与乐益行社会机构"情暖夕阳，燕子岭老人陪伴"项目，学习应用心理学、全面了解生活常识，手工艺品制作等。一方面组织开展各类活动丰富了护老院长辈的生活娱乐，另一方面教老年朋友折纸、做丝花，让老年朋友活络筋骨。倾心恭听长辈讲故事，是深受老年朋友欢迎的志愿者。

大山之下，精心守护留守儿童

他积极推动留守儿童"精神食粮"——书的募集，筹集书本近 2 000 余册，用于乡村助学。他不仅几度下乡支教助学，还积极开拓兴宁区偏远地方的支教活动，同时积极推动"摇篮"计划活动开展。大一暑假在全院范围内招募志愿者，精心培训，并组织志愿者们到马山县上荣村小学进行支教活动，讲授手工、美术、体育、剪纸演讲等课程，丰富了孩子们的课外学习内容，让孩子们感受到志愿者们的温暖。大二寒假，他还专门和家乡的志愿者成立了支教服务队，在村委会开展了为期半个多月的支教活动，他说"村里孩子们的爸爸妈妈基本都在外边打工没有回到村里，孩子需要我们志愿者，我们义无反顾，这也算是回馈家乡的哺育"。马山、隆林、都安、那坡和他的家乡都留下了他奉献的足迹，他说还会一如既往地努力走下去。有人问他，为何要这么努力地募集书本，他说"我来自贫寒的家庭，我深切懂得书籍对于孩子的重要性"。为此，他还在路上。

服务组织，潜心规划组织发展

广西大学大学生志愿者联合会成立于 2013 年，他从基本"一穷二白"的情况下努力健全组织职能，开展志愿服务制度化建设的探索，先后与南宁区域团市委、文明办等单位搭建联系，与八桂义工、壹方基金、乐益行、智行基金会、爱心蚂蚁建立合作关系，进一步增强与驻邕高校公益组织、区域高校间的相互交流。对内构建更为完善合理的志愿服务项目修编财务管理、志愿者工作管理、人才培养与选拔、项目开发与管理等系列规章制度，开展了志愿者培训计划，不断开拓"情暖夕阳，柏林护老行""邕江—母亲河环保计划"、农民工子弟学校支教、心圩江清洁、守护自行车等项目，内部建设卓有成效。他说："努力做了很多工作，但组织发展还有很多不到位的地方，还要放开视野向区内外优秀案例学习。"他俨然是位谦逊踏实的志愿者。

学术科研类

砥志研思，极深研几

—— 走在大学生学术研究前沿的吴则实事迹

吴则实，男，中共党员，广西大学商学院财政学专业 2010 级硕士研究生。自入校以来，吴则实时刻提醒自己珍惜宝贵的学习机会，谦虚谨慎，戒骄戒躁，求知识，学做人，希望能够丰富自己的人生。

一、在校表现优异

在本科和研究生阶段，学习成绩优异，曾荣获校二等奖学金、校三好学生、校优秀研究生、商学院学术之星等奖励。有多年担任学生干部经历，曾任班长、分团委组织部部长、班主任助理，2008 年荣获广西教育厅、共青团颁发的"广西优秀学生干部"荣誉称号，并多次获得校级优秀学生干部、优秀团干奖励。生活中开朗乐观，关心他人。2006 年 12 月加入中国共产党，在研究生阶段发展党员 2 名。

二、学术科研能力突出

（一）研究生期间参与的科研项目情况

在研究生期间，积极参与课题研究，参与完成广西省财政厅重点调研课题 4 项，负责拟定写作提纲及主要执笔。

1. 广西财政系统重点调研课题《强化财政出资人职能研究》。

2. 广西财政厅课题《地方财政投融资管理体制改革研究》。课题结题后已形成研究报告，呈交广西财政厅党组。

3. 广西财政厅课题《广西"一事一议"中农民负担问题研究》。

4. 广西北部湾办、广西财政厅联合课题《北部湾经济区重大产业发展专项资金使用效果研究》。

以上课题参加了 2012 年广西财政重点调研课题评审。

（二）研究生期间公开发表论文情况

就读研究生期间公开发表论文6篇，其中双核心期刊（CSSCI、北大核心）3篇，北大核心期刊2篇，省级期刊1篇。

1. 在《经济研究参考》2012年第35期发表论文《促进广西服务业发展的财税政策研究》，独著。期刊级别：中文核心期刊，CSSCI。

2. 在《经济研究参考》2012年第29期发表论文《广西地方财政教育支出问题研究》，独著。期刊级别：中文核心期刊，CSSCI。

3. 在《经济研究参考》2011年第47期发表论文《广西个人所得税收入研究》，独著。期刊级别：中文核心期刊。

4. 在《广西财经学院学报》2012年第3期发表论文《中国—东盟自由贸易区宏观税负水平的国际比较与研判》，第一作者。期刊级别：全国高校优秀社科期刊。

5. 在《经济研究参考》2011年第71期发表论文《政府对上市公司补助行为研究——以广西为例》，第二作者。期刊级别：中文核心期刊。

6. 课题组在《经济研究参考》2012年第41期发表论文《地方政府投融资管理体制改革研究》，为课题组成员。期刊级别：中文核心期刊，CSSCI。

论文被转载情况：

1. 国务院发展研究中心信息网（国研网）、中国社会科学院中国社会科学网全文转载论文《中国—东盟自由贸易区宏观税负水平的国际比较与研判》。网址：

http://www.drcnet.com.cn/eDRCnet.common.web/DocSummary.aspx?leafid=12&docid=3016067 网址：

http://www.cssn.cn/news/556293.htm

图 3-1

图 3-2

2.国务院发展研究中心信息网（国研网）分上下两期全文转载论文《广西地方财政教育支出问题研究》。网址：

http：//www.drcnet.com.cn/eDRCnet.common.web/DocSummary.aspx?docid=2990480&leafid=109

图 3-3

网址：

http：//www.drcnet.com.cn/eDRCnet.common.web/DocSummary.aspx?docid=2990481&leafid=109&chnId=4929

图 3-4

三、积极投身社会实践

在努力提高学术科研能力的同时，积极加强实践锻炼，在三个不同单位的实习经历让吴则宪增加了阅历，待人接物的能力有所提高。在广西财政厅政策研究室实习期间，承担处室相关文字材料（领导讲话稿、会议通知、工作总结等）的撰写工作，参与广西财政厅重点课题调研写作，并作为联络员负责与厅内各处室、其他相关单位联系沟通。参与广西"财政精神"表述语提炼活动组织工作，活动简报获财政部王军副部长亲笔批示。此外，还参与2012年广西财政系统政策研究工作会议会务组织工作，参与南宁高新区、北海铁山港工业园、钦州石化产业园、钦州综合物流加工区等14个广西北部湾经济区重点产业园区调研等。在南宁市地方税务局相思湖分局和招商银行南宁分行实习期间，通过亲身实践，吴则宪接触并了解了税务机关和银行的基本业务流程，丰富了专业知识，出色完成了承担的各项工作任务，获得了实习单位的好评。

敢于突破自我，实现自我挑战

—— "科研先锋"张玉雪事迹

来自广西大学公共管理学院的张玉雪，学习，认真刻苦，学习态度端正，积极与同学们进行讨论，并主动向老师求教。入学以来，有34门学习成绩达90分以上（含90分），在每个学期的总成绩中持续保持班级第一的名次，荣获入学以来全部的四项"广西大学优秀奖学金"，并在2015学年末赢得"广西大学2014—2015学年三好学生"荣誉证书。其次，在2015年4月通过几轮筛选，成功被君武学堂"多学科口译班"录取，现已通过英语演讲、英语辩论与英语口译三个学期的教学考核，成功领取结业证书。

在课堂学习之余，热衷于参加各种科研项目，锻炼自己的科研能力。在2014年6月—2015年2月荣获中国国家知识产权局颁发的国家发明专利证书（第一作者，专利号：ZL 2012 1 0491554.7）及奖金2 000元，这项专利证书不仅证明了自身的科研水平，同时也是不断向上进取的动力。张玉雪还参与了华中师范大学的"万村调查"课题，在调研工作中表现积极，荣获"优秀调研员"的称号；参与了国家级课题"国家社科基金重点项目《中国百村经济社会调查》子项目《广西经济社会调查》项目组"，提升了自身的科研水平；在2016年3月作为负责人，主持大创课题《大数据背景下的精准扶贫管理模式研究》，锻炼自身的组织协调能力与科研能力；参与民建年度重点调研项目（批准号：15MJ05），并在2015年12月顺利结项。

大学生活中参与各种形式的竞赛以挑战自我，提升综合素质。在学术型竞赛中，参与广西高校外语教学研究会举办的广西壮族自治区英语翻译大赛，荣获三等奖荣誉证书；在文体类竞赛中，作为队长，带领学院代表队的队员们积极准备广西大学2015年人文知识竞赛，通过层层选拔，最终荣获三等奖荣誉证书。

在工作上，担任公共事业管理2014级团支部书记并连任至今，在团支部与学院团委中间起到了桥梁作用，积极执行团委布置的各项工作，关注团支部成员的思想动态，开展民主评议等各项工作，为营造更好的公管 2014 级团支部而努力。同时，加强公共事业管理 2014 级团支部的文化建设，为团支部建设凝聚力量。在 2015 年 6 月至 2016 年 6 月担任公共管理学院就业创业部副部长，组织干事开展技能培训、积极筹备部门工作，努力在实践中汲取经验教训，充实自己的课余生活。在工作中有较强的责任意识与奉献精神，获得了 2015 学年末"广西大学 2014—2015 学年优秀学生干部"荣誉证书、"公共管理学院优秀共青团干部"荣誉证书以及"广西大学优秀共青团干部"荣誉证书。

在思想上，积极向党组织靠拢，努力学习党课知识以提升自我的党课修养，在第 38 期入党积极分子培训班中成绩优异，获得"广西大学党课优秀学员"荣誉证书。在公共管理学院第 39 期入党积极分子培训班开班仪式中，作为优秀学员代表进行发言，总结党课学习的经验，于 2015 年 11 月 8 日成为班级第一批预备党员，参与支部的各项活动。

在大学的日常生活中，张玉雪积极乐观、友好待人，有良好的群众基础。平日衣着整洁、注重宿舍卫生，在广西大学优秀宿舍评选中获得"实践性优秀宿舍（团体）"荣誉证书。课余时间也积极参与实践活动：2015 年 4 月，作为班级代表参加广西大学英语学术交流论坛，并在论坛中演讲有关"太空宇航员"的英文知识；2015 年 12 月 20 日，广西大学公共管理学院主办第一届"中国——东盟非政府组织论坛"，邀请北京大学、中国人民大学、中山大学等各大高校的教授专家开展学术交流，在学术论坛中作为一名志愿者提供服务；在假期，前往当地司法所进行社会实践，了解村民经济纠纷问题发生的原因以及创新性的解决途径，并撰写不少于 9 000 字的实践报告，在实践中真实地了解社会、步入社会，为今后的工作生涯奠定基础。

积一时之跬步，臻千里之遥程。正是这一点一滴的努力与坚持，帮助张玉雪树立迎难而上、永不放弃的坚定信念。

附：（一）个人获奖情况

1.成绩奖项

（1）2015 年 1 月，获得广西大学"优秀奖学金"荣誉证书。

（2）2015年9月，获得广西大学"优秀奖学金"荣誉证书。

（3）2016年6月，获得广西大学"优秀奖学金"荣誉证书。

2．科研奖项

（4）2014年6月—2015年2月，获得国家发明专利证书（第一作者，专利号：ZL 2012 1 0491554.7）及奖金2 000元。

（5）2015年10月，获得华中师范大学万村调查"优秀调研员"荣誉证书。

（6）2015年12月，获得民建年度重点调研项目（批准号：15MJ05）结项证书。

3．个人素质奖项

（7）2016年1月，获得广西大学"三好学生"荣誉证书。

（8）2016年1月，获得广西大学"优秀学生干部"证书。

（9）2016年5月，获得广西大学"优秀共青团干部"荣誉证书。

（10）2014年12月，获得广西大学党课"优秀学员"证书。

（11）2015年9月，获得广西大学军训"优秀学员"荣誉证书。

（12）2015年5月，共青团广西大学公共管理学院"优秀团干"证书

4．竞赛奖项

（13）2014年12月，获得广西壮族自治区英语翻译大赛二等奖。

（14）2015年3月，获得广西大学学生会外联部策划大赛二等奖

（15）2015年12月，获得广西大学人文知识竞赛三等奖（团体）荣誉证书。

（16）2015年3月，获得广西大学学生会外联部策划大赛二等奖荣誉证书。

5．志愿服务奖项

（17）2015年12月，获得第一届中国东盟非政府组织研究论坛志愿者服务证书。

6．生活奖项

（18）2016年6月，获得广西大学"实践性优秀宿舍（团体）"证书。

（二）干部任职

（1）2014年10月至今，担任公共事业管理2014级团支部书记。

（2）2014年10月—2015年6月，担任公共管理学院就创部干事。

（3）2014年10月—2015年9月，担任广西大学学生会外联部干事。

（4）2015 年 6 月—2016 年 6 月，担任公共管理学院就创部副部长。

（三）学术科研

（1）2015 年 6 月，参与国家级课题"国家社科基金重点项目《中国百村经济社会调查》子项目《广西经济社会调查》项目组"。

（2）2015 年 3 月，参与区级课题"新媒体时代公民有效政治参与的途径研究 ——以公民参与反腐工作为例"并在《中国管理信息化》2016 年 10 月下半月刊发课题论文。

（3）2015 年 12 月，参加民建年度重点调研项目（批准号：15MJ05）《广西基层医疗卫生机构综合改革的典型实践探索——县乡一体化的上林模式研究报告》，并顺利结项。

（4）2015 年 8 月参与华中师范大学《万村调查》课题，并荣获"优秀调研员"荣誉证书。

（5）2016 年 3 月作为负责人主持自治区级课题《大数据时代下精准扶贫的动态管理模式》。

学于书且践于行，苦于学则优于业

—— 学术科研获得者张向冈事迹

张向冈，男，生于 1986 年 10 月，河南夏邑人。2009 年 7 月毕业于河北建筑工程学院，获学士学位。同年考取广西大学攻读硕士学位，2011 年 3 月顺利获得广西大学硕博连读资格。主要从事钢与混凝土组合结构、再生混凝土结构研究，发表（含已录用）学术论文 18 篇，其中在《土木工程学报》、《建筑结构学报》等一级学报发表 EI 刊物论文 10 篇，在审 SCI 论文 3 篇。主持完成广西研究生教育创新计划项目 1 项，参与国家及省部级科研项目 6 项，参与完成科研社会服务项目 4 项，参与编写著作 1 部。获"广西壮族自治区优秀研究生"荣誉称号 1 次，获"广西大学优秀研究生"荣誉称号 2 次，"广西大学土木建筑工程学院优秀学生干部"荣誉称号 1 次，广西大学土木建筑工程学院第七届研究生学术创新论坛报告三等奖。

一、论文发表

（1）张向冈，陈宗平，薛建阳，苏益声，范杰 . 钢管再生混凝土轴压长柱试验研究及力学性能分析 [J]. 建筑结构学报，2012，33（9）：12-20（EI Compendex 刊物）；

（2）陈宗平，李启良，张向冈，薛建阳，陈宝春 . 钢管再生混凝土偏压柱受力性能及承载力计算 [J]. 土木工程学报，2012，45（10）：1-9（EI Compendex 刊物）；

（3）张向冈，陈宗平，王讲美，郑述芳，李启良，苏益声 . 钢管再生混凝土长柱偏压性能研究 [J]. 工程力学 2013,30（30）：331-340（EI Compendex 刊物）；

（4）陈宗平，张向冈，张士前，薛建阳 . 外包角钢混凝土组合梁受力性能研究 [J]. 哈尔滨工业大学学报，2012(S1)：85-90（EI Compendex 检索）；

（5）张向冈，陈宗平，王妮，苏益声，胡飞鹏.型钢混凝土T形柱斜截面承载力研究[J].工业建筑，2012，42(9)：82-86（CSCD中文核心）；

（6）张向冈，陈宗平，杨贻斌，苏益声.型钢混凝土T形柱剪切开裂的试验与计算[J].建筑科学，2012，28(1)：29-32（中文核心）；

（7）张向冈，陈宗平，郑述芳，苏益声，梁荣耀.型钢混凝土T形柱受剪性能及承载力计算[J].建筑结构2013(1):54-58(CSCD中文核心)；

（8）陈宗平，张向冈，范杰，薛建阳.外包槽钢－混凝土组合梁抗剪性能研究[J].建筑结构2013(6):68-71.（CSCD中文核心）；

（9）夏开全，张向冈，陈宗平，肖华.服役预应力混凝土电杆杆身极限抗弯承载性能试验研究[J].广西大学学报：自然科学版，2012，37(1)：29-33（CSCD中文核心）；

（10）陈宗平，张向冈，范杰，薛建阳.外包角钢－混凝土组合梁正截面承载力试验研究[J].建筑技术2014,45（6）：554-556（中文核心）；

（11）王妮，陈宗平，李启良，张向冈，钟铭.型钢再生混凝土组合柱轴压性能试验研究[J].工程力学2013,30（6）：133-141.（EI Compendex刊物）；

（12）陈宗平，徐金俊，陈宇良，张向冈，王讲美.大型金属罐基础环梁开裂事故的理论分析及加固研究[J].工程抗震与加固改造，2012，43（4）：96-101（中文核心）；

（13）Zongping Chen, Xianggang Zhang, Shiqian Zhang and Jianyang Xue. Experimental study on axial compressive behaviors of steel recycled concrete composite columns[J]. Advanced Materials Research, 2011(243-249): 1242-1247(EI Compendex检索)；

（14）KaiQuan Xia, XiangGang Zhang, ZongPing Chen and JiangMei Wang. Experimental study on mechanical behavior of serving prestressed concrete poles[J]. Applied Mechanics and Materials, 2012(368-373): 1617-1620(EI Compendex检索)；

（15）Zongping Chen, Ming Zhong, Yuliang Chen and Xianggang Zhang. Experimental study on torsion behaviors of angle steel reinforced concrete beams[J]. Applied Mechanics and Materials, 2012(368-373): 81-84(EI Compendex检索)；

（16）Zong-ping Chen, Kaiwang Huang, Xianggang Zhang,

Jianyang Xue. Experimental Research on the Flexural Strength of Recycled Coarse Aggregate Concrete[J]. 2010 International Conference on Mechanic Automation and Control Engineering: 1041-1043(EI Compendex 检索);

（17）Juntao Li, Xianggang Zhang, Zopngping Chen. Experimental research and calculation analysis on shear crack load of steel reinforced concrete T-shaped columns[J]. Applied Mechanics and Materials, 2012(166-169): 154-158(EI Compendex 检索);

（18）Xiangan Zhang, Zongping Chen, Jianyang Xue and Yisheng Su. Mechanical Behavior and Ultimate Bearing Capacity Calculation Method of Recycled Aggregate Concrete Filled Circular Steel Tubular Columns under Eccentric Compression Loading[J]. Advanced steel construction-An international journal(SCI, Received);

（19）Xianggang Zhang, Zongping Chen and Jianyang Xue. Experimental Study on the Compression Behavior of Recycled Aggregate Concrete Filled Square Steel Tubular Long Columns[J]. Advance in structure engineering(SCI, Received);

（20）Xianggang Zhang, Zongping Chen, and Jianyang Xue. Study on Eccentric Compression Behaviors of Recycled Aggregate Concrete Filled Steel Tubular Long Columns[J]. Steel and Composite Structure(SCI, Received).

二、社会服务

（1）参与完成"谢村立交桥空心板检测"，检测过程实拍照片见图5；

图3-5 谢村立交桥空心板检测过程实拍照片

（2）参与完成广西明阳生化科技股份有限公司委托项目"50米砖砌烟囱安全评定"，评定过程实拍照片见图6；

图3-6　砖砌烟囱安全评定过程实拍照片

（3）参与完成广西明阳生化科技股份有限公司委托项目"发酵罐、液糖化罐基础检测"检测过程实拍照片见图7。

图3-7　发酵罐、液糖化罐基础检测过程实拍照片

（4）参与中国电力科学研究院委托项目"混凝土电杆试验报告稿"，检测过程实拍照片见图8。

图3-8　混凝土电杆检测过程实拍照片

三、科研课题

（1）主持完成"钢管约束再生混凝土组合柱的工作机理和抗震性能研究"，广西区研究生教育创新资助项目(GXU11T31084，已结题)；

（2）参与完成"双向反复荷载下型钢混凝土异形柱－钢梁框架节点的破坏机理研究"，国家自然科学基金项目（50908057）；

（3）参与"压弯剪扭复合受力下型钢混凝土构件的性能及设计方法研究"，国家自然科学基金项目（51268004）；

（4）参与"建筑垃圾生产绿色墙体材料的关键技术及推广应用研究"，广西科技攻关项目(桂科攻12118023－3)；

（5）参与完成"型钢混凝土异形柱框架节点受力性能研究"，广西自然科学基金项目(桂科青0832004)；

（6）参与"钢管再生混凝土混合结构的非线性行为与灾变控制方法研究"，广西理工科学实验中心重点项目（LGZX201102）；

（7）参与"钢管再生混凝土混合结构体系的力学行为与设计方法研究"，广西自然科学基金项目(2012GXNSFAA053203)。

四、专业著作

参与著作《型钢混凝土异形柱的性能、理论及工程应用》文字编写以及部分插图的绘制工作。

五、科研奖项

获广西壮族自治区优秀研究生1次，广西大学优秀研究生2次，广西大学优秀学生干部1次，广西大学土木建筑工程学院优秀学生干部1次，广西大学土木建筑工程学院第七届研究生学术创新论坛报告三等奖1次。

以知识为火，生活为炉，百炼成钢

——学术科研奖获得者蔡琦事迹

　　我是广西大学商学院金融学专业在读研究生蔡琦，在导师申韬的带领下，不断学习，开拓进取，取得了优异的成绩。在研究生期间，我学习刻苦努力，不断提升自己对专业知识的理解与掌握。凭借优异的成绩，良好的综合素质，我连续两年获得研究生国家奖学金，并连续两年被评为广西大学优秀研究生。此外，我还积极参与各项考试，先后通过大学英语六级、计算机二级，取得了会计从业资格证、证券从业资格证、银行从业资格证。通过不断学习，我掌握了新知识，生活更加充满了动力。

　　作为一名研究生，更重要的是体现自己的科研能力，为国家、为社会的发展出谋策划。在导师申韬的带领下，我积极参加科研活动，发表的学术作品有：

　　（1）《浅谈我国农产品出口信用保险的现状及发展》，区域金融研究2010年（07）（2010年平安励志论文比赛三等奖）

　　（2）《区域金融合作支撑广西战略支点建设问题研究》经济研究参考2014年（04）（核心期刊）

　　（3）《浅谈广西城市商业银行促进中小企业对东盟出口问题》，《法制与经济》2010年（09）

　　（4）《国内外货币政策效应述评》，区域金融研究2013年（05）（2013年"中国平安·西商学子"励志论文评选优秀论文奖；2013年广西大学商学院第六届优秀学术成果评比优秀论文奖）

　　（5）《南宁市中低收入家庭住房保障问题研究》，区域金融研究2014年（05）

　　（6）《我国金融业混业经营路径探讨》，法制与经济2013年（12）

　　（7）《国内外保障性住房研究述评》，金融发展研究2014年（01）

（8）《反向抵押贷款中国化道路：文献综述视角》，海南金融,2014（8）。

参与的主要课题有：

（1）教育部哲学社会科学研究重大课题攻关项目中国—东盟区域经济一体化研究。

（2）广西区党委应急公关课题：广西与周边省区协同推进中国东盟合作发展的研究。

（3）广西哲学社会规划课题：广西村镇银行可持续发展研究。

（4）广西农业厅课题：国内外农业利用外资研究报告。

（5）横县循环经济与节能减排发展规划研究。

（6）"广西农业综合开发与利用"创新课题研究项目《广西农发项目区农民合作社与市场链接机制及发展模式的研究》。

（7）广西大学中国东盟研究院课题：菲律宾投资环境分析，负责编写第一章。

（8）广西大学中国东盟研究院课题：菲律宾社会经济地理，负责编写第五章。

通过科研工作的锻炼，我提高了自己的研究水平和写作能力，平时我不仅积极和老师、同学交流，闲暇时间我还会帮助同学修改论文，一方面帮助他人提升论文质量，另一方面通过相互学习，提高自己的科研水平。因为科研能力突出，于2014年被广西大学商学院评为第五届"学术之星"。

研究生期间，我积极参加教学实践，担任商学院《商业银行经营管理》课程助教（2012—2013学年第二学期，2013—2014学年第一学期），广西财经学院函授站《财政与金融》课程主讲教师，国际商务职业技术学院《国际运输与保险》《商品流通概论》《西方经济学》《对外经济贸易概论》《金融理论与实务》《外经贸经营与管理》课程主讲教师，听课人数达累计7班超750人。

此外，我还积极参加社会实践，早在2008年暑期我就在中国工商银行广西南宁衡阳支行实习，巩固了专业知识，掌握了点钞技术。本科毕业后，在中国建设银行广西南宁高新支行担任柜员，独立上柜，并在新员工点钞比赛中取得第二名的好成绩。2014年5月，我跟随导师前往广西横县开展课题调研，深入企业、机关、乡镇了解他们节能减排的现状、规划及对策，获取有价值资料。2014年7月至2014年8月，在广西住房城乡建设厅住房保障处实习。我还参加了组织住建部保障司部分省区住房保障工作会议，

广西全区保障性住房工作座谈会；参与组织住建厅第七党支部前往澳华社区开展"党员进社区"活动、调查经适房小区居民居住情况；前往南宁市廉租房公租房小区昆仑小区工地宣传政策、检查保障房建设进度和质量。我以勤恳的工作态度、优秀的工作能力获得住建厅领导的一致好评。

在平时生活中，我积极组织开会讨论、指导同学做课题，帮同学修改论文，在生活的点滴中发挥榜样作用；组织同学开展了"我为学校做一件事"活动；关爱老人，春节组织同学到民印社区进行慰问；热心公益，前往南宁市清川小学 2 年级 2 班支教；关注社会，参加社会救济条例宣传活动，撰写农民工住房情况报告。此外，我还与同学合作，积极参加各项活动，获时事政治竞赛、书法比赛、乒乓球比赛、文献检索比赛等各项文体活动奖励共计 8 次，提高了自己的综合素质。

敢向虎山行，奏出新乐章

——学术科研奖获得者王海舟事迹

王海舟是广西大学材料科学与工程学院材料物理与化学 2010 级硕士研究生，研究方向为合金相平衡、结构及其性能以及计算机模拟在材料科学上的运用。在两年的硕士研究生学习中，在导师的指导下，他在各方面都取得了长足的进步，还被评为 2010—2011 年度广西大学优秀研究生。

在思想上，他作为一名预备党员，积极向党组织靠拢。坚持四项基本原则，认真学习党的方针政策，政治上同党中央保持高度一致。定期自我反省，积极向党组织汇报自身情况，以加强党性修养，提高理论水平。拥有正确的世界观、人生观、价值观，自觉遵守国家法律和校纪校规，始终以一名优秀共产党员的标准要求自己，时刻牢记党员应尽的责任和义务。

在科研上，他具有良好的科研创新能力、实验动手能力与知识运用能力。在导师的悉心指导下，他根据自身的兴趣，确定了硕士期间及以后的研究领域。通过调研大量的文献，准确把握前沿发展动态，对合金相平衡、结构及其性能以及计算机模拟在材料科学上的运用等领域的专业知识有较为深入的理解和掌握。目前，他正指导本科生进行一项本科生科研创新项目，作为主要研究者参与国家自然科学基金项目"铝合金析出强化过程微观结构演变的热力学与动力学系统集成"（项目编号：50831007），表现出了良好的专业基础和较强的科研能力。他思维活跃、勇于创新，在导师指导的研究框架之内，能够敢于挑战当前学术研究中的难点问题。他在师兄师姐研究的基础上，将化合物结构性能的第一原理计算、晶体结构实验测定和理论计算、实验相图测定等工作结合起来，围绕铝合金与钛合金设计中的关键基础问题进行较为深入的研究，在铝－稀土和钛－过渡金属等体系的研究中取得了诸多创新性的成果。所有论文研究成果都发表在相关领域的知名国际期刊上。截至目前，共发表 SCI 论文 13 篇，其总影响因子为 21.687，其中第一作者 5 篇（累计影响因子 8.853），

第三作者 6 篇（累计影响因子 9.397），其余作者 2 篇（累计影响因子 3.437），且已被国内外同行引用多次。

此外，他具有良好的语言表达能力，已经通过大学英语六级，具有良好的英语基础。在论文写作方面，能达到国际期刊的英文写作要求，写出较高质量的论文。在生活学习中，与同学老师们沟通愉快，能分享学习到很多科研方面的经验。在常州召开的第十六届国际相图会议上，他作为代表进行了一次学术报告。

在工作方面，他一直担任学生干部，热情为同学服务，尤其在担任学院组织部副部长、副秘书长期间，成功组织了多次学习经验交流会、学术报告会、前沿知识讲座等学术交流活动，并积极配合学校开展了广西大学第十二届全国固体薄膜学术会议、驻邕高校研究生辩论赛等活动。

在生活中，他艰苦朴素，生活节俭，无不良嗜好，严以律己宽以待人。平时善于和同学沟通，也乐于帮助同学，很多同学不管生活上还是思想方面有了困难也愿意来寻求他的帮助。他在生活中建立了很好的人际关系，获得了大家的尊重和支持。

在工作生活之余，王海舟还积极参加体育锻炼，每天都坚持运动一小时以上，为以后的学习生活打下坚实的基础。他曾经代表班级参加篮球比赛，取得不错的成绩。

附件：

已发表论文共计 13 篇，由于文档大小有限制，正文在此省略，另附 PDF 文件以供查阅。

（1）Haizhou Wang, Yongzhong Zhan, Mingjun Pang, Pressure-dependent structure, mechanical and thermodynamic properties of tetragonal AsTiZr arsenide: A density functional theory study[J], Solid State Communications, 2012, 152(17), 1694‐1699. (Impact Factor: 1.65)

（2）Haizhou Wang, Yongzhong Zhan, Mingjun Pang, Yong Du, Properties of hexagonal Al2Ge2RE (RE = Y, La, Ce, Nd, Eu, Gd, Tb, Yb and Lu): A first-principles study[J], Solid State Communications, 2011, 151(23), 1814‐1819. (Impact Factor: 1.65)

（3）Haizhou Wang, Yongzhong Zhan, Mingjun Pang, First-principles study on the structure, elastic and electronic properties of hexagonal HfPtAl under pressure[J], Solid State Communications, 2012, 152(6), 462‐465.(Impact Factor：1.65)

（4）Haizhou Wang, Yongzhong Zhan, Mingjun Pang, The structure, elastic, electronic properties and Debye temperature of M_2AlC (M = V, Nb and Ta) under pressure from first‐principles[J], Computational Materials Science, 2012, 54, 16‐22.(Impact Factor：1.57)

（5）Haizhou Wang, Yongzhong Zhan, Mingjun Pang, Pressure dependence of structural, electronic, elastic and thermodynamic behaviors of AlY_2：A first principles study[J], Computational Materials Science, 2012, 58, 17‐23.(Impact Factor：1.57)

（6）Mingjun Pang, Yongzhong Zhan, Haizhou Wang, Wenping Jiang, Yong Du, Ab initio investigation of structural, electronic, mechanical, and thermodynamic properties of $AlSc_2$ intermetallic compound under pressure[J], Journal of Applied Physics, 2011, 110(3), 033533‐1‐033533‐9.(Impact Factor：2.17)

（7）Mingjun Pang, Yongzhong Zhan, Haizhou Wang, Ab initio investigation into the structural, electronic and elastic properties of $AlCu_2TM$ (TM = Ti, Zr and Hf) ternary compounds[J]. Current Applied Physics, 2012, 12(3), 957‐962.(Impact Factor：1.9)

（8）Mingjun Pang, Yongzhong Zhan, Haizhou Wang, Wenping Jiang, Yong Du, Ab initio study of $AlCu_2M$ (M = Sc, Ti and Cr) ternary compounds under pressures[J]. Computational Materials Science, 2011, 50(10), 2930‐2937.(Impact Factor：1.57)

（9）Mingjun Pang, Yongzhong Zhan, Haizhou Wang, Wenping Jiang, Yong Du, Structural, electronic, elastic and thermodynamic properties of $AlSi_2RE$ (RE = La, Ce, Pr and Nd) from first‐principle calculations[J]. Computational Materials Science, 2011, 50(12), 3303‐3310.(Impact Factor：1.57)

（10）Mingjun Pang, Yongzhong Zhan, Wenchao Yang, Chunliu

Li, Haizhou Wang, Wenping Jiang, Yong Du, First-principles calculations on the crystal, electronic structures and elastic properties of Ag-rich γ' phase approximates in Al - Ag alloys[J]. Computational Materials Science, 2012, 51(1), 415 - 421.(Impact Factor : 1.57)

（11）Yongzhong Zhan, Mingjun Pang, Haizhou Wang, Yong Du, The structural, electronic, elastic and optical properties of AlCu(Se1-xTex)2 compounds from first-principle calculations[J]. Current Applied Physics, 2011, 12(2), 373 - 379.(Impact Factor : 1.9)

（12）Li Nie, Mingjun Pang, Haizhou Wang, Yongzhong Zhan, First-principles investigations on the crystal, electronic structure and mechanical properties of AlCr2 compound at varying pressures[J]. Computational Materials Science, 2012, 61, 140 - 144. (Impact Factor : 1.57)

（13）Zhenling Dang, Yongzhong Zhan, Mingjun Pang, Haizhou Wang, Yong Du, Structural, electronic, elastic and thermodynamic properties of CaAl2Zn2 compound under different pressures[J]. Computational Materials Science, 2012, 59, 33 - 40.(Impact Factor : 1.57)

用知识延展生命的宽度

—— 学术科研奖获得者林海涛事迹

　　我是林海涛，男，1988 年 7 月出生，汉族，山东烟台人，中共党员。本科毕业于山东理工大学电子信息科学与技术专业，现就读于广西大学国民经济学专业，硕士研究生。

　　我为人诚恳踏实、乐观上进；学习上勤勉坚韧，严谨专注，善于思考；工作上认真负责，敢于担当，执行力强；生活上勤俭节约，热情实在，待人宽容。研究生在读期间，我在学习、科研及实践工作中均取得了较为优异的成绩。

　　在课程学习方面，我已修完研究生所有课程，并获得平均绩点 4.0；已获得学位课平均成绩 85.14 分，专业年级排名第二；并主动旁听金融学、管理学等专业的相关课程，不断完善自身的知识储备。

　　在学术会议与讲座方面，我多次参与国内学术会议，探讨市场化改革、生态经济等问题。对于经济类及公共管理类学术讲座做到有讲必听，以增长见识。阅读了许多图书馆及自购书籍，不断提升自身的经济学理论与应用水平。

　　在专业进修方面，我被录取为 2013 年上海市全国研究生暑期学校正式学员，于上海财经大学学习"现代经济学"系列课程，包括高级微观经济学、高级宏观经济学、高级计量经济学、经济数学等，并通过考试，顺利获得结业证书。

　　在实践工作方面，我也取得了较为突出的成绩。2012 年 9 月—2015 年 6 月，担任广西大学商学院国民经济学专业班长；2013 年 3 月—9 月，担任广西大学商学院兼职辅导员；2013 年 9 月—2014 年 7 月，被聘任为广西大学中加国际学院班主任教师；2014 年 9 月—2015 年 1 月，被聘任为广西国商学院课程教师。

　　我在读研期间获得的奖励与荣誉有：2014年11月，获得研究生国家奖学金；2014—2015学年，获得广西大学优秀研究生；2013—2014学年，获得广西大学优秀学生干部；2013年9月，获得上海市全国研究生暑期学校"现代经济学"课程结业证书；2013年6月，获得广西大学商学院优秀学术成果征文比赛"优秀论文奖""最佳班级组织奖"。

　　我在读研期间公开发表的学术论文有：《中国天使投资与青年创业者融资研究》，发表于《学术论坛》2013年第12期；《从互联网货币基金产品看中国经济增长》，发表于《发展研究》2014年第8期；《中国市场化改革与市场化程度研究》，发表于《当代经济》2013年第22期；《政府政策促进循环经济发展研究》，发表于《再生资源与循环经济》2015年第1期。

　　目前，我正在准备博士研究生入学统一考试，努力争取进一步深造的机会，希望能在学术研究上更上一层楼。

学术创新类

科技创新，永无止境

——学术创新奖获奖团体"八桂创客梦之队"事迹

　　"八桂创客梦之队"自今年7月份组建起，参加由教育部、发改委、工信部、人社部、团中央和吉林省人民政府共同主办，吉林大学承办的首届中国"互联网+"大学生创新创业大赛以来，团队始终互敬互爱，谦让包容，相互学习，共同进步，勇于创新。在辛苦而又充实的4个月的时间里，由材料科学与工程学院、计算机与电子信息学院、商学院和电气工程学院的师生组成的"八桂创客梦之队"团队，在广西大学吴志强副校长、教务处、校团委等相关部门领导老师的关怀与指导下，团队成员同心协力，经过激烈角逐，团队的项目"3D打印八桂云"斩获首届中国"互联网+"大学生创新创业大赛全国总决赛银奖，这是本次大赛广西获得的最高奖项和唯一的银奖。

一、大赛简介

　　本次首届中国"互联网+"大学生创新创业大赛盛况空前。大赛是根据习近平系列重要讲话精神、李克强总理亲自提议举办的，由教育部、发改委、工信部、人社部、团中央和吉林省人民政府共同主办，吉林大学承办。该赛自今年5月份启动以来，已吸引31个省及新疆生产建设兵团等1 878所高校的57 253支团队报名，共提交项目作品36 508个，参与学生逾20万人，经校级初赛、省级复赛，共有300支团队进入全国总决赛，最终产生金奖34名，银奖82名，铜奖184名。而在广西，就有1 069个报名团队中进行了区赛会评及答辩评审，最终有8支队伍成功晋级全国总决赛，4支队伍获得决赛现场参赛资格。

　　总决赛前夕，李克强总理对大赛做了重要批示，指出大学生是实施创新驱动发展战略和推进大众创业、万众创新的生力军，既要认真扎实学习、掌握更多知识，也要投身创新创业、提高实践能力。刘延东接见了参赛师生、参观了大学生创新创业成果展并对深化创新创业教育改革做出了重要指示，刘延东强调，这次举办的首届中国"互联网＋"大学生创新创业大赛，紧扣经济社会发展需求和高等教育综合改革实际，以赛促教、以赛促学、以赛促创，充分展示了当代大学生积极健康向上的精神面貌和高校创新创业教育改革的丰硕成果，培育创新创业文化，赢得了良好的社会反响。广西壮族自治区教育厅厅长秦斌亲赴吉林参加高校创新创业教育改革座谈会并看望参赛师生，他鼓励各高校要认真总结经验，加强宣传与交流，充分利用创客空间，助推广西高校大学生创新创业。

图 4-1　首届中国"互联网＋"大学生创新创业大赛高校创新创业教育成果展

图 4-2　刘延东在首届中国"互联网＋"大学生创新创业大赛现场参观

图 4-3　秦斌和八桂创客梦之队团队合影

图 4-4　吴志强以及相关领导、老师与参赛队员合影

科学理想浩瀚，创新之星璀璨

——学术创新奖获奖团体"探索者"创新实践团队事迹

　　"探索者"创新实践团队是机械工程学院教师周晓蓉发起，由其四名研究生组成的，依托国家级机械工程实验教学示范中心和广西先进制造技术重点实验室，以"勇于探索，积极创新"为理念开展学生创新实践活动，团队成员相互合作，各有侧重，通过积极参与各项科研创新活动，提升了团队成员的创新与动手实践能力，并带动了一批低年级学生融入科研创新实践的氛围中，为丰富广西大学的科研成果和提高学生科研水平做出一定的贡献。团队在科研创新、学科竞赛等方面均取得了优异成绩。

　　"探索者"创新实践团队主要核心成员有：机械设计及理论专业 12 级宋孟天、物流工程 13 级盛家兴、机械设计及理论专业 13 级王明霞，机械设计及理论专业 14 级唐伟力 4 名成员。在周晓蓉的精心指导下，队员们在课余时间相互交流学习经验，积极参加各类学术科研活动和科技竞赛，发表 4 篇学术论文，申请并授权 22 项实用新型专利，进入实审发明专利 60 项，在各类比赛中取得多个奖项，获得了优异的成绩。

今夜奇思妙想，明日硕果累累

——学术创新奖获奖者曾伟事迹

一、基本情况

从 2009 年至今，曾伟在广西大学生命科学与技术学院教授梁智群的指导下攻读硕士、博士学位，曾伟一直在各方面严格要求自己，积极向上，不断进取。博士论文研究课题为微生物发酵法制备 γ-聚谷氨酸及相关产品开发，完成了从项目选题、菌种选育、专利菌种保藏及专利申请、发酵工艺优化、中试放大、产物提取精制及相关产品开发的工作。利用代谢组学技术对专利菌株 Bacillus subtilis GXA-28 的代谢网络及 GXA-28 合成不同分子量 γ-聚谷氨酸的代谢机理进行了深入研究，取得了一系列待发表的研究成果。课题得到了广西大学微生物及植物遗传工程教育部重点实验室主任基金课题、广西研究生教育创新计划—优秀博士学位论文培育项目的支持。科研过程中，曾伟勤奋努力，认真钻研；善于总结、发现问题，并通过请教老师、查阅文献、与同学进行讨论等方法积极寻找问题的解决方案；坚持严谨认真的作风，坚决摒弃学术不端等行为。

硕博期间，曾伟发表 8 篇学术研究论文，其中 SCI 收录 4 篇，影响因子总和 12.928；中文核心期刊 4 篇；公开发明专利 3 项；作为负责人，曾伟获得广西研究生教育创新计划—优秀博士学位论文培育项目 1 项，作为主要人员参与国家自然科学基金 1 项、广西大学微生物及植物遗传工程教育部重点实验室主任基金 1 项。荣获 2012 年博士研究生国家奖学金和 2012 年广西大学优秀研究生。

科研成果、科研项目、获奖情况清单

论文

（1）Wei Zeng, Wei Li, Lin Shu, Juyang Yi, Guiguang Chen, Zhiqun Liang*. Non-sterilized fermentative co-production of poly(γ-glutamic acid) and fibrinolytic enzyme by a thermophilic Bacillus subtilis GXA-28[J]. Bioresource Technology, 142: 697-700, 2013.(SCI)

（2）Wei Zeng, Yuanshan Lin, Zongxian Qi, Yangyang He, Dayun Wang, Guiguang Chen, Zhiqun Liang*. An integrated high-throughput strategy for rapid screening of poly(γ-glutamic acid)-producing bacteria[J]. Applied Microbiology and Biotechnology, 97(5): 2163-2172, 2013.(SCI)

（3）Wei Zeng, Guiguang Chen, Yunkai Zhang, Kongyang Wu, Zhiqun Liang*. Studies on the UV spectrum of poly(γ-glutamic acid) based on development of a simple quantitative method[J]. International Journal of Biological Macromolecules, 51(1-2): 83-90, 2012.(SCI)

（4）Wei Li, Guiguang Chen, Lingli Gu, Wei Zeng, Zhiqun Liang*. Genome Shuffling of Aspergillus niger for Improving Transglycosylation Activity[J]. Applied Biochemistry and Biotechnology, DOI 10.1007/s12010-013-0421-x.(SCI)

（5）贺杨扬, 曾伟, 王青龙, 陈桂光, 梁智群. γ-聚谷氨酸发酵液预处理及提取纯化工艺 [J]. 食品工业科技, 2014,35（6）: 156-160（中文核心）

（6）王大芸, 曾伟, 郑双凤, 贺杨扬, 陈桂光, 梁智群. γ-聚谷氨酸产生菌的诱变选育 [J]. 中国酿造, 2013, 32(8): 25-29.（中文核心）

（7）刘兰, 周培华, 曾伟, 陈桂光, 梁智群. 脂肪酶抑制剂产生菌的筛选和鉴定 [J]. 食品与生物技术学报, 2013, 32(2): 219-223.（中文核心）

专利

（1）梁智群, 曾伟, 陈桂光, 张云开. 用于高温发酵生产 γ-聚谷氨酸的枯草芽孢杆菌及其用途, 专利申请号: 201210371764.2.

（2）梁智群, 曾伟, 陈桂光, 张云开. 枯草芽孢杆菌高温发酵生产 γ-聚谷氨酸的方法, 专利申请号: 201210371783.5.

（3）陈桂光, 梁智群, 曾伟. 一种利用流化床生物反应器连续化生产低聚壳寡糖的方法, 专利申请号: 201310227921.7.

项目

（4）广西研究生教育创新计划资助项目 (YCBZ2012004): 枯草芽孢杆菌 GXA-28 合成不同分子量 γ-聚谷氨酸的代谢机理, 项目负责人。

（5）2013年广西大学微生物及植物遗传工程教育部重点实验室主任基金课题：Bacillus subtilis GXA-28合成差异分子量 γ - 聚谷氨酸的代谢机理，项目主要完成人。

（6）国基自然科学基金项目(21062001)：海洋微生物来源纤溶酶的研究，项目分工：酶提取纯化，排名第五。

奖励

（7）2012年博士研究生国家奖学金

（8）2012年广西大学优秀研究生

科研成果介绍

SCI论文

（9）Wei Zeng, Wei Li, Lin Shu, Juyang Yi, Guiguang Chen, Zhiqun Liang*. Non-sterilized fermentative co-production of poly(γ-glutamic acid) and fibrinolytic enzyme by a thermophilic Bacillus subtilis GXA-28. Bioresource Technology, 142: 697-700, 2013.（论文首页见附件1）

该篇论文以第一作者发表在国际生物工程与应用微生物领域1区期刊 Bioresource Technology 上，2013年影响因子4.750。论文主要创新点是：发现专利菌株 Bacillus subtilis GXA-28 可在基质不灭菌条件下利用甘蔗糖蜜和味精生产废液固态发酵共合成 γ - 聚谷氨酸和纤溶酶；且发酵22h后 γ - 聚谷氨酸产量高达103.5g/kg基质，是目前文献报道的最高水平；发酵24h后，纤溶酶活力达到986u/g基质。论文成果为大规模固态发酵高效合成 γ - 聚谷氨酸和纤溶酶提供了可能，同时拓展了人们对"一菌多用"的认识。杂志审稿专家对论文审稿意见原文，摘录如下：Reviewer #1 : The manuscript describes co-production of poly(γ-glutamic acid) and fibrinolytic enzyme using thermophilic Bacillus subtilis GXA-28 : . The idea of the manuscript is very interesting since non sterilized technology in enzyme production is always benefiting at industrial scale. Reviewer #2 : It is a novel concept of producing two important biochemicals by single fermentation.（中文翻译：审稿人1：论文描述了利用耐热枯草芽孢杆菌 GXA-28 共生产 γ - 聚谷氨酸和纤溶酶。论文的思路非常有趣，因为在工业化生产酶的过程中不灭菌技术是非常有利的。审稿人2：利用单个发酵过程生产两种重要的生化制品是一种新颖的观念。）

（10）Wei Zeng, Yuanshan Lin, Zongxian Qi, Yangyang He, Dayun Wang, Guiguang Chen, Zhiqun Liang*. An integrated high-throughput strategy for rapid screening of poly(γ-glutamic acid)-producing bacteria. Applied Microbiology and Biotechnology, 97(5): 2163-2172, 2013.（论文首页见附件2）

该篇论文以第一作者发表在国际生物工程与应用微生物领域2区期刊 Applied Microbiology and Biotechnology 上，2013年影响因子3.689。论文主要创新点是：γ-聚谷氨酸是一种带负电荷的谷氨酸均聚高分子化合物，利用其与正电荷染料中性红的静电相互作用开发了一种快速、简单、高通量的 γ-聚谷氨酸产生菌筛选方法。该方法与传统方法相比，具有快速、直观，且可同时获知菌株 γ-聚谷氨酸产量和分子量信息的优点。利用该方法，本课题组成功从土壤样品中筛选获得一株具有优良发酵特性的 γ-聚谷氨酸产生菌，经形态学、生理生化及分子生物学方法鉴定该菌株为枯草芽孢杆菌，命名为 B. subtilis GXA-28，菌株保藏在中国典型培养物保藏中心，保藏编号 CCTCC M 2012347，并申请了国家发明专利。论文成果为大规模筛选具有工业化生产潜力的 γ-聚谷氨酸优良菌株提供了一种高效的方法。

（11）Wei Zeng, Guiguang Chen, Yunkai Zhang, Kongyang Wu, Zhiqun Liang*. Studies on the UV spectrum of poly(γ-glutamic acid) based on development of a simple quantitative method. International Journal of Biological Macromolecules, 51(1-2): 83-90, 2012.（论文首页见附件3）

该篇论文以第一作者发表在国际生化与分子生物学领域3区期刊 International Journal of Biological Macromolecules 上，2013年影响因子2.596。论文主要创新点是：利用 γ-聚谷氨酸水溶液紫外吸收特性，建立了一种快速、简单、准确、高通量的 γ-聚谷氨酸定量测定方法，同时对 γ-聚谷氨酸的光吸收特性进行了深入研究。该方法与传统高效液相色谱法相比，具有相当的准确度和精确性，同时操作简单、耗时短、效率高。该方法为 γ-聚谷氨酸浓度测定提供了一种可替代高效液相色谱的高通量方法，同时也是课题组深入开展 γ-聚谷氨酸相关研究的基础。杂志审稿专家对论文审稿意见原文摘录如下：Reviewer #1：The paper has its originality；the experiments were well carried out, the results are interesting and have scientific merit that is worthy of publication.（中文翻译：审稿人1：论文具有原创性，实验设计完成很好，实验结果是有趣的且具有值得发表的科学价值。）

（12）Wei Li, Guiguang Chen, Lingli Gu, Wei Zeng, Zhiqun Liang*. Genome Shuffling of Aspergillus niger for Improving Transglycosylation Activity.Applied Biochemistry and Biotechnology, DOI 10.1007/s12010-013-0421-x.（论文首页见附件4）

该论文发表在国际生物工程与应用微生物领域3区期刊Applied Biochemistry and Biotechnology上，2013年影响因子1.893，曾伟排名第四。该论文主要创新点是：利用基因组重组技术改善黑曲霉转糖苷酶活力。曾伟主要参与了论文实验设计、黑曲霉突变库构建以及论文校稿方面的工作。

中文核心论文

（13）贺杨扬，曾伟，王青龙，王大芸，陈桂光，梁智群. 响应面法系统优化 γ - 聚谷氨酸发酵工艺 [J]. 食品科学，2013年接受.（接收函和网络预发表论文首页见附件5)

该论文发表在中文核心期刊《食品科学》上，曾伟排名第二。论文是曾伟协助导师指导硕士研究生贺杨扬，共同完成实验设计、实验实施、论文撰写投稿。论文主要内容是：在单因素优化 γ - 聚谷氨酸发酵培养基的基础上，进一步采用响应面统计方法优化 γ - 聚谷氨酸发酵工艺，实验结果为 B. subtilis GXA-28 工业化扩大发酵生产 γ - 聚谷氨酸提供了工艺数据参考。

（14）贺杨扬，曾伟，王青龙，陈桂光，梁智群. γ - 聚谷氨酸发酵液预处理及提取纯化工艺 [J]. 食品工业科技，2013年收录.（接收函和论文首页见附件6)

该论文发表在中文核心期刊《食品工业科技》上，曾伟排名第二。论文是曾伟协助导师指导硕士研究生贺杨扬，共同完成实验设计、实验实施、论文撰写投稿。论文主要内容是：针对 γ - 聚谷氨酸发酵液黏度高，菌液分离困难等问题，通过采用稀释和酸化发酵液降低体系黏度，利用硅藻土和活性炭有效除去发酵液中菌体和杂蛋白等，经过醇析和盐析结合的方法提取 γ - 聚谷氨酸粗品。该方法产物提取率为95.21%， γ - 聚谷氨酸纯度可达96.89%，是一条高效可行且经济的 γ - 聚谷氨酸提取纯化工艺路线。

（15）王大芸，曾伟，郑双凤，贺杨扬，陈桂光，梁智群. γ - 聚谷氨酸产生菌的诱变选育 [J]. 中国酿造，2013.32(8)：25-29.（论文首页见附件7)

该论文发表在中文核心期刊《中国酿造》上，曾伟排名第二。论文是曾伟协助导师指导硕士研究生王大芸，共同完成实验设计、实验实施、论文撰写投稿。论文主要内容是：以 Bacillus subtilis GXA-28 为出发菌株，采用紫外、微波、氯化锂三种单一诱变及紫外 - 氯化锂，微波 - 氯化锂两种复合诱变方式进行诱变育种，获得一株遗传稳定性良好、γ - 聚谷氨酸产量提高 30% 的突变株。实验结果为进一步改造菌株提供了材料和可能性。

（16）刘兰，周培华，曾伟，陈桂光，梁智群 . 脂肪酶抑制剂产生菌的筛选和鉴定 [J].
食品与生物技术学报，2013.32(2)：219-223（论文首页见附件 8）

　　该论文发表在中文核心期刊食品与生物技术学报上，曾伟排名第三。他参与了论文实验设计和菌株鉴定方面的工作。论文主要内容是：利用发酵产物是否对脂肪酶具有抑制活性作为筛选指标，从 2013 株野生菌中筛选到一株产脂肪酶抑制剂活性较高的菌株 Sf16。经形态学、生理生化及分子生物学方法鉴定该菌株为链霉菌属。

国家发明专利

（17）用于高温发酵生产 γ - 聚谷氨酸的枯草芽孢杆菌及其用途 . 梁智群，曾伟，陈
桂光，张云开 . 专利申请号：201210371764.2（初审合格通知书和专利首页见
附件 9）

　　该发明专利导师为第一发明人，曾伟为第二发明人；专利实验内容为曾伟完成；该专利现已初审合格进入公开阶段。该发明公开了一种用于高温发酵生产 γ - 聚谷氨酸的枯草芽孢杆菌，其分类命名为枯草芽孢杆菌 (Bacillus subtilis) GXA-28，保藏编号为 CCTCC NO：M 2012347，保藏日期为 2012 年 9 月 14 日，保藏单位：中国典型培养物保藏中心。该枯草芽孢杆菌 (Bacillus subtilis) GXA-28 是在高温发酵生产 γ - 聚谷氨酸方面的应用，高温发酵的温度为 40℃ ~ 50℃。本发明的枯草芽孢杆菌是从海沙中分离得到，可在较高温度下高效合成 γ - 聚谷氨酸，最高温度可为 50℃，发酵时间 18~25h，产量最高可达 20 ~ 30 g/l，生产速率可达 0.9 ~ 1.3 g/lh，具有优良的温度特性、营养要求简单和培养方法简便易行等优点，这些优良特性为工业化生产提供了有利条件。

（18）枯草芽孢杆菌高温发酵生产 γ - 聚谷氨酸的方法 . 梁智群，曾伟，陈桂光，
张云开 . 专利申请号： 201210371783.5（初审合格通知书和专利首页见附件
10）

　　该发明专利导师为第一发明人，曾伟为第二发明人；专利实验内容为曾伟

完成；该专利现已初审合格进入公开阶段。该发明公开了一种枯草芽孢杆菌高温发酵生产 γ - 聚谷氨酸的方法，是以枯草芽孢杆菌（Bacillus subtilis）GXA-28，保藏编号为 CCTCC NO：M 2012347 的菌株通过菌种活化、保藏、种子液制备、液体摇瓶发酵、γ - 聚谷氨酸提取纯化制备 γ - 聚谷氨酸。本发明可广泛使用廉价的碳氮源，如糖蜜、无机铵盐，其中可将无机铵盐作为唯一氮源使用，在40℃～50℃的高温发酵条件下高效生产 γ - 聚谷氨酸，发酵时间 18~25h，产量最高可达 20 ～ 30 g/l，生产速率可达 0.9 ～ 1.3 g/lh，具有高效、低成本的优点。

（19）一种利用流化床生物反应器连续化生产低聚壳寡糖的方法. 陈桂光，梁智群，曾伟. 专利申请号： 201310227921.7.（专利申请受理通知书和专利首页见附件 11）

该发明专利曾伟为第三发明人；主要参与专利实验内容实施，专利撰写、申请；该专利现已受理进入初审阶段。该发明公开了一种利用流化床生物反应器连续化生产低聚壳寡糖的方法，其特征在于，包括如下步骤：（1）制备壳聚糖溶液；（2）装填流化床生物反应器：将10~15g 流化态固定化酶装入流化床生物反应器中，加入磷酸氢二钠 - 柠檬酸缓冲液，调节径高比为 1：8~1：12；（3）在 pH 4.5 ～ 5.5，60℃～70℃条件下，将所得壳聚糖溶液以 0.5 mL/min-1.0 mL/min 的速度流加入装填好的流化床生物反应器中，连续循环转化，每批次反应时间 8 h~12 h，即得低聚壳寡糖。本发明能够在流化床生物反应器中连续高效转化壳聚糖生产聚合度为 4 ～ 9 的低聚壳寡糖，具有生产工艺简便，生产成本低，质量可控，且无环境污染等优点。

科研项目介绍

2012 年广西研究生教育创新计划资助项目

项目编号：YCBZ2012004；项目名称：枯草芽孢杆菌 GXA-28 合成不同分子量 γ - 聚谷氨酸的代谢机理；项目分工：负责人。（项目下达通知见附件 12）

该项目是由曾伟在导师指导下完成项目申请书撰写、组织实施等工作。该项目从 γ -PGA 产生菌发酵培养基和发酵工艺条件研究出发，拟从酶学水平和动力学水平上揭示微生物合成不同分子量 γ -PGA 的代谢机理，在此基础上，提出外源因素诱导菌株合成特定分子量 γ -PGA 的发酵工艺。项目实施完成 1 年后，既定研究内容和研究目标基本完成，获得了相关实验数据和预期成果，发表研究论文 4 篇，其中 SCI 一区收录 1 篇，影响因子 4.75；中文核心收录 3 篇。

研究成果

（20）Wei Zeng, Wei Li, Lin Shu, Juyang Yi, Guiguang Chen, Zhiqun Liang*. Non-sterilized fermentative co-production of poly(γ-glutamic acid) and fibrinolytic enzyme by a thermophilic Bacillus subtilis GXA-28. Bioresource Technology, 2013.142: 697-700 (SCI, 1 区, 2013 年 影响因子 4.750)

（21）贺杨扬，曾伟，王青龙，陈桂光，梁智群. γ-聚谷氨酸发酵液预处理及提取 纯化工艺 [J]，食品工业科技，2014,35（6）: 156-160.（中文核心）

（22）王大芸，曾伟，郑双凤，贺杨扬，陈桂光，梁智群. γ-聚谷氨酸产生菌的诱 变选育 [J]，中国酿造，2013，32(8): 25-29.（中文核心）

2013 年广西大学微生物及植物遗传工程教育部重点实验室主任基金课题

项目名称：Bacillus subtilis GXA-28 合成差异分子量 γ-聚谷氨酸的 代谢机理；项目分工：主要完成人。（项目合同书首页见附件 13）

该项目是由曾伟在导师指导下以博士论文课题研究为基础，进行申请书撰 写和项目实施的。该项目以氮源控制 γ-聚谷氨酸分子量为切入点，考察菌株 合成 γ-聚谷氨酸的关键代谢途径节点通量变化及关键酶酶活力变化情况，从 代谢通量和酶学水平上揭示 Bacillus subtilis GXA-28 合成差异分子量 γ- 聚谷氨酸的代谢机理。

国家自然科学基金项目

项目编号：21062001；项目名称：海洋微生物来源纤溶酶的研究；项目 分工：酶提取纯化，排名第五。（项目批准表见附件 14）

获奖情况介绍

（1）2012 年博士研究生国家奖学金.

（2）曾伟以学院博士研究生综合成绩排名第 1 荣获 2012 年度首届博士研 究生国家奖学金。（获奖证书见附件 15）。

（3）2012 年广西大学优秀研究生。

附件 1

Bioresource Technology 142 (2013) 697–700

Contents lists available at SciVerse ScienceDirect

Bioresource Technology

journal homepage: www.elsevier.com/locate/biortech

Short Communication

Non-sterilized fermentative co-production of poly(γ-glutamic acid) and fibrinolytic enzyme by a thermophilic *Bacillus subtilis* GXA-28

Wei Zeng[a,b], Wei Li[b], Lin Shu[b], Juyang Yi[a,b], Guiguang Chen[b], Zhiqun Liang[a,b,*]

[a] State Key Laboratory for Conservation and Utilization of Subtropical Agro-bioresources, Guangxi University, Nanning 530004, Guangxi, China
[b] College of Life Science and Technology, Guangxi University, Nanning 530004, Guangxi, China

附件 2

Appl Microbiol Biotechnol (2013) 97:2163–2172
DOI 10.1007/s00253-013-4713-0

METHODS AND PROTOCOLS

An integrated high-throughput strategy for rapid screening of poly(γ-glutamic acid)-producing bacteria

Wei Zeng · Yuanshan Lin · Zongxian Qi · Yangyang He · Dayun Wang · Guiguang Chen · Zhiqun Liang

Received: 5 January 2013 / Accepted: 12 January 2013 / Published online: 30 January 2013
© Springer-Verlag Berlin Heidelberg 2013

附件 3

International Journal of Biological Macromolecules 51 (2012) 83–91

Contents lists available at SciVerse ScienceDirect

International Journal of Biological Macromolecules

journal homepage: www.elsevier.com/locate/ijbiomac

Studies on the UV spectrum of poly(γ-glutamic acid) based on development of a simple quantitative method

Wei Zeng[a,b,1], Guiguang Chen[a,b,1], Yunkai Zhang[b], Kongyang Wu[c], Zhiqun Liang[a,b,*]

[a] State Key Laboratory for Conservation and Utilization of Subtropical Agro-bioresources, Guangxi University, Nanning 530004, Guangxi, China
[b] College of Life Science and Technology, Guangxi University, Nanning 530004, Guangxi, China
[c] College of Light Industry and Food Engineering, Guangxi University, Nanning 530004, Guangxi, China

附件 4

Appl Biochem Biotechnol
DOI 10.1007/s12010-013-0421-x

Genome Shuffling of *Aspergillus niger* for Improving Transglycosylation Activity

Wei Li · Guiguang Chen · Lingli Gu · Wei Zeng · Zhiqun Liang

Received: 2 May 2013 / Accepted: 31 July 2013
© Springer Science+Business Media New York 2013

附件 5

录用通知书

贺杨扬，曾伟，王青龙，王大芸，陈桂光，梁智群同志：

您的稿件响应面法系统优化 γ-谷氨酸发酵培养基。（文章编号：20130623-233），将于近期刊出，请您将版面费 2000 元，于 2013 年 9 月 3 日前寄至本刊编辑部，本刊将按编排计划刊出，在此期间若作者有变化，请及时登录我们网站办在线编审系统修改。

注：① 请在汇款单附言中注明第一作者姓名、文章编号或题目。
② 邮局汇款：在编辑部，请勿汇给个人。
③ 如您通过银行汇款，请务必在银行汇款单附言中注明文章第一作者姓名、文章题目或文章编号；并将银行汇款单影印后再注明第一作者姓名、文章编号或文章题目，将影印件发 Email 到我刊编辑部，以便确认稿件到款和给您邮寄发票。Email 码：bgs@chnfood.cn

因为单位采用税务机打发票，发票一经开出，不能更改，请您慎重说明所开发票的各项要求。（单位名称、发票项目，限额开1张张发票）

如果您对开发票的单位名称和邮寄地址有特殊要求，也请注明。

邮局汇款：
北京市西城区禄长街头条 4 号《食品科学》编辑部
邮编：100050

银行汇款：
行　名：工行草外人街支行
行　号：102100004927
帐户名：中国食品杂志社
帐　号：0200049209024922112

为了能及时给您邮寄发票，根据邮局要求，请您提供准确的城市、区县、街道、胡同名称、门牌号码、邮政编码和单位名称。

附件 6

文章录用回函

贺杨扬同志：

您好！

版面费 2000 元收悉，谢谢您的合作。

您的文《γ-聚谷氨酸发酵液预处理及提取纯化工艺》，将在本刊 14 年第 6 期发表，特此通知。

此致

敬礼

《食品工业科技》编辑部

《食品工业科技》杂志主办单位北京市一轻研究所隶属于北京一轻福得广告有限公司全权运营《食品工业科技》杂志的编辑、出版、发行、广告等业务，版面资费均由北京东方福得广告有限公司开具。特此说明！

网络出版时间：2013-06-22 10:19
网络出版地址：http://www.cnki.net/kcms/detail/11.2206.TS.20130922.1019.034.html

刊期：2013-09-17　　食品科学　　网络首发表

响应面法系统优化 γ-聚谷氨酸发酵工艺

贺杨扬[1,2]，曾　伟[1,2]，王青龙[1,2]，王大芸[1,2]，陈桂光[1,2]，梁智群[1,2]*
（1广西大学 生命科学与技术学院，广西 南宁 530004
2广西大学 亚热带农业生物资源保护与利用国家重点实验室，广西 南宁 530004）

摘要： γ-聚谷氨酸是一种微生物源高分子多聚物......利用响应面法对 γ-聚谷氨酸发酵工艺进行系统优化......
关键词： γ-聚谷氨酸；Bacillus subtilis GXA-28；响应面分析；发酵培养基

Systematic optimization of fermentation process on the production of poly-γ-glutamic acid by response surface methodology

HE Yang-yang[1,2], ZENG Wei[1,2], WANG Qing-long[1,2], WANG Da-yun[1,2], CHEN Gui-guang[1,2], LIANG Zhi-qun[1,2]*
（1 College of Life Science and Technology, Guangxi University, Nanning 530004, Guangxi, China
2 State Key Laboratory for Conservation and Utilization of Subtropical Agro-bioresources, Guangxi University, Nanning 530004, Guangxi, China）

Abstract: Poly-γ-glutamic acid, as a high molecular polymer produced by microorganism, is widely used in industry, agriculture, food, medicine and cosmetics. Systematic optimization of fermentation medium components on the production of poly-γ-glutamic acid using response surface methodology by a glutamic acid dependent strain of Bacillus subtilis GXA-28. Builded a response surface equation based on the single factor optimization experiment. Plackett-Burman experimental, steepest ascent experiment and Box-Behnken experimental, and predicted the optimal medium: sucrose 33.85 g/L, mononsodium glutamate 15 g/L, KH$_2$PO$_4$ 0.4 g/L, K$_2$HPO$_4$·H$_2$O 1.68 g/L, MgSO$_4$·7H$_2$O 0.1 g/L, NH$_4$Cl 1.6 g/L. The yield of poly-γ-glutamic acid reach 16.63 g/L when the fermentation and the conversion rate of substrate glutamate reach 100% by using the optimized medium under 40.2 ℃ and 160 r/min for 22 h.
Keywords: Poly-γ-glutamic acid; Bacillus subtilis; response surface analysis; fermentation medium

γ-聚谷氨酸发酵液预处理及提取纯化工艺

贺杨扬[1,2]，曾　伟[1,2]，王青龙[1,2]，陈桂光[1,2]，梁智群[1,2]*
（1 广西大学 生命科学与技术学院，广西 南宁 530004
2 广西大学 亚热带农业生物资源保护与利用国家重点实验室，广西 南宁 530004）

摘要： γ-聚谷氨酸（γ-PGA）是一种微生物源高分子多聚物，可广泛应用于工业、农业、食品、医药及化妆品等领域。γ-PGA发酵液粘度高，菌液分离困难，通过稀释和酸化发酵液降低体系粘度，利用硅藻土和活性炭有效地除去发酵液中的菌体和杂蛋白等。采用醇和盐析结合的方法提取 γ-PGA 粗品。最佳稀释倍数为 2 倍，硅藻土和粉末活性炭（颗粒活性炭）的用量分别定为 10 g/L 和 10 g/L（J5 g/L），在室温下抽滤的最佳 pH 为 3.0。用 5%NaCl 和一倍体积乙醇提取 γ-PGA，经过冷冻真空干燥可得到白色颗粒状的 γ-PGA 粗品，提取率为 95.21%，纯度可达 96.89%，大大降低了乙醇的用量，节约了生产成本。
关键词： γ-聚谷氨酸；预处理；硅藻土；活性炭；提取

Pretreatment and purification of poly-γ-glutamic acid from fermentation broth

HE Yang-yang[1,2], ZENG Wei[1,2], WANG Da-yun[1,2], CHEN Gui-guang[1,2], LIANG Zhi-qun[1,2]*
（1 College of Life Science and Technology, Guangxi University, Nanning 530004, Guangxi, China
2 State Key Laboratory for Conservation and Utilization of Subtropical Agro-bioresources, Guangxi University, Nanning 530004, Guangxi, China）

Abstract: Poly-γ-glutamic acid (γ-PGA), as a high molecular polymer produced by microorganism, is widely used in industry, agriculture, food, medicine and cosmetics. The fermentation broth is very viscous and separate γ-PGA from it very hard. By diluting and lowering the pH value of the culture broth, the viscosity can be reduce. Using diatomaceous earth and activated carbon can effectively remove bacteria and miscellaneous protein, et al. By using alcohol precipitation and salting out to extract γ-PGA. The best dilution multiples is 2 times, the dosage of diatomaceous earth and powder activated carbon (granular activated carbon), respectively, at the 10 g/L and 10 g/L (J5 g/L), the best pH value is 3.0 for suction filter under the room temperature. Using 5% NaCl and double volume of ethanol for extraction of γ-PGA, by frozen vacuum drying of γ-PGA, the sample is white and granular, extraction efficiency achieve 95.21%, purity is 96.89%, using this method, highly reduced the dosage of ethanol and the production input.
Keywords: Poly-γ-glutamic acid; pretreatment; diatomaceous earth; activated carbon; extract

γ-聚谷氨酸（poly-γ-glutamic acid，γ-PGA）是自然界中微生物来源的一种强水溶性多聚高分子化合物，具有良好的生物可降解性、生物组织性、可食用性、低免疫原性、保湿性能等......

附件 7

研究报告　　　　　　中国酿造　　　　2013 年 第 32 卷 第 8 期 总第 257 期　·25·

γ-聚谷氨酸产生菌的诱变选育

王大轩[1,2], 曾　伟[1,2], 郑双凌[1,2], 黄裕群[1,2], 李智群[1,2]

（1.广西大学 生命科学与技术学院, 广西 南宁 530004; 2.广西大学 亚热带农业生物资源保护与利用国家重点实验室, 广西 南宁 530004）

关键词：...

中图分类号：Q816　　文献标志码：A　　文章编号：0254-5071（2013）08-0025-05

Mutation screening of γ-polyglutamic acid-producing strain

WANG Daxuan[1,2], ZENG Wei[1,2], ZHENG Shuangling[1,2], HE Yangqun[1,2], CHEN Gaigang[1,2], LIANG Zhiqun[1,2]

(1. College of Life Science and Technology, Guangxi University, Nanning 530004, China; 2. Subtropical Agricultural Biological Resources Conservation and Utilization Laboratory, Guangxi University, Nanning 530004, China)

Abstract: ...

Key words: Bacillus subtilis; γ-polyglutamic acid; substrate tolerance; mutation screening

附件 8

脂肪酶抑制剂产生菌的筛选和鉴定

刘　芝[1,2], 周洁华[1], 曾　伟[2,3], 陈桂光[3], 梁智群[3]

（1.广西玉林食品药品检验所, 广西 玉林 537000; 2.广西大学 生命与科学技术学院, 广西 南宁 530004; 3.广西亚热带农业生物资源保护与利用国家重点实验室, 广西 南宁 530004）

关键词：脂肪酶抑制剂; PCR; 16SrDNA; 系统发育树

中图分类号：TQ 920.1　文献标志码：A　文章编号：1673-1689（2013）02-0219-05

Screening and Identification of Lipase Inhibitor-Producing Strain

LIU Lan[1,2], ZHOU Pei-hua[1], ZENG Wei[2,3], CHEN Gui-guang[3], LIANG Zhi-qun[3]

(1. Guangxi Yulin Institute for Food and Drug Control, Yulin 537000, China; 2. College of Life Sciences and Technology, Guangxi University, Nanning 530004, China; 3. State Key Laboratory of Subtropical Agricultural Bioresources Conservation and Utilization, Guangxi University, Nanning 530004, China)

Abstract: ...

Keyword: lipase inhibitor; PCR; 16SrDNA; the phylogenetic tree

附件 9

中华人民共和国国家知识产权局

530022

2012 年 12 月 14 日

申请号：201210371764.2　　发文序号：2012121807156B8

发明创造名称：所述芽孢发酵生产 γ-聚谷氨酸的结草芽孢杆菌及其应用

发明专利申请初步审查合格通知书

（19）中华人民共和国国家知识产权局

（12）发明专利申请

（10）申请公布号 CN 102911896 A
（43）申请公布日 2013.02.06

（21）申请号 201210371764.2
（22）申请日 2012.09.28
（83）生物保藏信息
　CCTCC NO :M 2012347 2012.09.14
（71）申请人 广西南宁智天生物科技有限公司
　地址 530002 广西壮族自治区南宁市西乡塘
　区科园东四路 5 号楼 A 座 408
（72）发明人 梁智群　曾伟　陈桂光　张云开
（74）专利代理机构 广西南宁市汇鼎专利代理有限
　公司 45114
　代理人 朱萍珠
（51）Int. Cl.
　C12N 1/20（2006.01）
　C12P 13/02（2006.01）

C12N 1/125（2006.01）

权利要求书 2 页　说明书 16 页
序列表 2 页　附图 3 页

（54）发明名称
用于高温发酵生产 γ-聚谷氨酸的枯草芽孢杆菌及其应用

（57）摘要
本发明公开一种用于高温发酵生产 γ-聚谷氨酸的枯草芽孢杆菌, 其分类命名为枯草芽孢杆菌（Bacillus subtilis）GXA-28, 保藏编号为 CCTCCNO :M2012347, 保藏日期为 2012 年 9 月 14 日,保藏单位: 中国典型培养物保藏中心。该枯草芽孢杆菌（Bacillus subtilis）GXA-28 是在高温发酵生产 γ-聚谷氨酸方面的应用。高温发酵的温度为 40~50℃。本发明的枯草芽孢杆菌是从海沙中分离筛选出来的, 可在较高温度下高效合成 γ-聚谷氨酸, 最高温度可到 50℃。发酵时间为 18~25h, 产量最高可达 20~30g/L, 生产速率可达 0.9~1.3g/l·h。具有优良的温度特性, 营养要求简单和培养方法简便易行等优点。这些优良特性为工业化生产提供了有利条件。

附件 10

中华人民共和国国家知识产权局

530022

发文日：
2012 年 12 月 17 日

发明专利申请初步审查合格通知书

（19）中华人民共和国国家知识产权局

（12）发明专利申请

（10）申请公布号 CN 102911974 A
（43）申请公布日 2013.02.06

（21）申请号 201210371783.5
（22）申请日 2012.09.28
（71）申请人 广西大学
地址 530004 广西壮族自治区南宁市大学东路100号
（72）发明人 梁智群　曾伟　陈桂光　张公平
（74）专利代理机构 广西南宁汇博专利代理有限公司 46114
代理人 朱泽球
（51）Int.Cl.
C12P 13/02（2006.01）
C12P 1/125（2006.01）

权利要求书 1 页　说明书 7 页　附图 3 页

（54）发明名称
枯草芽孢杆菌高温发酵生产 γ-聚谷氨酸的方法

（57）摘要
本发明公开一种枯草芽孢杆菌高温发酵生产 γ-聚谷氨酸的方法，是以枯草芽孢杆菌（Bacillus subtilis）GXA-28，保藏号为 CCTCC NO.M2012347 的菌株通过菌种活化、保藏、种子液制备、液体摇瓶发酵、γ-聚谷氨酸提取纯化制备 γ-聚谷氨酸。本发明可广泛应用廉价的碳氮源，例如糖蜜、无机铵盐，其中可将无机铵盐作为唯一氮源使用，在40℃的高温发酵条件下高效生产 γ-聚谷氨酸，发酵时间18~25h，产量最高可达 20~30g/L，生产速率可达 0.9~1.3g/1·h，具有高效、低成本的优点。

附件 11

中华人民共和国国家知识产权局

530022

广西壮族自治区南宁市星湖路24号
广西南宁汇博专利代理有限公司 郭平吾

发文日：
2013 年 06 月 09 日

专利申请受理通知书

根据专利法第28条及其实施细则第38条、第39条的规定，申请人提出的专利申请已由国家知识产权局受理。现将确定的申请号、申请日、申请人和发明创造名称通知如下：
申请号：201310227921.7
申请日：2013年06月08日
申请人：广西南宁智天生物科技有限公司
发明创造名称：一种利用流化床反应器连续化生产低聚壳寡糖的方法

说　明　书　摘　要

　　本发明公开一种利用流化床生物反应器连续化生产低聚壳寡糖的方法，其特征在于，包括如下步骤：（1）制备壳聚糖溶液；（2）装填流化床反应器：将 10g-15g 流化态固定化酶装入流化床生物反应器中，加入磷酸氢二钠-柠檬酸缓冲液，固径径比为 1:8-1:12；（3）在 pH 4.5-5.5，60℃-70℃条件下，将所得壳聚糖溶液以 0.5 mL/min-1.0 mL/min 的速度流加入装填好的流化床生物反应器中，连续循环转化，每批次反应时间 8 h-12 h，即得低聚壳寡糖。本发明能够在流化床生物反应器中连续高效转化壳聚糖生产壳寡糖聚合度为 4~9 的低聚壳寡糖，具有生产工艺简便、生产成本低，质量可控，且无环境污染等优点。

1/1

附件 12

研处 [2012]47 号

关于实施 2012 年广西大学获自治区
财政专项资助研究生创新计划项目的通知

各学院：

根据桂学位〔2012〕36 号文《关于下达2012广西研究生教育创新计划项目的通知》，2012 年我区决定启动的研究生教育创新计划项目有：博士研究生科研创新项目19 项（广西大学11 项），硕士研究生科研创新项目200 项（广西大学53项），学位与研究生教育改革和发展专项课题40 项（广西大学11项），研究生学术论坛12 项（广西大学1项），现予公布并将实施相关事项通知如下：

一、实施的意义及组织形式

为配合十二五规划和人才兴桂战略的实施，推进研究生的教育创新，研究生创新教育作为一项重要任务，应予以高度重视，必须努力提高研究生教育创新水平和教育质量。

2012年自治区财政资助的校研究生教育创新计划项目由研究生处负责组织实施，校财务处负责经费的落实和使用管理；各学院研究生教育创新计划领导小组负责项目的监督和检查；各学院的研究生办公室负责具体实施过程的管理。

二、项目经费使用

研究生教育创新计划项目经费（包括自治区财政专项和学校配套经费，下同），实行专款专用，专项管理。研究生创新计划项目全部要求学校按学校配套与建设专项2:1 的比例落实配套经费。其经费在学校财务部门的严格监管管理下，由学校研究生处提出使用方案报学校审批后进行划拨使用。

财政资助的经费下达，学校统的经费由核后，研究生处核定项目经费负责人，通知财务处办理经费卡，各学院领团经费卡交项目负责人保管。研究生个人创新项目由指导教师签字，分管副院长审核后到财务报销；学位与研究生教育改革和发展专项课题、研究生学术论坛需要按要求的研究生处办理相关手续，经确按票据后报销费用。

研究生个人创新项目经费由指导教师负责开支，作好开支记录。各学院的研究生办公室作好相关经费备案并检查的落实经费的使用情况。所有项目经费应当用到实处，用在必用的地方，与研究生创新计划项目直接有关的开支，不能用于购买仪器设备（包括计算机、录（摄）像机等）、出国考察、与创新计划项目无关的差旅费、个人补贴等各项开支。

三、项目结题

项目结题要求和规范格式可在研究生处下载中心培养科目下载。研究生在毕业离校前，必须完成项目结题或完成正式项目移交。其它项目一般应当在一年内完成。

四、成果及专利说明

获研究生教育创新计划项目经费资助的项目，发表论文、出版专著或申报有关科研成果时，应标明"广西研究生教育创新计划资助项目"并注明项目编号。本期研究生创新项目结题之前，项目承担人不得申报新的广西研究生教育创新计划项目，研究生毕业离校前必须完成项目结题。

请各学院研究生管理人员到研究生处领取项目经费卡，将经费卡转交项目经费负责人。项目实施细节及检查要求将另行通知。

附件：2012 年广西大学获自治区财政专项资助研究生创新计划项目

研究生处
2012 年 11 月 23 日

2012 年广西大学获自治区财政专项资助研究生创新计划项目

一、优秀博士学位论文培育项目（11 项，财政资助每项 2 万元）

序号	课题组人员姓名	年级	所属学科	申请项目名称	项目编号
1	王莫男	2012	自然科学	量子点-分子筛的米复合材料的合成研究	YCBZ2012001
2	王潘波	2012	自然科学	红身水肥供应最佳模式及其利用机制	YCBZ2012002
3	莫文喜	2012	自然科学	猪浆球X胶了蛋白白理与 A成 测量的研究	YCBZ2012003
4	曾伟伟	2011	自然科学	枯草芽孢杆菌 GXA-28 合成差异分子量 γ- 聚谷氨酸的代谢机理	YCBZ20120M
5	徐全徒	2011	自然科学	SRC蛋白柱硅限定构体点的菌活机制及能覆关键技术路线研究	YCBZ2012005
6	林归瑞	2012	自然科学	微化形系应和膜与奇速气化模结的研究	YCBZ2012006
7	谢森生	2011	自然科学	酸果业在直菜欢种内转异及机理的研究	YCBZ2012007
8	温康元	2011	自然科学	海菜菜合成面属超的供缺、系统、酵学特性以及对农菜菜的影的研究	YCBZ2012008
9	毛阿敏	2011	自然科学	产水菜和菜度增的的化与病菌合安评估	YCBZ2012009
10	王雄雄	2011	自然科学	菜和菜菜的法业源纯化及菜血管菌体菜保菜转化酶菌相制的研究	YCBZ2012010
11	王熙	2011	自然科学	簧余应力号 SRC 角住一种咪菜限菜空簧节点抗菜性能及设计方法研究	YCBZ2012011

附件 13

合同编号：

微生物及植物遗传工程教育部重点实验室

主任基金课题合同书

课题名称：	*Bacillus subtilis* GXA-28 合成差异分子量 γ-聚谷氨酸的代谢机理
甲 方：	微生物及植物遗传工程教育部重点实验室
乙 方：（课题承担者）	梁智群
联系电话：	0771-3271181
起止年限：	2013 年 1 月 至 2014 年 12 月

微生物及植物遗传工程教育部重点实验室制

附件 14

附：批准意见表

编号批准号	21082001	53口管理部门		化学科学部	依前领域分类代码	B20705
项目名称		海洋菌生物家菜好涨菌的研究				
资助类别		地区科学基金项目		亚段说明		
附注说明						
项目负责人		梁智群		依托单位		广西大学
资助金额		27.00 万元		研究期限		2011.01 至 2013.12

对研究方案的修改意见：

触发青春灵感，点亮科学生活

—— 学术创新奖获奖者徐金俊事迹

徐金俊，男，1986年10月生于浙江绍兴，笔名文长。现就读于广西大学土木建筑工程学院，攻读国家级重点学科—结构工程专业博士学位。

2010年9月进入广西大学土木建筑工程学院攻读结构工程专业硕士学位，师从陈宗平教授，主要从事再生混凝土、钢—再生混凝土组合结构以及混凝土电杆性能化评估等方面的研究，并在导师指导下着重揭示了钢管与再生混凝土界面黏结力传递机制和CFRP加固混凝土电杆的破坏机理；其间，荣获"广西区优秀硕士研究生"（广西壮族自治区教育厅级）1次，"广西大学优秀研究生"2次，广西大学"学习标兵"1次。

2012年9月，徐金俊以全系第一名的身份免试进入广西大学土木建筑工程学院结构工程专业攻读博士学位，师从广西壮族自治区首批"城乡建设与工程安全"八桂学者团队教授薛建阳和陈宗平，并结合国家自然科学基金项目"双向反复荷载型钢混凝土异形柱—钢梁框架节点的破坏机理研究"开展博士学位论文的研究；在导师的指导下，徐金俊主持2012年广西研究生教育创新计划项目—首届优秀博士学位论文培育项目"SRC异形柱框架空间节点的震损机制及耐震关键技术路线研究"；同时，首次以博士研究生的身份主持2012年广西防灾减灾与工程安全重点实验室开放课题"震损修复后SRC异形柱框架空间节点的二次耐震性能及加固技术研究"；至今，连续两年（2014年度和2015年度）获得广西科学技术进步二等奖（徐金俊均排名第五），获得两次博士研究生国家奖学金（2013年度和2015年度），首次以非"985"高校以及非国外大学青年学者的身份斩获国际级大奖"刘恢先地震工程奖学金"，开创了广西大学在国际地震工程领域研究的先河；荣获"广西区优秀博士研究生"（广西壮族自治区教育厅级）1次以及"广西大学优秀研究生"2次。

现已发表高水平学术论文45篇，其中结构工程或地震工程领域国际顶级SCI

期刊 *Earthquakes and Structures*,*Advances in Structural Engineering*,*Earthquake Engineering and Engineering Vibration*,*International Journal of Steel Structures*,*Steel and Composite Structures*5 篇（1 篇为徐金俊第一，4 篇为导师第一，徐金俊第二，特别是有 1 篇在 JCR 中排名 Q2），国内顶级期刊如《土木工程学报》《建筑结构学报》《工程力学》等 EI 收录论文 17 篇，国际会议论文 3 篇（EI、ISTP 检索），国家级中文核心期刊 20 篇；授权国家发明专利 2 项，其中 1 项排名第一；受邀担任 SCI 国际期刊 EEEV 审稿人。

一、研究方向

（1）现代组合及混合结构

（2）异形柱结构抗震与加固

（3）建筑垃圾资源化再生利用

二、主持及参与重大课题

（1）2012 年广西研究生教育创新计划项目——优秀博士学位论文培育项目（项目编号：YCBZ2012005），2 万，主持。

（2）2012 年广西防灾减灾与工程安全重点实验室开放课题（项目编号：2012ZDX10），3 万，主持。

（3）国家自然科学基金资助项目，No.51578163，主要参与。

（4）国家自然科学基金资助项目，No.51268004，主要参与。

（5）国家自然科学基金资助项目，No.50908057，主要参与。

（6）广西城乡建设与工程安全首批"八桂学者"专项课题，主要参与。

（7）广西科技攻关项目，No.12118023-3，主要参与。

（8）广西自然科学基金重点项目，No.2013GXNSFDA019025，主要参与。

（9）广西自然科学基金项目，No.2012GXNSFAA053203，主要参与。

三、创新成果（在导师的指导下进行）

（一）建筑垃圾资源化再生利用的科学技术成果

（1）揭示了不同再生粗骨料取代率再生混凝土受力破坏机理，明确了再生混凝土立方体抗压强度、棱柱体抗压强度、抗折强度、弹性模量、泊松比等关键指标，建立了各强度指标的转换关系并提出了计算模型。

支撑材料：相关成果已发表于 EI 检索期刊《建筑材料学报》和国家级核心期刊《混凝土》。

（2）揭示了钢筋再生混凝土结构的受力破坏机理，建立了高强钢筋和再生混凝土界面黏结力计算模型，发展了钢筋再生混凝土单向板 / 双向板承载能力设计方法，发现了钢筋再生混凝土结构受力性能最优取代率；揭示了高温后钢筋再生混凝土柱物理性能演变规律以及受力破坏机制，建立了考虑温度场和取代率双重影响的强度设计方法。

支撑材料：该方面研究成果已发表于 EI 检索期刊《建筑结构学报》和国家级核心期刊《工业建筑》。

（3）揭示了钢管再生混凝土界面黏结力破坏机理，创建了基于损伤效应的黏结强度计算方法和黏结力传递长度设计理论；揭示了钢管再生混凝土轴压构件的破坏机理，构建了考虑取代率影响的钢管再生混凝土轴压承载力计算方法。

支撑材料：相应研究成果已发表于国外高水平 SCI 学术期刊《Steel and Composite Structures-An International Journal》和《International Journal of Steel Structures》，国内顶级 EI 检索期刊《土木工程学报》《建筑结构学报》《工程力学》《应用基础与工程科学学报》。

（二）南方地区输电线路混凝土电杆冰灾后剩余寿命评估及加固方法的成套技术体系

（1）研究了带接头混凝土电杆的破坏机理，提出了针对此类连接件的强度、刚度评估方法，建立基于损伤发展的刚度退化模型；

（2）揭示了混凝土电杆杆身的抗弯抗剪受力破坏机制，根据刚度退化原理评估了其损伤发展与累积过程；

（3）创新了碳纤维布对老旧混凝土电杆的加固修复工艺，研究了加固后混凝土电杆的破坏形态和受力性能，提出了碳纤维布加固混凝土电杆的强度计算方法。

支撑材料：此项研究成果已在国家级核心期刊《土木建筑与环境工程》《应用力学学报》《实验力学》《自然灾害学报》《广西大学学报：自然科学版》上发表。

（三）型钢混凝土异形柱框架节点抗震设计理论体系（博士论文创新点）

（1）首次完成了 10 个型钢混凝土 T 形截面柱－钢梁空间节点的抗震性能

试验，通过联合课题组前期完成的型钢混凝土十形截面柱框架平面/空间节点和型钢混凝土L形截面柱框架平面/空间节点的抗震性能试验成果，建立了型钢混凝土异形柱框架空间节点抗震性能指标数据库，为后续的数值分析和理论计算奠定了试验基础。

（2）结合异形柱结构的力学特性，通过"型钢混凝土异形柱构件→型钢混凝土异形柱框架平面节点→型钢混凝土异形柱框架空间节点"三个层次逐步创建了基于变形和能量双重准则的型钢混凝土异形柱及其框架节点的地震损伤模型，确立了此类结构在不同抗震性态水平下的损伤阈值，以此完善了型钢混凝土异形柱结构的损伤评价体系。

（3）简化了不同配钢形式节点的滞回环并考虑地震损伤的累积效应，构建了型钢混凝土T形截面柱框架节点的恢复力模型，为型钢混凝土异形柱结构的弹塑性地震反应分析提供理论基础。

（4）基于结构钢的应力三轴度，发展了型钢混凝土T形截面柱——钢梁空间节点的数值模型，并验证了数值模拟的可行性。通过扩大参数分析，建立了此类新型空间节点受力性能指标的计算数据库。

（5）根据试验和数值模拟成果，获取了加载角度对型钢混凝土T形截面柱框架空间节点抗剪承载力的影响规律，将加载角度引入并考虑其空间作用，提出了基于斜压杆理论的型钢混凝土T形截面柱框架节点核心区受剪承载力计算模型。

支撑材料：关于博士论文部分的研究内容已发表于国外高水平SCI学术期刊Earthquakes and Structures, Advances in Structural Engineering, Earthquake Engineering and Engineering Vibration，国内顶级EI期刊《土木工程学报》《建筑结构学报》《工程力学》《应用基础与工程科学学报》等，国家级中文核心期刊《地震工程与工程振动》《实验力学》等。

4. 论 文

（1）Zongping Chen, Jinjun Xu, Jianyang Xue, Yisheng Su. Performance and calculations of recycled aggregate concrete-filled steel tubular (RACFST) short columns under axial compression[J]. International Journal of Steel Structures, 2014, 14(1): 31-42. (SCI、EI)

（2）Zongping Chen, Jinjun Xu *, Ying Liang, Yisheng Su. Bond behaviors of shape steel embedded in recycled aggregate concrete and recycled aggregate concrete filled in steel tubes[J]. Steel and Composite Structures-An International Journal, 2014, 17(6): 929-949.（SCI）

（3）Zongping Chen, Jinjun Xu *, Yuliang Chen, Jianyang Xue. Seismic behavior of steel reinforced concrete (SRC) T-shaped column-beam planar and 3D hybrid joints[J]. Earthquakes and Structures-An International Journal, 2015, 8(3): 553-570.（SCI、EI）

（4）Zongping Chen, Jinjun Xu *, Jianyang Xue. Seismic behavior of special shaped columns composed of steel and reinforced concrete (SRC)[J]. Earthquake Engineering and Engineering Vibration, 2015, 14(2): 329-345.（SCI、EI）

（5）Jinjun Xu, Zongping Chen *, Yuliang Chen, Jianyang Xue. Earthquake damage evaluation of T-shaped SRC composite column-steel beams in 3D connection joints[J]. Advances in Structural Engineering, 2015, 18(5), 701-714.（SCI、EI）

（6）徐金俊，陈宗平，薛建阳，苏益声. 圆钢管再生混凝土界面黏结失效的推出试验研究 [J]. 建筑结构学报，2013，34（7）：148-157.（EI 收录）

（7）陈宗平，徐金俊，薛建阳. 型钢混凝土十形截面柱——梁平面与空间节点滞回性能试验研究 [J]. 建筑结构学报，2014，35（8）：80-87.（EI 收录）

（8）陈宗平，徐金俊，陈宇良，薛建阳，梁莹. 基于修正 Park-Ang 模型的型钢混凝土异形柱框架节点地震损伤研究 [J]. 建筑结构学报，2015，36(8)：90-98.（EI 收录）

（9）陈宗平，叶培欢，徐金俊，梁莹. 高温后钢筋再生混凝土轴压短柱受力性能试验研究 [J]. 建筑结构学报，2015，36（6）：117-127.（EI 收录）

（10）徐金俊，姚侃，陈宗平，陈宇良. 钢管再生混凝土柱轴压性能试验研究 [J]. 建筑结构学报，2014，35（S2）：125-129.（EI 收录）

（11）陈宗平，何天瑀，徐金俊. 钢筋再生混凝土梁受力性能数值模拟及影响因素分析 [J]. 建筑结构学报，2014，35（S2）：223-231.（EI 收录）

（12）陈宇良，陈宗平，徐金俊，经承贵．早龄期再生混凝土三轴受压变形性能及强度准则研究 [J]．建筑结构学报，2014，35（S2）：329-334.（EI 收录）

（13）陈宗平，徐金俊，薛建阳，苏益声．钢管再生混凝土黏结滑移的推出试验与黏结强度计算 [J]．土木工程学报，2013，46（3）：329-334.（EI 收录）

（14）陈宗平，徐金俊，薛建阳，王妮．基于变形和能量双重准则的型钢混凝土异形柱地震损伤行为研究 [J]．土木工程学报，2015，48（8）：29-37.（EI 收录）

（15）陈宗平，陈宇良，徐金俊，薛建阳．多轴受力状态下再生混凝土的破坏准则及应力—应变本构关系研究 [J]．土木工程学报，2015.48(2):23-33.

（16）徐金俊，陈宗平，陈宇良，薛建阳，叶培欢．型钢混凝土异形柱抗震性态及其量化指标研究 [J]．土木工程学报，2014，47（S2）：133-138.（EI 收录）

（17）陈宗平，徐金俊，李卫宁，薛建阳．再生粗骨料含量对钢管再生混凝土粘结强度及失效性态的影响研究 [J]．工程力学，2014,31(6):70-78.（EI 收录）

（18）陈宗平，徐金俊，薛建阳．型钢混凝土异形柱－钢梁空间边节点的抗震性能及影响因素分析 [J]．工程力学，2015，32(2)：105-113.（EI 收录）

（19）徐金俊，陈宗平，薛建阳．型钢混凝土 T 形柱——钢梁空间节点的地震损伤评估及影响因素分析 [J]．应用基础与工程科学学报，2014，22(6)：1166-1177.（EI 收录）

（20）陈宗平，徐金俊，郑华海．钢——再生混凝土界面黏结机制及强度计算方法 [J]．应用基础与工程科学学报，2014，22(2)：350-363.（EI 收录）

（21）陈宗平，郑华海，徐金俊．型钢混凝土不同界面的黏结性能及锚固设计 [J]．应用基础与工程科学学报，2015，23（3）：596-607.（EI 收录）

（22）陈宗平，徐金俊，郑华海，苏益声．再生混凝土基本力学性能试验及应力－应变本构关系 [J]．建筑材料学报，2013，16（1）：26-34.（EI 收录）

（23）徐金俊，陈宗平，夏开全．碳纤维布加固钢箍接头的混凝土电杆承载力试验及刚度研究 [J]．自然灾害学报，2012，21（6）：208-213.（CSCD 中文核心库）

（24）徐金俊，陈宗平，夏开全，李伊．连钢箍接头服役混凝土电杆的性能评估及加固研究 [J]．应用力学学报，2014,31(2):288-293.（CSCD 中文核心库）

（25）徐金俊，陈宗平，陈宇良，薛建阳．L、T、十形截面型钢混凝土异形柱滞回性能对比分析 [J]．实验力学，2015,30(2):221-230.（CSCD 中文核心库）

（26）陈宗平，徐金俊，薛建阳. 取代率对钢管再生混凝土短柱轴压性能退化的影响分析 [J]. 实验力学，2014，29（2）：207-214.（CSCD 中文核心库）

（27）陈宗平，徐金俊，张超荣，夏开全. 带接头在役混凝土电杆的承载力试验研究 [J]. 实验力学，2012，27（6）：735-740.（CSCD 中文核心库）

（28）陈宗平，徐金俊，夏开全，张超荣，周春恒. CFRP 加固超役混凝土电杆的破坏机理及计算方法 [J]. 土木建筑与环境工程，2013，35（4）：34-42.（CSCD 中文核心库）

（29）陈宗平，徐金俊，张士前. SRC 异形柱——钢梁空间中节点与 CFST 异形柱——钢梁空间中节点的抗震性能对比 [J]. 地震工程与工程振动，2015，35（2）：187-192.（CSCD 中文核心库）

（30）陈宗平，徐金俊，黄开旺，薛建阳. 高强钢筋与再生混凝土粘结性能试验研究 [J]. 工业建筑，2013，43（11）：16-21.（CSCD 中文核心库）

（31）陈宗平，占东辉，徐金俊. 再生粗骨料含量对再生混凝土力学性能的影响分析 [J]. 工业建筑，2015，45（1）：130-135.（CSCD 中文核心库）

（32）张士前，陈宗平，徐金俊，王妮. 带损伤在役砖砌烟囱承载力评估及加固研究 [J]. 工业建筑，2012，42（10）：153-158.（CSCD 中文核心库）

（33）徐金俊，陈宗平，余兴国，陈宇良，叶培欢. 长龄期再生混凝土弹性模量及泊松比试验研究 [J]. 混凝土，2012，267（1）：15-17，23.（CSCD 中文扩展库）

（34）李军涛，徐金俊，陈宗平，谭秋虹. 方钢管约束再生混凝土中长柱轴压性能退化研究 [J]. 混凝土，2014，298（8）：17-20.（CSCD 中文扩展库）

（35）李军涛，徐金俊，陈宗平，经承贵. 圆钢管再生混凝土中长柱轴压性能退化研究 [J]. 混凝土，2015，306（4）：57-59+64.（CSCD 中文扩展库）

（36）李卫宁，徐金俊，陈宗平，谭秋虹. 圆钢管再生混凝土偏压性能退化及影响因素分析 [J]. 混凝土，2015，309（7）：44-48.（CSCD 中文扩展库）

（37）陈宗平，徐金俊，陈宇良，张向冈，王讲美. 大型金属罐基础环梁开裂事故的理论分析及加固研究 [J]. 工程抗震与加固改造，2012，34（4）：96-101.（中文核心）

（38）陈宗平，徐金俊，梁红飞，陈宇良. 液罐基础环墙砼开裂的理论计算与成因分析 [J]. 广西大学学报（自然科学版），2012，37（1）：14-20.（中文核心）

（39）李卫宁，徐金俊，陈宗平，苏益声．方钢管再生混凝土粘结滑移性能试验研究 [J]. 广西大学学报（自然科学版）2012, 37（1）：68-74.（中文核心）

（40）陈宗平，何天琦，徐金俊．钢筋再生混凝土板的受力性能及强度计算方法研究 [J]. 广西大学学报（自然科学版）2015, 40（1）：1-10（中文核心）

（41）陈宗平，何天琦，徐金俊．圆钢管再生混凝土轴压短柱受力性能及强度计算方法研究 [J]. 广西大学学报（自然科学版）2015, 40(4)：897-907.（中文核心）

（42）陈宗平，谭秋虹，徐金俊．方钢管再生混凝土柱偏压性能退化及影响因素分析 [J]. 解放军理工大学学报（自然科学版），2015, 16（2）：47-53.（中文核心）

5. 专 利

（1）张燕，徐金俊．一种隧道仿生加固桥，（专利号：201110035557）已授权．

（2）徐金俊，苏益声，李伊，薛建阳，陈宗平．配角钢骨架的 T 形型钢混凝土异形柱，（专利号：201310121186.1）已获得授权通知

6. 获 奖

（1）陈宗平，苏益声，薛建阳，陈宇良，徐金俊，许安邦，等．2015 年广西科学技术进步奖二等奖"建筑垃圾资源化再生利用的关键技术与工程应用"【广西壮族自治区人民政府】

（2）陈宗平，薛建阳，苏益声，赵鸿铁，徐金俊，陈宇良等．2014 年广西科学技术进步二等奖"在役工程结构安全评估与加固方法研究及其工程应用"【广西壮族自治区人民政府】

（3）2015 年博士研究生国家奖学金【中华人民共和国教育部】

（4）2013 年博士研究生国家奖学金【中华人民共和国教育部】

（5）2015 年"刘恢先地震工程奖学金"【黑龙江恢先地震工程学基金会（中国）和美中地震工程学基金会（美国）】

（6）2012 年"全区优秀博士研究生"，证书编号：YY20120008【广西壮族自治区教育厅】

（7）2011 年"全区优秀硕士研究生"，证书编号：YY20110033【广西壮族自治区教育厅】

（8）2014 年"广西大学优秀研究生"【广西大学】

（9）2013 年"广西大学优秀研究生"【广西大学】

（10）2012年"广西大学优秀研究生"【广西大学】

（11）2011年"广西大学优秀研究生"【广西大学】

（12）2012年广西大学"学习标兵"【广西大学】

（13）2015年广西自然科学优秀论文—"型钢混凝土十形截面柱–梁平面与空间节点滞回性能试验研究"（导师第一，徐金俊第二）【广西科协】（申请中）

（14）2015年广西大学"科研标兵"【广西大学】（已过学院审核）

在此，特别需要指出的是，"刘恢先地震工程奖学金"是为了纪念已逝我国著名地震工程学家、中国科学院院士刘恢先先生而设立的，其奖励对象为世界范围内从事地震工程学科的青年学生，并且规定每年奖励人数不超过10人。在2015年该项奖学金的角逐中，徐金俊代表广西大学向"黑龙江恢先地震工程学基金会（中国）和美中地震工程学基金会（美国）"发起申请，最终与国外高校研究生以及国内院士、长江学者、国家杰出青年一起获得该殊荣，该奖项的获得代表了广西大学土木建筑工程学科在国际奖项上"零"的突破，也打破了"刘恢先地震工程奖学金"长期被国外高校以及国内"985"大学垄断的局面，扩大了广西大学土木工程特别是地震工程领域在国际上的知名度，也为我校土木工程研究生走向国际、进入国外高水平大学奠定了良好的基础，其榜样意义和示范作用是显然的。

7. 学术兼职

（15）《Earthquake Engineering and Engineering Vibration》审稿人

（16）2012级结构工程博士研究生班班长

8. 参与学术会议

图4-5 中国钢结构协会钢–混凝土组合结构分会第十四次学术会议
（2013年9月，陕西 西安，徐金俊与西安建筑科技大学组合结构学科
带头人薛建阳教授合影，并得到其指点）

图 4-6　全国博士后学术论坛

（2013 年 11 月，广西 南宁，徐金俊与广州大学张超博士后
就相关抗震问题进行学术探讨）

图 4-7　第十三届全国混凝土结构基本理论及工程应用学术会议
（2014 年 12 月，广西 南宁）

图 4-8　中国钢结构协会钢 – 混凝土组合结构分会第十五次学术会议
（2015 年 10 月，重庆，徐金俊与福州大学土木工程学院院长陈宝春教
授合影，并得到其指点）

曾获得校内外专家及导师的认可证明

推荐书

很高兴能成为2015年度"刘恢先地震工程奖学金"申请人徐金俊博士研究生的推荐人，在深入评审其申请材料后，我认为该申请人已具备独立的科学研究能力，具有很好的研究基础，主要体现在：

异形柱结构本身就是一类较常规矩形柱结构复杂得多的结构体系，而且空间节点的受力特征更加比比平面节点的复杂，该同学在异形柱结构抗震试验方法和抗震计算理论方面做了突出的贡献，也发表了不少高水平学术论文，研究成果涉及专利、文章和科学奖励。申请材料十分丰富，因此，为了鼓励年轻人奋发向上的研究精神和热情，特推荐申请人进行今年"刘恢先地震工程奖学金"的评选。

推 荐 人：赵鸿铁
推荐人单位：西安建筑科技大学
日   期：2015年 6 月 10日

图4-9

推荐意见

经广西大学博士研究生徐金俊同学的邀请，我作为其 2015 年度"刘恢先地震工程奖学金"的推荐人，细致审阅了徐金俊同学的申请材料并核实其真实性，得到意见如下：

该同学研究的领域涉及再生混凝土结构和型钢混凝土结构，并在型钢混凝土异形柱结构方面深入揭示了其抗震破坏机理，建立了基于性态的抗震计算理论，许多研究成果具有很强的创新性和前瞻性，申请人与其导师共同发表了系列高水平学术论文，相关论文发表于 International Journal of Steel Structures、Steel and Composite Structures、Earthquakes and Structures、Earthquake Engineering and Engineering Vibration、Advances in Structural Engineering 等 SCI 收录的国际重要影响力期刊和《土木工程学报》、《建筑结构学报》、《工程力学》、《建筑材料学报》等 EI 收录的国内一级期刊。徐金俊同学在钢与混凝土组合结构领域具有很好的科研创新能力，符合刘恢先地震工程奖学金的奖励宗旨和申请条件，因此，我愿意推荐他作为 2015 年度该项奖学金的申请人。

推 荐 人：李砚波
所在单位：河海大学土木工程学院
日   期：2015.6.17

图4-10

推荐信

受我校结构工程博士研究生徐金俊同学之邀，有幸成为其 2015 年度"刘恢先地震工程奖学金"的推荐人。作为我校土木建筑工程学院的老师，本人深刻了解申请人徐金俊在科研业务上的成长轨迹及特点。通过本次审核其申请材料，本人认为徐金俊同学在钢与混凝土组合结构，尤其是型钢混凝土异形柱结构方面做了大量的研究工作。特别地，对于此类新型结构的空间节点抗震破坏机理进行了深入的研究，申请人和其导师不仅提出了空间节点的抗震设计方法，也建立了从构件层面至节点层面的地震损伤评估机制，为其进一步奠定了性能化设计计算打下很好的基础。此外，徐金俊同学为 2014 年广西科技进步奖二等奖的第五完成人，出色的完成了大量的基础性研究工作，具有显著的科学价值与工程意义。同时，申请人在我校硕博士在读期间发表了一系列高水平学术论文，相关成果大多收录于国际和国内重要影响力学术刊物，且近 20 篇文章被 SCI 或 EI 检索，成果丰富。

鉴于上述研究基础，该申请人满足"刘恢先地震工程奖学金"的申请要求，特推荐其参评本年度该奖学金。

推 荐 人：苏益声
推荐人单位：广西大学
日   期：2015年 6 月10日

图4-11

导师推荐信

徐金俊作为本人指导的学生，作为主要成员参加了国家自然科学基金资助项目 2 项、广西科学基金科研项目 2 项、广西科技攻关项目 1 项以及大型社会生产研究项目 4 项的研究工作，具备了较强的试验、理论及数值分析等研究工作能力，在再生混凝土和钢-混凝土组合结构方面做出了不少研究成果，而且这方面的研究难十分广泛。在再生型组合结构抗震性能研究上提出了很多新颖方法，建立了相关设计计算方法，其成果已公开发表了包括 Steel and Composite Structures、Earthquake Engineering and Engineering Vibration、International Journal of Steel Structures、Earthquake and Structures、Advances in Structural Engineering、建筑结构学报、土木工程学报等在内的国际国内高水平学术论文 20 多篇，表明他已经具备较强的研究能力和丰富的专业知识，具有取得高水平研究成果的潜力。

徐金俊在硕博连读期间均已达到 2014 年广西科技进步二等奖（排名第五）和 2013 年博士研究生国家奖学金，也多次荣获广西壮族自治区教育厅奖励的"全区优秀硕士研究生"和广西大学"优秀研究生"等荣誉称号。

因此，申请人徐金俊已达到 2015 年度"刘恢先地震工程奖学金"的申请条件，特此推荐！

签 字：杨参军
日   期：2015.6.10

图4-12

绘制新世纪科技蓝图，展现新时代学生风采

——学术创新奖获奖者王慧鑫事迹

一、个人简介

王慧鑫，女，中共党员，广西大学机械工程学院农业机械化及其自动化专业 2011 级 1 班学生。时任班级班长、广西大学机械工程学院扬帆艺术团副团长等职务。

王慧鑫学习刻苦，勤于钻研，曾获得过一次国家励志奖学金，一次广西大学优秀奖学金，两次李宁文体奖学金。王慧鑫平时积极参加学科竞赛提升能力，拥有极强的团队精神与合作意识，参加全国 2013 三维数字化创新设计大赛和 2014 全国机械产品数字化设计大赛，均获得全国一等奖；获得 2013 年全国机械产品数字化设计大赛全国三等奖；2014 年"挑战杯"创业大赛区级铜奖。同时获得省部级学科竞赛区级一等奖一项、区级二等奖一项、区级三等奖一项。从 2013 年至今，潜心进行科研项目的研究，目前参与大学生创新性实验计划项目 1 项，获得授权实用新型专利 4 项，申请国家发明专利 17 项。从大学一年级起，王慧鑫从事了三年的学生工作，曾任杨帆艺术团副团长，时任班级班长（连任两届）。她的故事条理清晰，尽职尽责，具有极强的责任心，积极参加社会活动，充满社会责任感与奉献精神。她开朗乐观，积极向上，是一个内心充满正能量的阳光女孩。

王慧鑫平时积极参加学校活动，曾获 2012-2013 学年度广西大学"三好学生"，2012-2013 学年度广西大学"优秀学生干部"，2013 年度广西大学"优秀团员"，2013 年度广西大学"优秀团干部"，2012 年度广西大学"优秀团员"，2012 年度广西大学"优秀团干部"，2013 年预备党校优秀学员，2012 年军训优秀个人，及广西大学机械工程学院"三好学生""优秀学生干部""优秀团员"等多项奖励。

二、个人优势

（一）思想先进

王慧鑫于 2011 年 9 月上交入党申请书，并积极参加党组织主持的活动，2012 年被列入预备党员，在党校学习优秀，获得预备党员党校优秀学员称号，并于 2013 年 12 月 2 日成为正式党员。现担任机械工程学院本科生第二党支部组织委员。

王慧鑫平时积极参加学校与学院的活动，曾获 2012-2013 学年度广西大学"三好学生"，2012-2013 学年度广西大学"优秀学生干部"，2013 年度广西大学"优秀团员"，2013 年度广西大学"优秀团干部"，2012 年度广西大学"优秀团员"，2012 年度广西大学"优秀团干部"，2013 年预备党校优秀学员，2012 年军训优秀个人，及广西大学机械工程学院"三好学生""优秀学生干部""优秀团员"等多项奖励。

（二）学习优异

王慧鑫始终坚持在保证学有余力的情况下积极开展课外学术研究与创新，并且在课余时间与同学相互交流学习经验，共同进步。

在学习上，王慧鑫的成绩始终保持在专业年级的前列，目前学习成绩专业排名第三，多次获得各种奖学金：曾获得广西大学优秀奖学金 1 次；2013 年度国家励志奖学金；2013 年度李宁文体奖学金及 2014 年度李宁文体奖学金。

三、学科竞赛与科技创新

（一）国家级奖项

2013 年 全国三维数字化创新设计大赛 全国一等奖
2013 年 全国机械产品数字化设计大赛 全国三等奖
2014 年 全国机械产品数字化设计大赛 全国一等奖

（二）区级奖项

2013 年 全国三维数字化创新设计大赛 区级特等奖
2013 年 全国三维数字化创新设计大赛 区级一等奖
2013 年 全国三维数字化创新设计大赛 区级二等奖
2014 年"挑战杯"创业大赛 区级铜奖

（三）创新性实验项目

主持《广西高校大学生创新创业训练计划项目》，任项目负责人，研究课题为：甘蔗倒伏动力学仿真模型研究

（四）专利情况

1. 已获授权实用新型专利

（1）专利号：201420344684.2

　　发明创造名称：一种封闭式圆盘造粒机

（2）专利号：20142019644.4

　　发明创造名称：一种具有二次造粒功能的造粒装置

（3）专利号：201420194698.0

　　发明创造名称：一种可筛分复合肥双层输送装置

（4）专利号：201420194742.8

　　发明创造名称：一种对辊式造粒机破块装置

2. 已申请发明专利

（1）专利号：201310636783.8

　　发明创造名称：一种筛分烘干装置

（2）专利号：201410162574.9

　　发明创造名称：一种具有二次造粒功能的造粒装置

（3）专利号：201410305886.0

　　发明创造名称：一种具有筛分功能的烘干装置

（4）专利号：201410309977.1

　　发明创造名称：一种封闭式圆盘造粒机

（5）专利号：201410309794.X

　　发明创造名称：一种基于二维码定位的升降式 AGV 自动引导运输车系统

（6）专利号：201410305890.7

　　发明创造名称：一种立式螺旋传送烘干机

（7）专利号：201310636833.2

　　发明创造名称：一种两膨胀段转鼓造粒机

（8）专利号：201310682094.0

　　发明创造名称：一种间歇式自清理筛网滚筒筛

（9）专利号：201410162560.7

　　发明创造名称：一种可筛分复合肥双层输送装置

（10）专利号：201410162648.9

　　发明创造名称：一种可遥控卸灰除尘装置

（11）专利号：201410162559.4

　　发明创造名称：一种对辊式造粒机破块装置

（12）专利号：201410162558.X

　　发明创造名称：一种行星齿轮加速式秸秆粉碎机装置

（13）专利号：201310636763.0

　　发明创造名称：一种传送带式粪便造粒机

（14）专利号：201410309976.7

　　发明专利名称：一种内置筛网的转筒烘干机

（15）专利号：201310714362.2

　　发明专利名称：一种滚筒筛自清理装置

（16）专利号：201310711352.3

　　发明专利名称：一种弹性球自清理筛网滚筒筛

（17）专利号：201301714315.8

　　发明专利名称：一种圆盘造粒机的可筛分式筒体

四、典型事迹与成果

2011年9月，王慧鑫怀揣理想，走进广西大学，开始的她的寻梦之路。

2013年5月，王慧鑫和她的同伴在老师的帮助下，设计出一种有别于传统自行车的"羚豹自行车"。王慧鑫的团队运用双前轮设计，利用滑块，将传统的转弯方式改变成闸线控制，并创新设计了气压式的前进动力模式，将自行车传统的脚蹬动力扩展为腰腹部，及全身协作发力模式。他们参加了全国机械产品数字化创新设计大赛，获得了全国三等奖的好成绩，这也是王慧鑫首次参加学科竞赛。

2013年12月，王慧鑫带领小组，又巧妙地将羚豹自行车加以修改，创新出新型车闸，将整个自行车的安全系数提高了一倍。他们又参加了全国三维数字化创新设计大赛，在预赛中，作品被评为区级特等奖，是广西大学唯一有参加决赛资格的作品，并且王慧鑫的团队报名的另一个作品—"陆地鲸房车"也获得了区级一等奖的好成绩。在决赛中，王慧鑫团队精彩的演讲及缜密的答辩给全国的评委老师留下了深刻的印象，最后获得了全国一等奖的好成绩。

2014年5月，王慧鑫的团队带着全新的作品再次参加了全国机械产品数字化创新设计大赛，他们吸取了上次比赛的经验，通过一年的自我提高，获得了全国一等奖。

2014年，王慧鑫还带领她的团队，参加了由校团委主办的"挑战杯"创业大赛，通过努力，他们获得了区级铜奖。

除了参加学科竞赛，王慧鑫还跟随老师进行机械产品的再设计，对烘干机、造粒机、筛分机等进行实用再创造。通过努力，现已获得授权的实用新型专利4项，目前正在申请的发明专利共计17项。

对于王慧鑫取得的成绩，她认为既是对她自身的肯定，也是今后不断前进的动力。回顾过去的三年，每个项目从实施过程到最后的比赛、以及申报课题，她觉得都离不开同学们对她的帮助、指导老师的悉心指导及学院给予的各项帮助。同时，她认为过去的三年是她不断成长的过程，她的专业能力、创新水平、团队的科研能力都有了很大的提高。

五、附件

附件1：2014年全国大学生机械产品数字化设计大赛一等奖

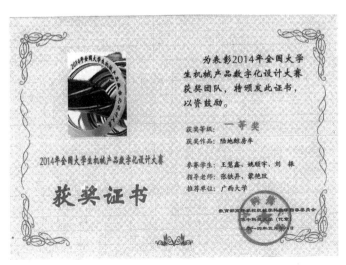

附件 2：第六届全国三维数字化创新设计大赛全国一等奖

附件 3：2013 年全国大学生机械产品数字化设计大赛全国三等奖

附件 4：2013 年度国家励志奖学金

附件 5：2013 年李宁文体科技创新奖学金三等奖

附件 6： 区级奖项

用知识武装头脑，用科学实现梦想

——学术创新奖获奖者曾燕斌事迹

曾燕斌在大学三年中，学习刻苦，严格要求自己，积极进取，勇于创新，在张铁异、周晓蓉老师的指导下，在科研项目、学科竞赛、实践等方面取得了优异的成绩。

一、学科竞赛获奖

国家级（2项）：

2013年5月，获2013年全国大学生机械产品数字化设计大赛一等奖，任组长。

2012年12月，获第五届全国三维数字化创新设计大赛二等奖，任组长。

省部级（2项）：

2013年6月，获第六届"挑战杯"广西大学生课外学术科技作品竞赛自治区二等奖，任组长。

2012年10月，获第五届全国三维数字化创新设计大赛广西赛区特等奖，任组长。

校级（2项）：

2013年6月，获第六届"挑战杯"广西大学生课外学术科技作品竞赛广西大学选拔赛一等奖，任组长。

2013年6月，获第六届"挑战杯"广西大学生课外学术科技作品竞赛广西大学选拔赛二等奖，任组长。

二、创新性实验项目

省级项目：

参与广西大学2011年度"国家大学生创新性实验计划"自治区级项目一

项，目前已经顺利结题，且被评为合格结题项目。

校级项目：

主持 2010 年大学生实验技能和科技创新能力训练基金立项项目：汽车运输振动实验台设计及实验分析方法研究。

作为项目组成员参与教师科研项目（3 项）：

（1）作为项目组成员参与张铁异老师负责的广西制造系统与先进制造技术重点实验室课题：基于混合驱动的道路振动模拟实验激振机理研究。

（2）作为项目组成员参与张铁异老师负责的广西壮族自治区教育厅科学技术研究项目：汽车零部件多轴道路模拟振动试验系统机械结构动力学分析及参数优化。

（3）作为项目组成员参与张铁异老师负责的全国教育科学规划课题：中西部高校提升综合实力规划建设实施大学生创新实践教育的相关因素研究。目前正在进行项目评审，结果还未公布。

三、专利情况

已获授权专利（3 项）：

2013 年获得实用新型专利一项：《一种平稳型楼梯及平地行走电动轮椅》专利号：ZL201220645222.5。（除老师外排名第一）

2013 年获得实用新型专利一项：《一种单机驱动平稳式轮椅》专利号：ZL201220645194.7。（除老师外排名第一）

2013 年获得实用新型专利一项：《一种木薯渣带式压滤机》专利号：ZL201220645168.4。（除老师外排名第一）

已申请发明专利（5 项）：

2012 年申请国家发明专利一项：《一种平稳型楼梯及平地行走电动轮椅》专利申请号：201210499049.3。（除老师外排名第一）

2012 年申请国家发明专利一项：《一种单机驱动平稳式轮椅》专利申请号：201210499329.8。（除老师外排名第一）

2012 年申请国家发明专利一项：《一种木薯渣带式压滤机》专利申请号：201210499367.3。（除老师外排名第一）

2013 年申请国家发明专利一项：《一种电动夹钳式机械手手爪》专利申请号：201310159994.7。（排名第一）

2013 年申请国家发明专利一项：《一种电动机械手手腕》专利申请号：201310158947.0。（排名第三）

已申请实用新型专利（3 项）：

2013 年申请国家实用新型一项：《一种电动夹钳式机械手手爪》专利申请号：201320232380.2。（排名第一）

2013 年申请国家实用新型一项：《一种电动机械手手腕》专利申请号：201320234447.6。（排名第三）

2013 年申请国家实用新型专利一项：《一种基于虚拟仪器的汽车模拟振动低频检测分析系统》专利号：201320555798.7。（排名第六）

已申请外观设计专利：

2013 年申请外观专利一项《五自由度数字控制轻型多关节电动机械手》专利申请号为：201330154194.7。（排名第二）

四、发表论文（4 篇）

1. 向《制造业自动化》杂志社投稿《Inventor 软件表达视图功能的具体应用》，刊发在 2013 第 10 期，附：用稿通知书、论文全文（张铁异、刘小林、庞汉礼、曾燕斌）。

2. 向《轻工科技》期刊投稿《RTO 送废气管道的节能改造》已录用，刊发在 2013 第 11 期，附：用稿通知书、论文全文，编号：20131122（张铁异 庞汉礼 曾燕斌）。

3. 向《制造业自动化》杂志社投稿《爬楼及平地双平稳行驶车轮的设计与运用》，目前正在审核，编号：233972，附：论文全文（作者为：张铁异、庞汉礼、曾燕斌）

4. 向《制造业自动化》杂志社投稿《Inventor 软件中有限元分析功能的运用》，目前正在审核，编号：234043，附：论文全文（作者为：曾燕斌、张铁异、庞汉礼）。

五、新闻报道

在科研、科技竞赛中，曾燕斌表现优秀得到了许多国内外专家、学者及企业家的认可，同时也得到广西大学雨无声网站、广西大学机械工程学院实验教学中心网站等媒体的报道（详见附件 1、2、3）。

六、参加科技展出

在 2013 年 4 月举行的"第二届广西发明创造成果展览交易会"上，我校在众多作品中仅选择了 3 个作品参加，而曾燕斌负责的作品"新型多功能地板自动清洁一体机"就是其中一件，在大学生创新创意的作品介绍中得到了各位领导、专家和企业的关注和好评，（详见附件 4 ）。

在 2013 年 9 月 14 日举行的广西首届广西青少年科学节活动启动仪式中，广西团区委领导建议广西大学"挑战杯"2 件作品参加开幕式展示，而曾燕斌负责的作品"五自由度数字控制轻型多关节电动机械手"就是其中一件。在展出过程中，获得了团区委领导与广大青少年的关注和好评。

七、获得荣誉

区级以上荣誉：

1. 获 2013 年宝钢教育奖优秀学生特等奖提名；
2. 2012 年 12 月获国家励志奖学金。

校级荣誉证书：

1. 广西大学校长奖学金竞赛类团队三等奖；
2. 李宁文体科技创新奖学金团队二等奖；
3. 广西大学优秀奖学金；
4. 广西大学优秀学生干部 2 次；
5. 广西大学三好学生 2 次；
6. 广西大学暑期社会实践先进个人；
7. 广西大学优秀团员；
8. 党校优秀学员。

附件 1 : 挑战杯雨无声报道

(开幕式现场)

此次比赛,我校报名参赛的团队有20个,其中18个获得了进入决赛的资格。在展示会上,我校展示了11项成果,主要在能源化工、机械控制、智能控制、生命科学与社会科学等学科上有所发明或创作。其中,曾燕斌与他的团队制作的"五自由度数字控制轻型多关节电动机械手"获得了7项专利。"机械手"是机械学院从08年起开始制作,至今是第五代的作品,据曾同学介绍,第五代的"机械手"比之前更易旋转、更加灵活。

开幕式展示了学生的成果,而最终比赛结果将在今天下午5时的闭幕式上公布、颁发。

编辑:廖小娴 责任编辑:倪孟洁

附件 2 : 第五届三维数字化创新设计大赛雨无声人物专访

▶ 您所在的位置: 首页 ->资讯快递->西大人物

机械学院曾燕斌: 努力总会有收获
来源:通讯员 陶思源 时间:2012.12.12 23:20 浏览: 627 查看评论

2012年12月2日他获全国大学生三维设计大赛全国二等奖,他曾多次参与全国级创新比赛并获得骄人成绩,在校时多次跟随老师和学长一起做项目,现为机械学院实验室负责人之一,他就是机械学院热力与动能工程2010级1班本科生——曾燕斌。

厚积薄发 全国大学生三维设计大赛展风采

在全国大学生三维设计大赛上,曾燕斌小组设计的爬楼及平地行走双平稳电动轮椅一路过关斩将,获得了全国二等奖。

他说:"六月份开始准备初赛,当时还只是一个设想,只想着这个轮椅要实现的功能。"而在仅仅一个月时间,他们便完成了一次蜕变。

他们利用课余的时间学习软件,放暑假的时候,他们没有选择立刻回家,而是在学校呆了一个月。这一个月里,每周至少在一起进行两次讨论,如果是小的细节方面,那么他们便在网上讨论,遇到不懂的就去询问老师。他们也查阅了很多相关的资料,比如在设计时发现一开始设想的叶轮无法满足设计的要求,再经过多次的讨论和实践后改用了行星轮。

在三维设计大赛上获奖

附件 3：全国大学生机械产品数字化设计大赛机械工程学院报道

本校生在第三届全国大学生机械产品数字化设计大赛中获佳绩。

5月17日至19日，2013第三届全国大学生机械产品数字化设计大赛决赛在华中科技大学举行。我校获一等奖1项，三等奖3项。

此次大赛本校由张铁异、周晓蓉老师指导，曾燕斌、张睿歆、刘小林同学设计的作品《爬楼及平地双平稳行驶自行车》参加现场决赛并获得一等奖；由张铁异、周晓蓉老师指导，张琦、雷发兵、肖雨凤同学设计的作品《朝阳自行车》参加现场决赛并获得三等奖；由周晓蓉、张铁异老师指导，王可睿、王慧鑫、姚顺宇同学设计的作品《羚豹自行车》以及梁旭斌、周晓蓉老师指导，唐昌滔、方宇同学设计的作品《脚控助残自行车》获得三等奖。

参加第三届全国大学生机械产品数字化设计大赛全国决赛

本届大赛的主题为"绿色出行·火轮再现"，内容为"未来自行车的设计"。由全国机械学科教学指导委员会主办，国家级实验教学示范中心联席会机械学科组、欧特克软件（中国）有限公司承办，历时 6 个月，共吸引了来自全国高校的 420 多支代表队参加，83 支代表队进入决赛。

附件 4：参加第二届广西发明创造成果展览交易会报道

大学生创意创新成果4项获大奖

来源：2013-04-20 20:04:00　　来源：柳州市科技局

4月20日上午，伴随着第二届广西发明创造成果展览交易会的开幕，大学生创意创新成果展览推介会也随之进行。来自各市科技局、知识产权局领导和部门负责人，高校科技处负责人，科研机构分管领导以及有技术和人才需求的企业代表等560人参加了推介会。柳州市科学技术局、知识产权局局长升松致欢迎辞。

参加推介的项目有北京航空航天大学、广西大学、桂林电子科技大学、广西科技大学（等）的10项在校学生创新创意成果。这些项目经由校方推荐，组委会筛选后确定。每个项目以PPT的形式进行推广。组委会组织4名技术专家和1名投资专家从项目的技术水平、知识产权保护、创意性评价、创新性评价及复杂度评价等五个方面进行现场总评和最终评定。北京航空航天大学的"动力平台"项目最终获得了一等奖。广西大学的"多功能数字控制轻型五自由度机械手"项目、桂林电子科技大学的"滑位自动控制系统"项目、广西科技大学（等）的"可移动环境监测平台"项目获得了二等奖。

在第二届广西发明创造成果展览交易大学生创新创意作品做介绍的现场

踏品质坚韧之石，激流勇进

——学术创新奖获奖者钟树清事迹

钟树清，参加了 973 计划课题"伽玛暴多波段辐射的观测和理论研究"和国家自然科学基金重点项目"伽玛射线暴的光学辐射监测和辐射物理性质研究"的研究工作，取得了以下具有重要创新性成果：

（1）利用团队第一手的观测数据，揭示了 GRB 110530A 极早期奇特光变曲线的物理起源，并给出这个暴前身星的性质，作为第一作者、广西大学为第一单位完成的研究论文已经被 The Astrophysical Journal（SCI 二区，顶级期刊，影响因子 5.909）接受发表；

（2）利用团队第一手的观测数据，揭示了 GRB 140512A 早期光学余辉是由正向和反向激波辐射叠合的结果，钟树清作为第四作者、广西大学为第一单位完成的研究论文已经被 The Astrophysical Journal（SCI 二区，顶级期刊，影响因子 5.909）接受发表。

（3）研究 GRB 070110 这个奇特伽玛暴的中心引擎和喷流性质，钟树清作为第三作者、广西大学为第一单位的研究论文已经被 Monthly Notices of the Royal Astronomical Society（SCI 三区，顶级期刊，影响因子 4.952）接受发表。

（4）利用团队第一手的观测资料，研究 GRB 111228A 的喷流性质和暴周环境性质，以钟树清第六作者、广西大学为第二作者单位（通信作者单位之一）的研究论文在 The Astrophysical Journal（SCI 二区，顶级期刊，影响因子 5.909）已发表。

上述成果得到国际同行肯定，2016 年 9 月 12 日至 16 日在斯洛文尼亚举行的国际天文学会第 324 次学术会议上被遴选为大会口头报告。钟树清作为唯一一名以硕士生身份获得的口头报告，报告得到 Virginia Trimble 教授（美国前天文学会理事长）在大会上赞扬。

道德风尚类

不忘初心，善行善德

—— "道德风尚"榜样先锋广西大学外国语学院绿十字志愿者协会事迹

一、绿十字志愿者协会简介

以"用爱心奉献社会，用双手实践人生"为宗旨的广西大学外国语学院（以下简称外国语学院）绿十字志愿者协会成立于 2009 年 3 月 1 日，隶属于外国语学院团委。协会成立 4 年来，本着服务社会、奉献社会的目的，多次组织各种志愿者服务活动，是一支具有道德风尚情操、有组织、有纪律、讲诚信的爱心服务团队。以下是关于外国语学院绿十字志愿者协会各方面情况的资料。

（一）绿十字志愿者协会的成立

雷锋同志曾经说过一段动人心扉的话：如果你是一滴水，你是否滋润了一寸土地？如果你是一线阳光，你是否照亮了一分黑暗？如果你是一颗粮食，你是否哺育了有用的生命？如果你是一颗最小的螺丝钉，你是否永远守在你生活的岗位上？如果你要告诉我们什么思想，你是否在日夜宣扬那最美丽的理想在生活的仓库里，我们不应该只是个无穷尽的支付者。

外国语学院的志愿者们想成为水，也想成为光，更想成为一颗螺丝钉，弘扬社会道德风尚，用爱心去奉献社会，用实践去实现人生的意义。于是，在学院领导的支持和志愿者的努力下绿十字志愿者协会，在 2009 年 3 月 1 日正式成立了，一支具有规范化的志愿者团队，从此开始了一段爱的旅程，从没有停歇过。

（二）绿十字志愿者名字的含义

绿色，代表着生命，代表着活力，代表着青春，当代大学生是传递社会正能量的代表者，树立道德风尚的先锋者，志愿者把青春奉献给最有意义的事业——志愿服务。志愿者心连心，汇聚各方力量，弘扬传统道德风尚，传递爱的火炬给有需要的人，给社会带来希望和满满的爱意。一点绿意，两点绿意，三点绿意……千千万万点绿意，汇成了爱的森林。

（三）绿十字志愿者协会的宗旨

用爱心奉献社会，用双手实践人生

追求精简，优化管理，突出外国语学院特色

扬美德，颂风尚，献爱心，暖他人

（四）绿十字志愿者协会的特色

1.结合外国语学院外语优势，以英语授课为主，对中兴、万力社区的农民工家庭中学习困难的子弟进行爱心家教，并开展各种特色活动，关注、解决农民工子弟问题。

2.坚持与安琪之家脑瘫儿童服务中心合作，帮助脑瘫儿童进行康复运动，并组织各种爱心公益活动，宣传和影响更多人加入到关爱脑瘫儿童健康的活动中来。

3.利用暑期组织志愿者开展下乡支教、调研等公益实践活动，关注社会现状，了解和体验社会生活。

4.积极与市青协、团市委以及各个单位组织、团体进行合作，如中国—东盟志愿者活动，泛北部湾经济论坛志愿者活动，丰富协会活动，提高服务水平和质量，促进彼此间联系和发展。

（五）绿十字志愿者协会的组织

1.广泛宣传，接受除毕业班外的各年级各班同学的报名。每年招新一次，每学期表彰一次，不断增强团队活力。

2.制度化管理：绿十字志愿者协会隶属于外国语学院团委社会实践部，是外国语学院志愿者资源库，不设置会长，但分设秘书组、实践组、宣传组。各组设立组长，职务分明，分工合作。以班为单位对志愿者进行管理。以下是协会内分组：

秘书组：负责在招新后，管理绿十字志愿者协会成员的信息；联系每次参加活动的成员，记录好每次活动的具体项目、每次参加活动成员的信息。

宣传组：（1）招新、每次活动前宣传，宣传协会以及活动；（2）活动中照片采集；（3）活动后写新闻稿、成果展示。

策划组：负责做好前期活动的策划，并负责组织和带领志愿者们顺利开展各项活动。

（六）绿十字志愿者服务团队

（1）成员发展情况：自成立以来，坚持每个学期招新一次（仅在大一至大三招），免费入会。2009—2010学年招新达162人，2010至2011学年共招168人。为了规范化管理，绿十字志愿者协会设有招新条件，但即使有了一定的限制条件，也无法浇灭那些希望用自己的双手奉献社会、心怀爱心的大好青年们的热情。绿十字志愿者协会在2011—2012年学年招新人数达150人，协会成员约占学院人数的22.8％。逐渐形成以整个学院为坚强后盾的协会组织，一旦需要，可以号召整个学院的同学参加到活动中来。

（2）优秀成员：截至目前，绿十字志愿者协会中，党员45人，团员194人，占学院的92.8％。2009—2010学年、2010—2011学年和2011—2012学年，学院获得学校优秀班干、优秀团干、优秀团员的同学中，绿十字志愿者协会成员占了82％。2012年学院获得优秀社会暑期实践个人的同学中，绿十字志愿者协会成员占60％。

（3）活动及获奖方面：2009年3月至今，活动方面硕果累累：下乡调研和支教7次，进社区文艺演出4站，安琪之家志愿者服务130次以上，商业活动、志愿活动3大场，衡阳地洞路口社区志愿服务5次，与万力社区和中兴社区合作进行爱心家教活动共5次，进敬老院17次，和团市委、市青协合作7次，和南宁市电视台合作3次，和红十字会合作2次，和爱心蚂蚁国际志愿者团队合作过1次。多次得到来自市团委领导、社区领导和安琪之家领导的高度表扬和感谢。分别在2010年获得"广西大学十大爱心公益团队"和2013年获得"校园十佳社团"荣誉称号。

以上宣传选拔和管理制度为每次活动的顺利展开奠定了坚实的基础，让协会的管理更加有条理，更加成熟。

二、绿十字志愿者协会主要事迹材料

自成立以来，广西大学外国语学院绿十字志愿者协会（以下简称绿十字）秉承"用爱心奉献社会，用双手实践人生"的宗旨，组织开展了形式多样、内容丰富的志愿者服务活动，硕果累累，好评如潮，

也掀起一股良好的道德风尚之风。以下为绿十字主要活动介绍

（一）爱佑安琪，天使在行动

自2009年成立之初，绿十字就开始与安琪之家进行合作，每个学期都会组织志愿者定期到安琪之家，帮助脑瘫儿童进行康复运动，做清洁卫生，参加

人次达 500 多人，服务次数超过 210 多次。此外，绿十字还积极配合安琪之家开展"壹基金——为爱奔跑"活动、安琪之家高校巡回义卖活动、大型文艺晚会募捐等一系列活动，绿十字得到安琪之家领导和社会人士的肯定与高度赞赏。（以下为活动部分图片）：

图 5-1　志愿者在脑瘫小朋友及家长见面会上与孩子们亲密接触，增进了彼此间的感情交流与信任……孩子们纯真的笑容是志愿者服务的动力

图 5-2　2009 年 12 月 25 日举办的大型慈善晚会现场，绿十字负责人将筹集募资得到的一万多元捐赠交给安琪之家负责人王芳女士

图 5-3　安琪之家高校义卖活动时，志愿者们在校园义卖募捐的场景，虽然所得善款不多，但承载的是志愿者满满的爱意

（二）助梦飞翔——关爱农民工子弟

　　为了进一步关注与了解农民工家庭及农民工子弟的学习情况，帮助农民工子弟更好地学习，绿十字自 2010 年 9 月—2013 年 7 月与万力社区合作，组织志愿者利用课余时间到社区，对农民工家庭中学习困难的孩子进行一对一或者二对一的家教服务。到 2012 年，协会将活动规模加大，与南宁市中兴社区进行合作，开展了对农民工子弟的爱心家教活动及各种特色活动。绿十字希望通过开展爱心家教活动，引起社会对农民工子弟的关注，改善农民工子弟的学习问题现状。同时希望通过活动让大学生积极参与到社会实践中去，传递大学

生的正能量。以下为爱心家教的部分图片。

图 5-4 志愿者给孩子们认真上课，辅导功课，孩子们
的求学欲望很高，志愿者们也是热情而耐心

图 5-5 玩耍嬉戏，一起参加文艺演出

（三）社会实践——美丽南宁有我们

1. 支教、调研、申遗

绿十字在暑期进行了一系列的暑期实践活动，如 2009 年，赴百色田东县梅林小学灾后重建调研队，进行了为期 8 天的调研和支教（英语为主）活动。2011 年，组织赴邕宁义务支教暑假社会实践团进行了为期一周的支教和调研活动。2013 年 7 月 15 日，组织志愿者在南宁中兴社区进行了为期一周的暑期爱心支教活动。2013 年 8 月 20 日—29 日，组织志愿者赴环江县协助进行喀什特地貌申遗活动。

图 5-6 志愿者们去邕宁义务支教的集体合影

图 5-7　2013 年 8 月，志愿者们为环江喀什特地貌申遗穿上民族服装热情服务

图 5-8　志愿者们协助申遗团队上山勘测地貌，不畏艰辛，
跋涉高山，最终爬上了目的地，完成勘测任务

2. 环保、交通、治理

2009 年 3 月 28 日，绿十字安排 10 位志愿者到南宁电视台，组成自行车车队，深入社区协助宣传保护地球一小时活动。2010 年，组织志愿者参加保护母亲河，清除邕江垃圾的千人行动系列活动。2011 年 3 月 19 日，和南宁市青年志愿者协会合作，组织志愿者参加城市管理日大型活动（图 21）。2013 年 7 月 13—24 日，为响应以"美丽南宁，整洁畅通有序大行动"为主题的号召，在友爱立交路段进行了为期 12 天的交通协管员志愿者活动。

图9

图 5-10　志愿者参加保护母亲河，清除邕江垃圾工作的场景

图 5-11　2013 年 7 月在友爱立交路段，充满不怕苦、不怕累团队精神的交通协管员们

（四）爱的舞台——大型公益活动献爱心

为了更好地弘扬社会传统美德，树立道德风尚的先进模范作用，将爱的力量更广泛地影响到社会群体中，绿十字积极联络各单位及组织，筹备了多场大型公益爱心募捐活动，去关爱更多需要帮助的人，去影响更多的人加入爱心队伍，如2009年，筹划并组织了五四精神进社区的大型文艺演出活动；2011年2月，组织志愿者参加"宝贝回家"打拐募捐活动；2011年9月24日，在和爱心蚂蚁国际团队以及万力社区合作下，策划并举办了一场为患白血病的黄世杰小朋友募捐的爱心晚会。整场晚会影响很大，共筹得善款一万三千多元，引起了社会的广泛关注，弘扬了社会高尚美德，影响带动更多人加入爱心活动中来。以下为活动的相片。

图5-12　绿十字志愿者协会五四精神进社区文艺演出第二站中兴社区，英文情歌对唱

图5-13　志愿者们筹集善款的工作场景

图5-14　2011年2月组织志愿者参加"宝贝回家"打拐募捐活动

图5-15　患白血病的黄世伟小朋友举办的慈善募捐晚会

（五）打造一流团队——爱心传递到永远

为了进一步提高志愿者服务质量与水平，打造一流团队，绿十字积极与团市委、南宁市青年志愿者协会以及各个单位组织、团体合作。例如，2009年

11 月中旬，在红十字会和澳洲合作项目协谈会中，绿十字安排了两位志愿者协助宣传报道和简单翻译。2011 年 3 月 19 日，和南宁市青年志愿者协会合作，组织志愿者参加城市管理日大型活动。2012 年 7 月 12 日—13 日参加了泛北部湾经济合作论坛志愿者活动。2012 年—2013 年 9 月，绿十字志愿者经过面试等考核成为东盟志愿者，并出色地完成了服务工作。绿十字现已发展成为一个组织纪律性强、团队服务质量水平高、影响力不断加强的爱心公益服务组织。

图 5-16　2012 年暑假绿十字志愿者加入到泛北部湾经济
合作论坛志愿者行列，表现出色，得到领导的一致好评

图 5-17　2013 年志愿者团队参加中国—东盟博览会的工作剪影，饱满的工作热情，高素质的服务队伍，俨然成为博览会上一道靓丽的风景线

如果创办之初的绿十字还是稚嫩的，那么现在的绿十字有足够的勇气告诉大家，绿十字开始走向成熟，并且正追求着更高的目标前进。每一个微笑，每一个赞许的点头，每一句亲切的问候，每一次活动的顺利展开，都是对绿十字真诚奉献的肯定，都会促使绿十字更加自信地将这一份爱永远传递！

道德当身，成长年轮与梦想同行

—— "道德风尚" 榜样先锋广西大学学生青年志愿者协会事迹

一、青协人，在行动中收获感动

2003 年，当非典突袭中国的时候，许多人站在了抗击非典前线，在广西大学，有一个小团体成立了，它就是抗击 "非典" 突击队！十年志愿路，在大家的齐心协力下，突击队在时代的洪流中茁壮成长为一个纪律性、团队性、道德性强的组织——广西大学学生青年志愿者协会（以下简称 "西大青协"）。

志愿之路是漫长而又艰辛的，却又充满快乐和感动。在这里，志愿者互相帮助，互相学习；在这里，志愿者收获友谊，一起成长。

西大青协开展了手语角、无偿献血宣传和服务、造血干细胞志愿者服务、小学支教、助盲助残、义卖工艺培训、结对帮扶等精品活动。志愿者用爱心关怀了随父母漂泊他乡的孩子们、用爱心温暖了残疾人的内心、用爱心唤醒农民工子女的奋斗之心，还用爱心挽救了许多需要献血的人的生命。

西大青协以 "立足校园，服务社会" 的宗旨，以 "志愿于心，服务于行" 的口号，在校内外开展了一系列活动，如：慰问敬老院老人和福利院的老人儿童、服务东盟 "两会一节"、协助校医院开展各项服务于学生的活动、南宁国际半程马拉松赛志愿服务、植树活动、协助学校举办离退休教职工游园活动、携盲童外出 "看" 世界、参加 "保护'母亲河'爱心联盟清洁邕江"、地球熄灯一小时、3.15 维护消费者权益宣传活动、暑期赴河池大化的三下乡实践活动等，西大青协的负责人以身作则，给新成员树立了好的榜样，有效率、有序地开展各类活动。为丰富志愿者的生活，提高团队的凝聚力，西大青协还陆续开展了展现志愿者风貌的活动：主持人大赛、气排球比赛、十周年庆典、手语歌比赛、助残家教联谊活动、荷花节书签设计大赛……志愿者们在这些活动中提高了组织活动的能力，丰富了学习生活，为校园文化增添了活力，为西大校园

创造了温馨和谐、团结友爱的浓厚氛围！

西大青协人，一起携手前进，在播撒温暖的同时，收获满满的感动。

（一）关于广西大学学生青年志愿者协会

十年志愿路，满怀感恩心。西大青协从2003年成立以来，始终坚持着"立足校园，服务社会"的服务宗旨，秉着"奉献、友爱、互助、进步"的志愿者精神，在洪亮的"志愿于心，服务于行"的口号中，有纪律、有组织地开展着各类公益活动。

西大青协始终坚持着在稳当中成熟，在创新中发展。在各届青协干部的努力下，创办了完善的组织架构，内设有六个部门和四支服务队，为日后开展各项活动奠定了坚实的基础。

西大青协一直在努力挖掘和发展富有自己文化特色的品牌活动。从成立之初的短期不固定形式的志愿服务活动，到现在已经发展成为有手语角、"献给生命的礼物"无偿献血宣传和服务、造血干细胞志愿者服务、"关爱流动中的花朵"解元坡小学支教、光明助盲、助残家教、义卖工艺培训、1+1结对帮扶活动等八个精品活动。

西大青协用实际行动获得了广大社会人士、在校师生的一致认可与赞誉。协会从2005年到2013年七次荣获"广西大学明星社团"称号；在2007年全区高校优秀社团评选中，获评为"优秀学生社团"；2008年、2010年和2012年三次荣获广西大学"芙蓉学子·榜样力量"之"道德风尚奖"；2009年获"首届南宁市杰出青年志愿服务集体"称号、"第三届全国高校校园百强社团"称号；2010年获广西"杰出青年志愿者团队"称号；2011年获"广西大学十佳爱心公益团队"称号；在服务2012年"两会一节"志愿活动中，荣获"优秀团队"称号；2013年3月，"关爱流动中的花朵"解元坡小学支教活动和"红色爱心"无偿献血志愿者服务队荣获2012年—2013年度"十佳社团活动"。西大青协在行动中，团结互助、诚实守信，遵纪守法、尊敬师长，用爱感动他人、温暖自己，并承诺继承前辈留下的宝贵经验，同时跟紧时代的步伐不断探索、不断创新、不断进步；为丰富校园文化、传播志愿服务理念，为建设和谐校园、构建和谐社会奉献青年志愿者的点滴汗水，将爱撒满人间。

（二）精品活动

1.关爱农民工子女志愿者服务队

（1）"关爱流动中的花朵"解元坡小学支教

西大青协支教组成立于2007年，并于同年12月初与解元坡小学进行合作，成立了大学生课外活动实践基地。"关爱流动中的花朵"是西大青协成立支教组的初衷，志愿者通过作业辅导、上课的形式帮助农民工子女解决学习上的困难，通过主题班会、亲子活动、参加校运会、晚会、做游戏、出游等活动关注他们的成长，在增强自身社会责任感和历史使命感的同时，尽己所能帮助农民工子女健康成长，同时志愿者也因此收获感动，走向成熟。2013年解元坡小学为西大青协颁发了"优秀志愿项目"奖，以此表达老师、学生、家长对西大青协工作的肯定。

图5-18　志愿者学习制作丝网花

（2）义卖工艺培训

每年广西大学学生青年志愿者协会都会组织志愿者做出各种精美的丝网花进行爱心义卖和爱心捐赠，为困境中的人们带去希望，给学校广大师生树立起了一个奉献、有爱的榜样——爱就在身边。

（3）"1+1"结对帮扶

由于父母常年在外打拼，很多孩子缺少父母的关爱，为了孩子们的健康成长，西大青协于2010年3月开展了初访海飞学校活动，并与那里的农民工子女结成"一对一"的对子，手拉手、心连心。通过在帮扶学校开展理想拍卖会、感恩教育、安全教育等活动，不断拉近志愿者与小朋友的距离，增进感情、培养默契

图5-19　志愿者和结对孩子抢答

和信任，除此之外，志愿者还以书信、电话、QQ等形式与小朋友保持联系，随时关注他们的生活与学习动态，努力引导他们健康、快乐地成长。2013年，西大青协改在每周周二、周三去帮扶学校给结对小朋友辅导功课，更加丰富了协会的活动内容，达到了结对子的最终目的。

2.助残扶残志愿者服务队

（1）光明助盲

"携手盲童'看'世界"是西大青协的主要服务项目。协会以"手牵手走

向世界，心连心融入社会"为宗旨，以"帮助盲童提高自身的社交能力"为目标，通过对志愿者进行盲人定向行走培训，组织志愿者同南宁市盲聋哑学校的盲童去超市购物、去图书馆学习、去公园游玩，以及来西大参观等丰富多彩的校外活动，与盲童建立起友谊，并达到使盲童离开学校后能够平等地参与到社会活动中去的目的。同时，协会还开展协助残疾人参加半程马拉松等活动。在帮助他人的同时，西大青协也在成长。

图5-20

（2）助残家教

志愿服务的对象是南宁市江南区一些残疾人的子女，志愿者利用周末的时间，到孩子家里给他们辅导功课，教给他们一些课堂以外的东西，丰富他们的成长经历。协会还开展了孩子们喜欢的家庭联谊等活动，促进各家庭的沟通交流，让孩子们在活动中展现自我，走出自己狭小的空间，感受世界的美好与爱。与此同时，志愿者也会尽力帮助他们发现自己的乐趣、特长，从而找到并明确自己心中的梦想，让梦想成为人生路上的指路明灯。

图5-21

（3）手语角

每逢周二下午5：20—6：20，西大图书馆侧草坪上的手语角都会成为校园内一道独特的风景线。在这里，志愿者会教给大家一些常用的手语词汇、句子以及一些风靡于各高校、由手语老师和手语爱好者共同编排的手语歌。它不仅为手语爱好者提供了一个良好的学习平台，还注重引导广大学生关注聋哑人，因此获得了广大师生的一致肯定和赞誉。志愿者还在下乡的过程中进行了手语支教，既展现了志愿者的风采又达到了宣传、普及手语，让更多的人加入到西大青协志愿活动中来的目的。

图5-22

3."献给生命的礼物"无偿献血宣传和服务

广西大学"红色爱心"无偿献血志愿者服务队，于2007年10月23日，在全市无偿献血志愿者的号召下成立，负责每月第三个星期六的"血车进校园""血站血屋的志愿服务"及"宣传普及无偿献血知识"等工作，西大青协践行着"用爱传承伟大，用心服务他人"的宗旨，始终坚持"奉献爱心、微笑服务"。红马甲，是广大无偿献血者对西大青协的称呼，也是对西大青协工作的肯定。无论是在西大，还是在绿城的各个角落，哪里有采血车，哪里就有西大青协的身影，主动宣传、积极动员、热情为大家讲解献血知识……队员之间团结互助，相互学习，

图5-23 队员给献血者答疑宣传

相互帮助，"红色爱心"是大家的一个温暖的小家。红马甲，早已成为绿城一道亮丽的风景线。

4.造血干细胞志愿者服务

广西大学造血干细胞志愿者服务队成立于2005年，主要负责宣传造血干细胞、成分血的知识；组织、安排志愿者参加造血干细胞采样活动；定期下乡宣传造血干细胞知识，进社区、到高校宣传培训等工作。一份10毫升的血样就是白血病患者一分生的希望，广西大学学生青年志愿者协会微不足道的奉献换回了一个个对未来充满希望的生命。在宣传、服务的

图5-24 第二届造干讲师PK赛

工作中，志愿者 也获得了快乐与友谊。2012年5月广西大学学生青年志愿者协会还承办并参加了广西第二届造血干细胞志愿者高校讲师PK大赛，副队马艳芳还荣获了二等奖。

弘扬模范精神的风尚领路人

—— "道德风尚"榜样先锋广西大学学生绿色环保协会事迹

一、西大绿协简介

广西大学学生绿色环保协会（以下简称西大绿协）成立于2001年，以环保宣传、环保教育为己任，积极参与环保邕江母亲河、环保宣教进行学校和社区、关爱农民工子女等行动，让环保的观念深入人心，让更多的人一起为环保事业做出贡献。会旗、会徽、会歌、会刊、家谱简介如下：

图5-25　会徽

图5-26　会旗

会歌《绿色守望者》——陈锋华

眼睛啊心，天空海洋和大地，自由飞翔的鸟儿，自在游泳的鱼；不渴望什么高楼大厦，大自然是人类最美丽的家，清新空气啊鸟语花香，是无悔的选择。

图5-27　家谱

图5-28　会刊

曾经美丽的世界啊，如今让人不堪回首，为什么眼里常含泪水？因为对这土地爱得深沉。星星在文明的天空里，渐渐远离人类的眼睛，骄傲无知的现代人，不知道珍惜！为什么眼里常含泪水？因为对这土地爱得深沉，清新空气啊鸟语花香，是人类无悔的选择！

二、保护母亲河 西大绿协在行动

保护母亲河 绿色邕江行

2002 年，团中央发起保护母亲河的号召，西大绿协就积极地参与到保护南宁的母亲河—邕江的行列来。西大绿协自 2007 年起，就成立了专门的绿色邕江行队伍，多年来，西大绿协人已经陆续组织参与了数十次绿色邕江行行动。无论是除草、垃圾清理，还是宣传、调研，西大绿协人都以一种主人翁的态度在积极地为母亲河的美丽而努力着。

图5-29　2010年10月绿色邕江行

2008 年，绿色邕江行队伍和南宁市"八桂义工"合作，活动更加频繁，内容更加广泛。西大绿协第八届副会长蒙明在毕业之后还成了"八桂义工"的负责人。西大绿协人的付出赢得了社会的广泛赞誉，得到了《南国早报》等多家校内外媒体的报道，并获得过"义工之星"称号。2011 年 10 月，西大绿协积极申请了全国保护母亲河项目资助。

（二）三月植树行动

图 5-30

图 5-31

2010 年 3 月，西大绿协响应南宁市西乡塘区政府号召，参与植树行动。

2011年3月，西大绿协积极响应《南国早报》向广大市民发出的"爱绿造绿"倡议，积极报名参加义务植树活动，旨在倡导：大家用举手之劳为营造一个更加美好的绿城贡献出一分力量。

（三）制作邕江绿地图

"保护邕江母亲河行动"是一项引导大学生参与生态环境保护和树立环保意识的公益活动，它以保护南宁市的母亲河为主题，西大绿协组织会员参与了这项活动。在经过了一段时间的充分准备，确定了实践的具体路线，确保了实践的安全性和可行性，完成了对参加实地考察队员的相关培训之后，西大绿协终于在2012年的暑假展开了"保护母亲河，制作邕江绿地图"的实践活动。

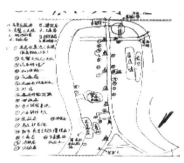

活动开展的时间是2012年7月8日——14日，实践队伍共14人，分成两个小组，通过调查问卷，口头访谈等方式，分阶段对邕江流域的生态环境进行探访。探访的过程不仅仅是了解邕江的生态环境，而且还包括邕江附近的工厂、住宅区、环保设施、环保人物和故事等。

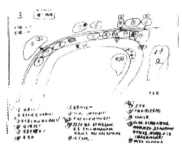

通过对邕江流域的实地考察，在一定程度上了解了邕江流域的地理环境、经济发展和生态环境情况，同时还到邕江流域沿岸的中小学进行环境教育，让更多的中小学生了解保护母亲河邕江环境的重要性，从小培养环境保护意识。在实践活动中，提高了队员各方面的能力

图5-32 部分草图

（组织活动、与人交流等），培养了吃苦耐劳的精神，加强了环境保护的理念。

图5-33

此次考察活动主要以徒步行走的形式开展，全程总路线约73千米，一路从青秀区政府沿着邕江前行，于2012年7月9日出发，经过4天的徒步，在12日终于到达终点石埠。最后制作出电子版的邕江绿地图并得到了《当代生活报》的报道。

组建"绿之星"环保宣教队进校园

西大绿协"绿之星"环保宣教队，是一支以环保宣传、环保教育为宗旨的绿色志愿者队伍。西大绿协自2001年成立起，就把中小学环境教育（以下简称环教）、社区宣传作为一个重点。如今西大"绿之星"脚步已经遍布南宁市周边各大中小学和部分社区。经项目化、系统化、规模化，基本形成了专业、富有活力的环保志愿者队伍和成熟、规范的培训、授课、宣传系统。西大绿协环保宣教队先后在秀厢小学、明天小学、爱华小学、友爱小学、武鸣县城厢第一小学、石埠小学、西大附中等多所学校进行过多次爱心环教活动，取得了很好的效果。

图5-34　2010年11月，武鸣县城厢镇第一小学环教

例如，2010年11月的环教地点是南宁市武鸣县城厢镇的第一小学，主题内容是口香糖的危害和废旧品再利用。学生的表现特别积极，西大绿协教员的辛勤付出也得到了学校老师的普遍赞誉。

（一）石埠中心小学环教

本次环教完全由新一届"绿之星"环教队负责人组织，地点是南宁市周边的石埠镇，这是一所农村小学，相比之前的环教内容有所不同，教员们在教授环保知识的同时，更多地传达了一种爱的教育理念，引导孩子们爱自然、爱社会、爱自己、爱他人。

图5-35　2011-06环教课大赛

比赛由广西师范学院主办，在第一名第二名都由主办方获得的情况下，西大绿协第一次参加比赛就获得了第三名的好成绩，并获得最佳教案奖。这无疑是对西大绿协多年来坚持不懈做环教的肯定。

（二）海飞小学环教

2011 年 10 月 18 日下午，西大绿协"绿之星"环保宣传队小学环教活动在海飞学校成功举办。

本次活动由西大绿协和海飞学校联合办理，大部分"绿之星"成员及部分在校师生参与到了活动当中。活动的主题为"低碳，从今天开始"，旨在向小学生宣传绿色环保知识，要求他们从小过低碳生活，保护环境。

图 5-36

三个小组分别到四年级一班、五年级一班和五年级二班进行环境教育课程，意在宣传环保的重要性吗，并鼓励小学生们在平时生活中就做到低碳环保。值得一提的是，参与环教的主力队员都是广西大学 2011 级的大一新生。课堂围绕"低碳，从今天开始"的主题进行，大致分为认识低碳、了解低碳、践行低碳及低碳小游戏四部分。

此次活动使小学生们认识到保护环境的重要性，并懂得如何在自己的日常生活中为环保献出点滴力量。环教队员们也表示收获颇多，既收获了小朋友的热情，又得到了对自己能力的肯定。

2011-10 万兴小学环教

2011 年 10 月 28 日，西大绿协赴南宁市万兴小学开展环境教育课。这一次是由"绿之星"成员为主的环教活动，配合完成南宁市江南区的环境宣传。教学的主题围绕"低碳"开展。

图 5-37

万兴小学位于江南区五一路。在坐公交车抵达后，还需要步行一千米才能到达。万兴小学一共七个班，包括学前班，每个年级一个班。几乎全部由农民工子弟组成。

西大绿协一行 15 人，此行面对的是三、四、五年级三个班。每个班由 3 至 4 名环教人员组成，以"低碳"为中心，各个班依靠不同的方法讲授低碳知识。通过图片、文字、资料、讨论、启发、游戏等方法引入课堂。

（四）秀江小学环教

2011年11月16日下午，西大绿协"绿之星"队伍一行来到江南区秀江小学进行环保知识的授课，用行动告诉他们什么是环保、什么是爱。

图5-38

"绿之星"的主旨就是在向小朋友们传授生态平衡的基本知识的同时，在他们的心里留下一些绿色的痕迹。小学生正处于认知阶段，把环保之种撒播在他们心田中，必定会开出灿烂的环保之花。小朋友们积极参与互动，主动提出问题，回答问题，进行游戏，教室里一片热闹。在愉快的气氛中，两个小时一晃而过，环教课就在与小朋友们的快乐合影中顺利结束。

带着不舍的心情离开，每个队员都感觉到环教任重道远。

（五）环教大赛获佳绩

第八届驻邕高校环教课大赛初赛在广西师范学院明秀校区文星楼拉开帷幕，校绿色环保协会共派出两支队伍参赛.此次环教课大赛的主办方是广西师范学院绿色家园环保协会，活动主题为"说环保，我更专业"。

图5-39

西大绿协环教队的刘昭群、夏函凭借简单易懂的环保话语和极具感染力的现场互动，将使用一次性筷子给人类带来的各种危害清晰地展现在大家面前，课堂最后的"小魔术"，让一张白纸上神奇地出现"SOS"求救信号，更是别出心裁又引人深思。虽然是决赛中第一个上场的代表队，表现依然出色。获得了现场观众热烈的掌声和评委的一致好评，并取得了全场的最高分，荣获二等奖。

四、走进社区，宣传环保

（一）携爱走进西社区

2011年9月，在新一届西大绿协人的努力下，竞标成功得到江南区团区委资助，获得江南区志愿服务爱心项目的参与资格，负责环保宣传这一块。本项目前后共用6个月的时间，分为社区环保宣传和中小学环境教育课。其中，社区环保宣传两次，中小学环教六次。定期的社区环保宣传活动尤为重要，在把环保的概念和知识带进社区的同时，志愿者也学到了很多珍贵的东西。宣传一般分为三个环节，首先进行基本的环保知识宣传。接下来就是简单的环保创意比赛，号召居民们用生活中的一些废旧物品改造成一些小小的创意品，把废旧的东西重新利用起来。这样既节约了资源又激发了居民们的创造性，一举两得。最后就是有奖竞答环节，通过这三个环节的宣传，居民们了解到较多的环保知识，并且将其付诸实践，运用到生活中去。这种寓教于乐的环保宣传活动也到了政府的肯定和相关媒体的报道，更加激发了志愿者宣传环保知识的热情。

图 5-40

（二）携爱走进新屋村

2011年10月29日，西大绿协前往江南区江南路新屋村继续开展环保宣教系列活动。此次环保宣传主要是以有奖竞答的形式带领大家共同参与环保行动，一起学习环保知识，享受低碳生活。通过这次环保宣传活动，让新屋村的居民们了解了日常生活中的环保小知识以及环境对人体健康的影响，使他们在以后的生活中更加注重环保。此次活动也获得了学校各媒体网站的大力支持。

图 5-41

（三）绿协走进西社区

2011年10月30日，西大绿协30位成员来到江南区西社区再一次进行"关爱农民工子女，环保宣传进社区"活动。此次活动旨在通过竞答游戏、聊天的方式，关心农民子弟的生活，同时向当地群众宣传环保知识，倡导绿色低碳生活。活动主要分为海报讲解宣传、环保知识有奖竞答、环保先锋签名会等环节。七张不同色彩的一周海报分别把各种环保知识分为七天来宣传，例如：星期一是节约用电，星

图 5-42

期二是节约用水等，极大地吸引了居民们的注意力。

环保进社区，保护地球你我他。通过社区环保宣传活动，让环保的概念更加深入人心。让更多的人一起为环保事业做贡献，这是西大绿协人一直奋斗的目标。

五、社会实践调研 结出丰硕成果

走进中国壮乡，关注社会主义新农村建设生态环境保护

图 5-43

2011 年 7 月，西大绿协再一次组织了自己的暑期社会实践队伍，主题为："走进中国壮乡，关注社会主义新农村建设中的生态环境保护"，目的地是广西南宁市武鸣县县城西南部 4 千米处的大濑琶村。

经过前期的紧张策划以及高强度的集训，队员们的精神面貌都焕然一新。在 7 天里，通过实地考察了解了当地的生态环境状况；通过入户问卷调研，听取了老百姓对周围生态环境的意见和建议；通过优秀党员访谈学习，了解了当地在建设社会主义新农村过程中保护生态环境的积极措施；通过帮助老党

图 5-44

员收玉米，表现了对老一辈党员同志的尊敬和对当地乡亲的感激之情；队员们还顶着烈日步行几十千米，参观了国家级生态示范村——七星屯，在那里，看到了社会主义新农村环境保护的方向；志愿者还通过海报，向广大老百姓宣传社会主义新农村生态环境保护政策和措施。在暑期社会实践中，队员们自备锅碗瓢盆，自己生火做饭，打地铺、睡帐篷，提高了自主生存能力、吃苦耐劳精神与动手实践意识、感恩意识。并通过一系列的集训、素质拓展、团队培训，交流分享，提高了团队协作能力、集体感和认同感。同时，队员们了解了劳动人民最真实的想法和观点，学会了怎样与人交流，也了解了现在农村的一些环境状况，什么是社会主义新农村，以及生活中应该怎样向社会主义新农村靠近。

（二）追寻母亲河，探访魅力邕江

南宁位于广西中部，邕江穿城而过。南宁河流属珠江水系，上游左右江及

源于十万大山的八尺江，似三条蛟龙自西方和南方飞向南宁，汇入郁江，直下广东、港澳而入海。郁江流域流经市区的南宁段称作邕江，是郁江自西向东流经南宁市及邕宁区河段的别称，上起江西乡宋村的左、右江汇合点，下止邕宁区与横县交界的六景乡道庄村。全长 133.8 千米，上游总集水面积 73 728 平方千米，年均流量 1 292 立方米 / 秒。水量充沛，具有较强的自净能力，而且地处亚热带北侧内部边缘，距北部湾海洋较近，受海洋季风影响，接近海洋性气候，年均气温 21.6 ℃，雨量充足，年平均降雨量为 1 304.2 毫米，起到自然冲刷积存污水的作用。

"保护母亲河行动"是一项引导亿万青少年全方位参与生态环境保护和建设的大型公益事业，它以保护哺育中华民族的母亲河为主题，组织动员广大青少年和社会公众参与生态环境建设，6 年来取得了良好的生态效益、经济效益和人才效益。正因为如此，西大绿协在这个夏天踏上了邕江实地考察之旅。

图 5-45

此次社会实践活动，西大绿协围绕"追寻母亲河，探访魅力邕江"的主题，通过实地勘察、问卷调查、采访当地群众等方式，了解邕江附近工厂和住宅区的分布、排污口的出处，周围的环保设施的分布、作用等，最后写出一份可行性的环境报告，同时按照预先路程绘制出一张大约 73 千米的邕江绿地图。

2012 年 7 月 7 日上午，参与此次暑期社会实践的 11 名成员集中在关西大学东苑餐厅三楼学生活动中心召开了第一次会议，分别来自商学院、电气学院、环境学院、林学院以及广西工学院。队长程邦辉传达了校团委对本次实践活动的要求和注意事项后，队员们各自进行了分组，开始进入社会实践准备阶段，研究行走的路线并进一步完善需要调查的内容。经过了 2 天的准备，制定出了为期 4 天的邕江沿岸行走路线。

7 月 9 日上午 7 时，从广西大学正门出发，队员们前往第一天调查始发点——南宁市青秀区政府。考察第一天，队员们分成两个小组，分别沿邕江上、下游徒步行走 10 千米进行沿途考察和记录。社会实践小分队的队员们走访了多位南宁市青秀区政府旁边居民区的居民，并就邕江环境问题进行交流。一名退休女士，在邕江边住了 20 余年，她见证了邕江边环境的变化。随着政府对邕江的投入越来越多，邕江旁的河堤对 20 世纪来说，已经有了天翻地覆的变化。一路下来，队员们了解到这一片区域在邕江沿岸的环境中还是很好的，多数是附近居民的农耕地，因而并没有过多生活垃圾的堆放和生活污水排放。

7 月 10 日，队员们到达第二站——广西民族博物馆，在参观了解广西壮族文化之后，继续开展了邕江沿岸调查。这一区域有着很多景点，有民族博物馆、孔庙、青秀山等，环境建设也显得比较完善，邕江沿岸基本都是人工建造的休闲广场，减少了农耕地的面积，展现了绿城美丽的景色。

7 月 11 日，队员们在北大桥底开始了第三天的邕江沿岸考察，行走计划也和之前一样，分成两个小组，分别沿邕江上、下游徒步行走 10 千米。考察路段位于南宁市繁华地段，故也是这几天考察区域的重点，能更加真实地反映出邕江沿岸的环境情况。一路下来，队员们发现在北大桥底沿邕江下游至葫芦顶大桥出现了不和谐的一面，在各个桥底附近都出现了生活垃圾堆放的现象，不时还能闻到一股臭味。走访中了解到，虽然现在人们的环境保护意识逐步提高，不过为了图个方便，还是有人直接把生活垃圾直接投入邕江水中，或者囤积在一个"公认"的垃圾堆放点，由于长时间的积累，邕江的水质越来越坏，政府对往邕江扔垃圾的管理还不是很完善。

7 月 12 日，邕江沿岸考察最后一天。上午 7 时，11 名队员早早来到了清川大桥桥底，沿着邕江路段沿上游前行。此番将考察位于陈村水厂取水口上游 2 000 米至中尧水厂取水口下游 300 米的邕江饮用水域一级保护区，水面纵深 100 米之间的水域及滩涂。有了前三天的实地考察经验，队员们很快找到了邕江饮用水域一级保护区，对附近居民进行了相关访问并记录了此段区域周围的建筑设施。在走访调查中了解到，南宁市环保局于 2004 年就已经联合有关部门开展了邕江饮用水域的相关整顿工作，队员们沿途下来也深深感受到这片区域的美丽景色。13 时，队员们顺利完成对此段区域的考察工作。结束了为期 4 天的邕江户外考察，即将进入绿地图绘制的阶段，真实地反映出邕江在近年来的变化及其周边的环保设施。

绿地图是标注有包括自然景观、文化景观、动植物分布、基础建设、生态资源、环境资讯、交通步道甚至污染情况等十几类超过一百种地区信息，共同组成一幅反映社区人文生态景观的本土综合图谱。此次队员们的绿地图主要在于标记邕江沿岸的工厂，排污口，农田以及生态文化景观等信息。

7月13日上午7时，参与实践活动的成员集中一起，整理了沿岸考察几天下来的记录草图，然后汇总，各自提出了自己的想法并进行考察总结，积极为绘制绿地图出谋划策。在经过一番讨论之后，队员们决定先用图纸把这几天考察的路段描绘出来，最后再根据草图在电脑上进行制作和完善。在大家的共同努力下，队员们在傍晚初步完成了绿地图概况。大家也十分高兴和激动。随后2天，根据描绘出来的邕江沿岸概况，队员们在电脑上开始了绿地图的制作和活动视频制作。15日，在完成绿地图制作的那一刻，参与活动的所有成员的眼睛都湿润了，虽然是第一次制作绿地图，并不是很专业，但是这次实践却给了队员们一次大胆尝试的机会，也为今后的工作积累了宝贵的经

图 5-46

验。同时，在亲身考察的过程中，也感受到了邕江边环境的变化，让大家更加意识到了保护母亲河的重要性。

母亲河邕江，孕育一方人，是南宁的文化源头，为南宁城市经济发展提供了基础保障，但是由于近几年经济的快速发展，难免带来一些环境问题。2012年4月，南宁市城市管理局开展"绿满邕江"环境卫生整治活动，针对邕江沿岸垃圾乱扔乱倒、上游废弃物随水漂浮至沿岸等带来的垃圾污染问题，对邕江沿岸地段进行大力整治，目前邕江两岸的环境卫生有了一定程度的改观，取得了初步成效。

也许有人会认为环保离我们很远，还说环保是一种不现实的行为，其实不然，当你参与了活动，所见所闻真的会令人在感触后有种想要保护环境的冲动。正如参与这次活动的一些成员所说的，虽然我们的力量很小，但是我们有一颗环保的心，有一颗爱大自然的心，有一颗保护母亲河的心，我们会尽自己的最大力量来宣传环保。

团队合作类

披着君武魂，精诚做剧

——"团队合作"榜样先锋君武剧社事迹

　　君武剧社是在广西大学校团委、宣传部的具体指导下，组建的校级学生戏剧社团，剧社成员来自各个学院不同专业不同年级的学生和老师。君武剧社成立的主要目的，是承担着纪念广西大学首任校长马君武博士生平事迹，而筹划排演的大型原创校园舞台剧《一代宗师马君武》，自排演工作开展以来，一代代剧社成员同心协力，开展了大量卓有成效的工作，君武剧也取得了长足的发展。

　　2015年11月，在广西大学校领导的关怀和支持下，在广西剧协和学校团委、宣传部等各部门的具体指导下，《一代宗师马君武》剧组成立，并在全校开始选拔演员。全校参与报名面试同学近千人，根据剧目需要，最后录取了几十名表现优秀的同学进入剧组。同学们来自学校各个学院，都不是专业的话剧演员，而此时距离第一次试演开始只剩下37天了。摆在各位剧组成员面前的是近90页的剧本，庞大的台词量和舞台经验的缺乏，让大家感受到了前所未有的压力。

　　在导演和老师们的鼓励和悉心指导下，演员们决心克服一切困难，争取利用好一切时间进行排练。在接下来的日子里，大家常常背台词到深夜，在其他同学按时享受着晚餐的同时，演员们却因时间紧而饿着肚子抓紧排练。到临近演出的几周，同学们更是放弃了周末的休息时间来进行排演。整个剧组都在与时间赛跑，没有一丝一毫的懈怠，饿得受不了了就吃一块面包，累得受不了了就在排练室里就地歇息，这群大学生就好像回到了高三一般，上课、排练、睡觉，这三点一线的生活成了那一个多月里大家最刻骨铭心的记忆。

　　在剧社全体成员的共同努力下，《一代宗师马君武》如期在学校大礼堂进行了试演，在全校师生中收获了良好的反响，为继承和弘扬广西大学优秀传统和精神贡献了浓墨重彩的一笔。在此后的几次演出中，虽然剧社演员不断更新

换代，但君武精神在剧社中顺利传承了下来，大家都顶住了巨大的压力，克服重重困难，认真排演，保证了每一次演出高标准、高质量。

君武剧社自成立以来，在各位领导、老师的关怀和指导下，目前已进行了3轮试演及4场开学季演出，同时也取得了优异的成绩，先后获得了广西校园艺术节大型剧目一等奖、东盟戏剧周朱槿花奖·优秀剧目奖等。这些成绩的获得，离不开各位领导、老师的悉心指导，更是对君武剧社全体成员所付出的努力的最大肯定。首次将广西大学首任校长——马君武博士生平事迹搬上话剧舞台的君武剧社，秉承着对母校的热爱与挚诚，用全身心投入地排练和高质量、高水准的演出，重现了马君武校长在广西大学创立之初鞠躬尽瘁，死而后已的校史故事。

君武剧社在排演君武剧的过程中所付出的努力，对学校传承和发扬君武精神起到了良好的推动作用，也得到新闻媒体以及社会各界的广泛关注。剧社现任常委层主要由新闻传播学院、文学院、轻工与食品工程学院和化学化工学院四个学院的同学组成，他们同时也都是君武剧的主要演员，熟悉剧团事物，分工明确，配合默契，在君武剧社日常工作活动中扮演着重要的角色。剧社社员每年都进行选拔招新，由各届优秀的广西大学学子不断补充新鲜血液，长盛不衰。在今后的发展规划中，君武剧社除了日常排演核心原创剧目《一代宗师马君武》外，还将在学校各部门的支持下承担更多文艺节目及戏剧展演工作，参与校际艺术交流等活动，力求在最大化宣传"勤恳朴诚"的君武精神的同时，也能够体现广西大学师生的智慧与品格。

吴越同舟，"泳"攀高峰

—— "团队合作"榜样先锋广西大学游泳队事迹

凤凰花下，清水池中，有一群君武学子；他们坚守一方跃金碧波，用执着与坚毅诠释拼搏的内涵。他们日日苦练，寒暑无畏，在逐梦的泳池中乘风破浪，勇往直前；他们风雨无阻，用刻苦训练感染着游泳爱好者们，向同学们传递着游泳运动的健康与阳光，以绵薄之力推动着广西大学游泳运动的发展。也是这个团队，逐年用骄人的成绩为母校增光添彩，锦上添花。他们展现了当代大学生在体育与生活中健康乐观、积极上进的时代风范。他们便是广西大学游泳队。

广西大学游泳队成立于 1986 年，现有 1 名老师和 10 名队员，分别拥有文学、电气、外语、商学等多个学院的学科背景，汇集了国家级健将及高水平运动员等精英。4 位高水平运动员与 6 位拥有游泳特长的普通生队员因共同的挚爱聚集在这方泳池，彼此勉励、携手前行。

集体的力量使小小的泳池荡起激昂的浪花——在近两年的全国大学生游泳锦标赛中，广西大学游泳队三度折桂称雄，四番夺银摘铜，并揽获多个前八名次。在大家的共同努力下，还荣获"团体总分第六名""体育道德风尚奖"等团体奖项。

图 6-1 广西大学游泳队老师及全体队员合影

游泳队心怀母校，以己身之所长，冕君武之荣光，这便是时代青年的责任感。

宝剑锋从磨砺出，游泳队傲人荣耀的背后自是藏着无数艰难。面对重重考验，10位勇敢的年轻人在心中高呼"泳者无畏"，劈浪前行！

一、天道酬勤，全国比赛中硕果累累

团结、勇敢、坚定、坚强——已然成为广西大学游泳队的标签。从最初的逐渐融合，到痛并快乐着一齐备战比赛，再到比赛中收获喜人成绩，队员们共同经历了最好与最差的时刻。从一声"队友"开始，他们看到过彼此流汗、流泪、遗憾、愤怒与狂喜，这群可爱的队友们分享了彼此的青春。

他们本可以与普通的同学一样，按时上课、完成各科作业，过着教室、食堂、宿舍"三点一线"的生活。但抱着对游泳运动的赤子之心、肩负着推广游泳运动的责任及为母校加冕荣光的执着信念，每当下午五时的铃声响起，他们就从学校各处奔向生活的"第四点"——西校园泳池。刻苦训练、辅助教学、帮助同学学习游泳……凡此种种，同学们能感受到的是他们黝黑皮肤下那一颗颗热忱的心。

梅花香自苦寒来，耕耘终能换来收获。广西大学游泳队在近两年的全国比赛中收获颇丰。

2014年成都全国大学生游泳锦标赛中，宁浩两度称雄，拿下男子专业组100米和200米蛙泳冠军；庞程鸿在女子普通生组400米自由泳和100米仰泳中分获第三名和第四名；此外，还有两名同学分获第六名。

2015年的比赛成绩更为喜人。在2015年绍兴锦标赛中，经游泳队的集体努力，荣获"体育道德风尚奖"这一团体奖项。个人项目上，蔡尚斌在男子普通组200米蛙泳比赛中一举夺魁，豪取金牌，并创造本项目的赛事记录；宁浩再战男子专业组200米蛙泳，斩获银牌；苏立洋在男子普通生组400米自由泳项目中拿下铜牌；此外，还获得了第四名1人、第五名4人、第6名1人、第8名1人的喜人成绩。

2016年夏的鄂尔多斯锦标赛中，游泳队再续辉煌。苏立洋在男子普通生组1 500米自由泳项目中勇夺冠军，宁浩、郑博琳分别在男子200米蛙泳和男子1 500米自由泳项目中斩获铜牌。同时，其他队员获第四名3人、第五名1人、第六名3人。在大家的努力下，广西大学游泳队在本次比赛中荣获"团体总分第六名"的团体佳绩。

图6-2　2015年11月 第十五届全国大学生游泳锦标赛合影

图6-3　2016年11月 第十六届全国大学生游泳锦标赛合影

二、为梦前行，衣带渐宽终不悔

荣光背后"衣带渐宽"的困难，没有消磨游泳队的锐意与坚定，反而让他们有了更强大的勇气与信念迎难而上。

全国大学生游泳锦标赛按惯例于每年的11月份举行。为备战大赛，游泳队从8月底便开始集训。由于场地限制，游泳队的训练在西校园的室外泳池进行。与其他高校相比，西大的训练条件可谓"艰苦"。

第一是泳道。队员们的训练固定在泳池的深水区。由于泳道较小，随着泳池内人数的增多，泳道水域会成浪翻涌，队员们在训练时极易呛水。

第二是泳池风雨无遮。6—9月正值南宁酷暑，每日的训练都在阳光炙烤与暑气蒸腾中进行。骄阳的曝晒会使体能的消耗加倍，而日渐提高要求的计划、不断苛求完美的动作、无数次的滚翻，都让队员们精疲力竭。酷暑也让大家的肤色变得愈发地黝黑，甚至出现脱皮、皮肤灼伤的状况。其中，训练最为刻苦

的队长张天润的肤色已可与非洲友人比肩。队员们便总是笑着自嘲:"肤色代表了我们的刻苦程度。"尽管酷暑难捱,训练艰苦,10 名队员也义无反顾,为心中的向往砥砺奋发。

第三,由于期末考试周或是暑假不能训练,队员们的体能等各方面都有所退步。当进入正式训练第一周时,大家的身体便出现了各种反应。令整个游泳队印象最深的是 2015 年 9 月 21 日的训练——因为上午无课,当日早上便增加了一次训练计划。5×1 000 米的自由泳皆作中高强度要求,这对队员们的速度与耐力都是极大的考验。而傍晚 5 时的正常训练时,4 组 10×100 米的计划再次挑战大家的爆发力与体力,训练任务还未完成,大家都已精疲力竭,到最后时仅能凭着意识在坚持划动双臂。

6 月与 10 月一般是是比赛前集训的最后一月,为冲刺比赛,游泳队再次增加训练量——由课余的一日一练,变为利用无课的时间进行一日两练。此时的南宁已入盛夏或是秋寒,天气条件日渐严酷,或是骄阳似火酷暑蒸腾,或是寒风伴着小雨萧瑟透心。仍在室外池训练的游泳队条件愈加艰苦,泳池水温在盛夏时高至 38℃,而在秋日已低至 10℃,每一次脱下厚重外套跃入冰冷刺骨的水中都需要十足的勇气。除了对心态的考验,不正常的水温也给大家带来了挑战——1 000 米的热身仍不足以让肌肉进入训练状态,队员们会有更多的体能消耗;比赛临近,竞技状态的调整对速度有了更高的要求,然而水温却极易让高耗能的队员们动作变形。面对挑战,大家依旧咬牙坚持,不言苦痛。

由于长时间承受高强度训练,大家的身体都有些吃不消——队长张天润同学因为蝶泳训练时练习量过大,使腰部受伤;曾尹帝同学也因对自身要求过于严格而疲劳堆积,造成肌肉劳损。

曾尹帝同学的毅力与坚持最为队员们称道。他也曾和其他队友分享过受伤后的感受——感觉自己整个人变成了一条鱼,在水里游一会儿便生龙活虎的,但训练结束后就全身疼痛,坐立难安。由于伤到了臀上皮神经,他睡觉、写字的时候只能趴着,上课也只能站着。于理他早已不该训练,好好养伤。可对他而言,20 出头的人能有机会重新成为运动员,那意味着什么。用他的话说,这是"第二春"也不为过。对于面临考研压力的曾尹帝同学,可能这是他第一次也是最后一次参加全国赛,他说,这个理由值得他去奋不顾身。

其他队员也一如此心,所以即使训练再辛苦,即使肤色再黝黑,即使出现小的病痛,也没有人轻言放弃。每一个人都想要为母校添彩,为努力正名。心中有了目标，泳池的低温也不能阻挡心里的热情，大家互相激励监督，为彼此的梦想保驾护航。

教练李一玉老师更是在每次赛前两个月的艰苦集训中，给予游泳队最大的支持与肯定。她在训练中严苛，下训后则如母亲般相待，关怀备至。无论严寒酷暑，她每天都最早来到泳池。在指导训练时，李老师使用哨声为令，每天要吹哨不下百次。由于池水有隔音作用，哨声必须响亮，吹哨便需一定力度。每日训练下来，其辛苦程度不亚于队员，她依旧风雨无阻。她给予了游泳队最多的陪伴与鼓励，也以身作则，让年轻人们渐渐明白刻苦与坚持的奥义。

图6-4　赛前集训掠影

三、同上高楼，共望训练路

回望2014年夏天，几名普通生队员的到来为原只有高水平运动员的游泳队注入了新的活力。他们虽未曾接受过专业训练，亦抱着满腔热忱积极参训。然而高强度的训练给刚入队的他们带来巨大的考验。

日复一日课后2小时的训练，超过3 000米的高强度训练量，难以交流的无奈，机械式的重复动作及一成不变的池底景象，让孤独与枯燥感渐渐侵袭着新人。尽管刻苦训练，他们却难唤醒心中激情，完成每日的训练任务更像是跟随着习惯。同时，因未曾参加过长时间专业训练，他们的身体亦有着不同程度的不适应。蔡尚斌同学因初次接触大强度的蛙泳腿练习，肌肉关节暂未能承受，使膝关节出现疼痛。他也依旧贴着膏药，坚持训练；曾尹帝同学极为刻苦，但因较瘦弱，肌肉力量方面十分欠缺，他便常常到健身房增强力量练习，也因疲劳过度出现一定程度的肌肉劳损；苏立洋同学由于主项是自由泳，在加大训练量后，肩膀出现酸疼，难以发力。凡此种种，都让新人们感到无措，又不忍放下心中挚爱的运动，他们满心迷茫，不知何去何从。

所幸，老队员们能及时发觉新人的顾虑，他们用热情阳光与丰富的经验帮助新人调整心态、适应训练。他们常带动新人聊聊自己的见闻，用欢笑开始一日的计划；训练间隙，他们会把观察到的新人的弱点与之细说，提醒新人在完成下一组计划时纠正细节；训练结束后，他们总会聚在一起交流感受，言语间，前辈也为新人们提供着许多宝贵经验。

新人的迷茫焦虑，教练李一玉老师也都看在眼里。训练中，她总会严格指出各人的不足。训练结束后，李老师总会为队员们的休息与营养提出专业建议，让他们在日常训练和生活中保持良好的状态。

逐渐地，队员们已在每日的同甘共苦中融为一个大家庭。尽管满满 2 个小时的训练量对每位队员的体能都是较大的考验，但在彼此的学习交流中都收获颇丰。

图 6-5　训练间隙

在老师的指导、前辈的帮助与自身努力下，几位新人进步很快。蔡尚斌同学的 200 米蛙泳获得全国冠军，梁晓莹同学的 100 米蛙泳进步达将近半分钟；在交流中，高水平运动员们也受到启发，推陈出新，改进自己的训练方法。

训练之余，队员常在一起交流各自学科领域里的所见所闻所感，汲长补短。作为学生运动员，面临的难题不仅是身体的疲劳，还有来自学业的压力。每周十多个小时训练的同时再想赶上学习进度自然非易，如何保证兼顾训练的同时不耽误学习，很锻炼队员们的时间管理能力：他们利用一切可能的时间来完成功课，往往起早贪黑，将因训练而错开的学习时间弥补回来。在室友们还在梦乡之时，他们便已起床，预习或复习功课；每日训练后，即便拖着疲惫的身躯，尽量高效地完成生活琐事，绝不耽误晚上的课程。为了不使训练的疲劳影响课堂效率，他们在课上总选择坐在老师前方，不断警醒自己集中精神。同时，队员们也愈发善于利用碎片时间，以使自己对学业有更多的关注与理解。在学业中带着与训练相同的刻苦坚持及严格的自我要求，反而使不少队员成绩优异，多次获得各类奖学金荣誉。

"众人拾柴火焰高"，李老师亦师亦友，深入浅出地给予队员指导与教诲；队员们相互激励，相互督促，不断前行。

四、推己及人，共享游泳健身平台

广西大学游泳队成立 30 年以来，虽然并不常出现在同学们的视野中，却默默影响着一代又一代西大学子。

广西地处祖国南疆，江河众多，且毗邻海洋，与水打交道的机会非常多，因而游泳便成了一项不可或缺的求生技能。在广西大学的校园中，游泳既是同学们的爱好——成为学生参与人数最多的项目；也是学校的一门必修课。如此一来，游泳便已成为西大的一个特色项目。

西大泳池的开放时间由春至秋，在南宁漫长的炎热天气里，泳池里常常人声鼎沸，许多同学参与到游泳运动中——来自南方的同学享受游泳，来自北方的同学亦努力学习。校队成员便利用课余与训练之余，帮助身边的同学学习与提高游泳水平。他们手把手地把游泳技巧教授给不会游泳的室友和同学；同时，队长张天润与副队长宁浩还协助老师的课堂教学，下水为上体育课的同学们做正规的动作示范，传授动作要领和指导其动作。游泳队队员们的带动与激励，让更多同学感受到来自游泳的新鲜和乐趣，参与游泳运动的同学人数大为增加。

而在这漫漫半年的时光里，无论风雨暑热，队员们几乎天天来到室外泳池训练，极少缺席。他们对游泳的热爱与坚持，激励着同在泳池中的爱好者们；他们的刻苦，亦点燃了爱好者们锻炼身体的热情。同时，队员们标准的动作与专业的训练计划，也在泳池中起到了一定的示范作用，使爱好者们得以学习效仿，以更舒展的姿态享受游泳锻炼。

图 6-6　泳池日常——爱好者及训练中的校队

　　同学们都在通过游泳消暑的同时，也让自身体魄得到锻炼；即便是湿冷的阴雨天，依然有不少爱好者坚持下水锻炼。队员们日日陪伴着游泳爱好者们，与他们共同倾诉着对游泳的挚爱与坚持。他们以已绵薄之力，慢慢扩大着游泳运动在西大学生中的影响力，如微风般吹散云层，让健康的阳光渐渐铺洒。

　　游泳队的高水平、良好氛围与感染力，吸引了许多游泳爱好者的关注，几位爱好者中的佼佼者，抱着对游泳的强烈爱好和提高游泳水平的期望，陆续加入到游泳队的大家庭中。比如曾尹帝同学就是因在校游泳比赛中成绩突出，被老师招致麾下。尽管课业繁重，他也怀着对游泳的热爱，加入了游泳队；已是研三学长的黄海华，在有较高水平的基础上，每日在训练道旁跟随校队计划训练，并常常向老师请教游泳上的问题，一段时间后得到长足进步，亦成了游泳队的一员；刚入学的蔡尚斌同学因对游泳的满腔热忱，加之先前接受过一定游泳训练，便毛遂自荐，经老师与队长的双重考核后，终于得以加入。

　　西大游泳队的逐渐发展完善，使队员们拥抱着这个家庭给予的阳光，也享受着游泳运动所带来的乐趣。由于西大游泳队是带有比赛性质的校级运动队伍，具有一定的专业性。因此，并不能将水平参差不齐的游泳爱好者聚集在游泳队中，分享游泳的健康。于是，游泳队便萌生了创立"广西大学游泳协会"的想法，旨在为大学生游泳爱好者搭建一个锻炼身体与交流经验的平台，希望喜欢游泳的同学都能加入。

　　在与李老师商议后，游泳队拟定了"游泳协会"的筹备计划，并交由社团联合会审核批复。"游泳协会"长期举行游泳爱好者交流活动。而2016年新泳池将投入使用，届时泳池条件将得到改善，更有利于活动的开展。此外，游泳队还将利用自身技术资源，定期为爱好者们提供技术动作的指导，助其有所提高，从而将游泳运动在西大校园内更深入且有质量地推广传播，让更多人享受游泳。

　　后记：

　　这是一群心怀梦想的刻苦的年轻人，厚积薄发，泳者无畏；

　　这是一个团结进取的团队，推己及人，砥砺前行；

　　这是一支足以感动西大的队伍，团队力量，青春榜样！

团结奋进，汇成星河放光明

—— "团队合作"榜样先锋绿莺无人机创业团队事迹

合作，是一个团队成功的基石；合作，是一个集体向心力的凝聚和升华。

有一首歌最为动人，"团结就是力量"；有一种风景最为隽永，海纳百川、有容乃大；有一种人生最为深刻，与团队共成长、共奋进。我们的团队，是一个爱心洋溢的团队，一个积极进取的团队，一个有着强大战斗力、创造力和凝聚力的团队。每一次挑战，我们都共同迎接；每一次付出，我们都协力合作；每一次收获，都凝聚着每一个人的智慧与汗水；每一次成功后微笑的甜蜜，都将成为我们所有人最美好最难忘的记忆！

我们的团队——广西大学计算机与电子信息学院绿莺无人机创业团队（以下简称绿莺），由吕一樵同学于2013年11月发起并创建，由李康乐、黄政唯、谢秋平等来自不同学院的20余位成员组成，响应国家和自治区鼓励大学生创业的号召，牢记"提高学生科技创新能力、引领学生自主创业潮流、全面提高学生综合素质"的工作宗旨，始终致力于实现"无人机的大众化"这一目标，开展一系列内容丰富、形式多样、特色鲜明的科技创新与创业活动，为广西大学科技创新与创业贡献青春智慧。多次受到人民日报、科技日报、南宁日报、人民网、中国日报网、广西新闻网、中国共产党新闻网、新华网、BBRTV等众多新闻媒体的采访和报道。

我们意气风发，心怀理想，凝聚团队的力量，以专业的精神服务于无人机行业大众。现将主要事迹记录如下。

一、荣获全国荣誉，诠释团队凝聚力

我们是这样一群人，我们互补、团结和谐，并为负有共同责任的统一目标和标准而奉献。每一次方案的完成，都是我们的成员一点一滴的心血；每一次计划的实施，都是我们精心的设计；每一次的荣誉，都是团队的每一个人无怨

的付出。我们始终坚信不疑：团结就是力量，付出就会收获！

团队获奖：

第五届全国大学生电子商务"创新、创意及创业"挑战赛全国二等奖；

2015 年"互联网 +"创业大赛区银奖；

2014 年度"挑战杯"创青春创业大赛区银奖；

首届广西青年创业大赛创意组特等奖；

第六届广西大学 KAB 创业大赛暨广西高校大学生邀请赛最佳人气奖；

第三届"爱敬"基金—远雁杯创业大赛一等奖；

广西北部湾第二届"高新杯"科技创业大赛二等奖；

二、打造品牌活动，引领创新思潮

我们一直积极打造属于绿莺自己的无人机团队品牌。我们承接了广西大学的航摄业务，并在后期制作了广西大学的文化宣传片，在全校范围内颇具影响力。2015 年，我们参加了广西大学生科技成果展。2015 年 8 月，我们在新秀公园举办了首期绿莺无人机儿童飞行培训班，并获得各位家长的一致好评。此外，我们还接受了采访。

细雨无声，润泽万物，我们带着对绿莺的爱与责任，默默耕耘；我们怀揣梦想，求实奋进；我们创新思维，潜心建设无人机电商文化；我们甘甜与共，等待属于我们的果实，展示属于我们的风采。

三、肩负使命铸辉煌，任重道远

回首过去，我们绿莺人披荆斩棘，同舟共济；展望未来，我们绿莺人将乘风破浪，勇创辉煌。在学校领导的高度重视下，在指导老师的悉心帮助下，在绿莺各位队员的团结协作和辛勤努力下，高呼"科技点燃激情，创业成就梦想"，不断团结奋进，完善自我，以饱满的热情，昂扬的斗志，求真务实的精神，实现新的跨越，谱写新的篇章。

绿莺是一团火，就让熊熊的烈焰点燃科技的激情！

绿莺是一座山，就让层层的基石成就创业的梦想！

以下附上团队获奖证书。其中首届广西青年创业大赛创意组特等奖和"互联网 +"的奖状还没有发，用可证明获奖的图片代替。

图 6-7

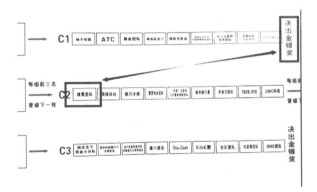

图 6-8

走在践行中国梦的学术研究之路上

——"团队合作"榜样先锋挑战者联盟事迹

有这样一支团队，这里集专业之精英，合创意之翘楚；这里齐心协力，众志成城。这就是由广西大学公共管理学院七位优秀学子所组成的精诚团结团队——挑战者联盟团队。

挑战者联盟团队组建于2013年9月，最初团队仅为3人，后逐渐扩展为7人。团队成立三年来，在硕士生导师莫光辉副教授、博士的指导下，团队内部相互合作而又各尽其职，同甘共苦，群策群力，坚持在扎实的理论功底上进行创新研究，坚持以专业的精神进行社会实践，在学术研究与社会实践中不断成长。

一、群贤毕至，俊采星驰——挑战者联盟团队介绍

图6-9　本团队与全国政协委员、广西政协常委、中国民主建国会广西壮族自治区委员会主委钱学明、新华社记者翁晔、指导老师硕士生导师莫光辉副教授的合影

1. 队长：王友俊

挑战者联盟团队核心人物，本队"挑战杯"项目负责人。

（1）学术实践

① 中国社科院组织的中国社会状况综合调查（CSS）和中国人民大学中国

调查与数据中心组织的中国综合社会调查（CGSS）。

② 2015 年度国家社科基金项目《滇桂黔石漠化片区精准扶贫绩效提升机制研究》和《中国百村经济社会调查》子课题项目的调研。

（2）在校期间所获主要奖项

2013 年广西大学校级三好学生；

广西大学暑期社会实践活动先进个人；

全国大学生英语竞赛优胜奖；

2014 年广西大学 2013—2014 学年第一学期优秀奖学金获广西大学校级三好学生；

2015 年广西大学 2014—2015 学年第一学期优秀奖学金；

广西大学 2014 年度"优秀共青团员"；

被聘为广西大学"青春红丝带"防艾形象大使；

2014—2015 学年度国家奖学金。

2. 队员：高晶晶

挑战者联盟团队图文编辑，本队"挑战杯"项目骨干。

（1）学术实践

曾作为项目负责人主持申报"'大学生创新创业训练计划'国家级创新训练项目"《森的可行性能力框架下失地农民福利补偿政策比较研究——以广西南宁为例》；与广西大学挑战杯社会调查报告作品培育项目《南宁市建筑工地一线工人艾滋病知信行及其影响因子调查》。

（2）在校期间所获主要奖项

2012 年"东方正龙杯"第四届广西翻译大赛"二等奖"，"学习贯彻十八大精神"中文演讲比赛"三等奖"；2013 年广西大学"优秀学生干部"，卓越大学生英语科普论坛学术墙报展"特等奖"；

2014 年微软办公软件国际认证 Word、PowerPoint"专家级"认证，第六届广西翻译大赛三等奖，广西大学"优秀共青团员"，第十一届"腾飞杯"辩论赛最佳辩手；

2015 年广西大学 2014—2015 第一学期优秀奖学金，广西大学"青春红丝带"防艾形象大使，广西大学 2013—2014 年"三好学生"。

3. 队员：蒋璐姗

（1）学术实践

挑战者联盟团队对外宣传编辑，本队"挑战杯"项目骨干。

曾参与中国社科院组织的中国社会状况综合调查（CSS）和中国人民大学中国调查与数据中心组织的中国综合社会调查（CGSS）。

（2）在校期间所获主要奖项

2013—2014 年广西大学"优秀学生干部"；

2013—2014 年广西大学"三好学生"；

2013—2014 年度学生社会工作协会"优秀干部"；

2014 年 4 月公共管理学院"优秀团干"；

2015 年公共管理学院"优秀团员"；

广西大学"青春红丝带"防艾形象大使。

4.队员：张菁

（1）学术实践

挑战者联盟团队资料员，本队"挑战杯"项目骨干。

（2）在校期间所获主要奖项

广西大学 2014—2015 第二学期专业奖学金；

广西壮族自治区省级"全国科技周"英语学术海报展团体特等奖；

2013 年全国大学生英语竞赛三等奖；

公共管理学院共同进步连"优秀连员"；

军训结业校级"优秀学员"；

广西大学 2012—2013 年度校级"三好学生"；

广西大学 2013 年度校级"优秀团干部"；

2014 年全国大学生英语竞赛二等奖；

广西大学 2013—2014 年度校级"三好学生"；

广西大学 2013—2014 年度校级"优秀学生干部"；

广西大学 2014 年度校级"优秀共青团员"；

5队员：桑潇

（1）学术实践

挑战者联盟团队成员，本队"挑战杯"项目智囊团。

曾参与广西田阳县三同木大桥社会风险稳定评估，广西青秀区伶俐大桥社会风险稳定评估。

（2）在校期间所获主要奖项

"腾飞杯"辩论赛最佳辩手；

广西大学"美丽广西"演讲比赛优胜奖；

广西大学东方正龙杯英语翻译比赛优胜奖；

广西大学万秀村社工站五星级志愿者。

6.队员：李佳育

（1）学术实践

挑战者联盟团队成员，本队"挑战杯"项目智囊团。

（2）在校期间所获主要奖项

2013年校园暖冬捐助活动"优秀个人"；

2014年广西大学学生社会工作协会"优秀干部称号"。

7.队员：李欣

（1）学术实践

挑战者联盟团队成员，本队"挑战杯"项目智囊团。

（2）在校期间所获主要奖项

2013—2014年度广西大学校级"三好学生"；

2013—2014年度优秀班干部；

2012—2013年度广西大学校级"三好学生"；

2014年广西英语翻译大赛优胜奖；

2012东方正龙杯英语竞赛优胜奖。

二、单丝不成线，独木不成林——挑战者联盟团队学术研究历程

2013年，挑战者联盟团队开始了他们学术研究之旅。三位成员选择了当年的热点关注人群"失地农民"，并以《森的可行性能力框架下失地农民福利补偿政策比较研究——以广西南宁为例》申请了"'大学生创新创业训练计划'国家级创新训练项目"，大胆的选题与新颖的构想引起了评委老师们的热议。

同年，挑战者联盟团队与广西大学社会工作者协会合作，参与校内公益项目"大学生新生生涯适应力训练营项目"，并与南宁市青少年健康服务学会合作，开展了针对建筑工地一线工人艾滋病现状的大型社会调查——"南宁市建筑工地一线工人性病艾滋病调查项目"。

图 6-10　团队成员参与校内公益项目"大学生新生生涯适应力训练营项目"

2014 年，团队启动新项目——《南宁市建筑工地一线工人艾滋病知信行及其影响因子调查》。该项目策划于 2013 年年末，是以"南宁市建筑工地一线工人性病艾滋病调查项目"为基础的拓展性研究，是以广西大学学生社会工作协会为依托，与南宁市疾病预防控制中心、南宁市青少年健康服务学会合作的，一项针对建筑工地一线工人艾滋病现状的大型社会调查。团队成员凭借此项目，成功申请申报"广西大学'挑战杯'社会调查报告作品培育项目"与"'大学生创新创业训练计划'广西壮族自治区创新训练项目"。目前该项目已进入结题阶段。

图 6-11　本团队队长王友俊就《南宁市建筑工地一线工
人艾滋病知信行及其影响因子调查》项目答辩

同年，团队与南宁市青少年健康服务学会的合作，开启了社会性大型公益活动的参与。团队主要参与策划了"贝因美"孕妈妈成长"1+2"培训计划、"衣旧情深、节用惜福"志愿服务活动项目、"新一千零一夜"农村住校生睡前故事计划、"广西边远贫困地区、边疆民族地区和革命老区社会工作专业人才支持"（简称"三区计划"）项目。通过组织这些大型公益活动，拓宽了团队的眼界，优化了团队协同合作的能力，提升了团队运作的效率，同时进一步扩大了挑战者联盟团队的社会影响力。

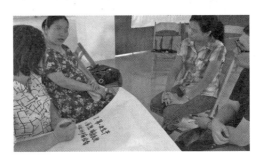

图6-12　团队队长王友俊与团队成员高晶晶参与"贝因美"
孕妈妈成长"1+2"培训计划与孕妈妈交谈

2015 年，对挑战者联盟团队来说，注定是个不寻常的年份。2015 年，团队三名成员被广西大学校团委聘为广西大学"青春红丝带"防艾形象大使。2015 年，团队在原来的基础上进行了扩充，由原来的三人小组变成了七人的团队。第十四届"挑战杯"全国大学生课外学术科技作品竞赛海选开始，来自同一所学院、同一个班级的七名立志于投身学术研究的优秀学子——王友俊、高晶晶、蒋璐姗、张菁、桑潇、李佳育、李欣汇聚在了一起，在参考了赛事社会学类参赛作品选题推荐《推进基层医疗卫生机构综合改革的典型调查研究》的基础上，在莫光辉副教授的指导下组建了"挑战杯"科研合作团队，开始了对广西南宁市上林县医疗卫生服务县乡一体化的改革进行实地调研。

图6-13　濮存昕、康辉、李宁等为团队成员颁发广西大学
校园防艾宣传大使聘书

三、团结就是力量——挑战者联盟团队第十四届"挑战杯"全国大学生课外学术科技作品竞赛参赛历程

2015 年 4 月 9 日，经民建广西区委推荐，为总结、提炼、推广国家县级公立医院综合改革第二批试点县——上林县的改革实践经验，挑战者联盟团队的七名成员在莫光辉副教授的带领下，赴上林县进行了为期 3 天的调研，全面分析上林县医疗卫生服务县乡一体化改革背景及原因、主要措施、取得的成效及经验、存在的问题及原因、发展对策建议等。

图 6-14   团队与上林县政府进行座谈会

图 6-15

实地调研完成后，团队成员开始了紧张的数据处理分析工作。与此同时，团队还开始了"第十四届'挑战杯'全国大学生课外学术科技作品竞赛（哲学社会科学类）"项目申请书，以及题为《基层医疗卫生机构综合改革的典型实践——县乡一体化的上林模式调查》的调研报告的撰写工作。在莫光辉副教授的悉心指导下，在团队小组成员的共同努力下，该项目获得了第七届"挑战杯"广西大学生课外学术科技作品竞赛 B 类一等奖，并进入"挑战杯"国赛终审答辩阶段。

在得知作品进入全国现场终审答辩的消息后，挑战者联盟团队在 2015 年 9 月 28 日—10 月 1 日，应上林县政府的邀请，参加了"南宁市医疗卫生服务县乡一体化群众满意乡镇卫生院创建现场暨医改培训推进会"。团队还采用了追踪调查法对研究对象进行调查回访，进一步充实完善了研究成果。

四、若待上林花似锦，出门俱是看花人——挑战者联盟团队社会影响

在指导老师的谆谆教导下，在全体成员的辛勤努力下，挑战者联盟团队成功获得了第七届"挑战杯"广西大学生课外学术科技作品竞赛 B 类一等奖，并进入"挑战杯"国赛评审阶段。团队精诚合作，团结进取，其社会影响也在不断扩大。

首先，团队与政府有关部门开展了研讨会，如广西壮族自治区卫生和计划生育委员会、中国民主建国会广西壮族自治区委员会等。

挑战者联盟团队获得了享受国务院政府特殊津贴专家、广西社会学会会长谢舜教授等专家的推荐以及中共上林县委书记韦志鹏、广西壮族自治区医改办主任韩庆东、全国政协委员钱学明等领导的批示。新华网、《广西日报》、光明网、中国教育在线、中共中央组织部主办的共产党网等30余家媒体，对团队

图 6-16

的研究进程和研究成果进行了报道或转载。团队的阶段性研究成果被中文核心期刊《卫生经济研究》和教育部主管、北京大学主办的《医院管理论坛》录用。南方医科大学广州华银医学检验中心与团队建立了战略合作关系，并致函课题组，拟从资金、技术方面投资上林县人民医院，如图17、图18所示。

图 6-17

图 6-18

　　其次，广西壮族自治区卫生和计划生育委员会《国务院深化医药卫生体制改革领导小组简报》（2015年第6期）《为乡镇医院找"婆家"——上林县探索县乡医疗服务一体化》和《国务院深化医药卫生体制改革领导小组简报》（第108期）《上林县开展医疗卫生服务县乡一体化改革试点工作取得新成效》采纳了团队研究成果的主要观点。

　　"一朵孤芳自赏的花只是美丽的，一片互相偎依着而怒放的锦绣才会灿烂夺目"。挑战者联盟团队有着最年轻的活力和敢拼敢做的激情。我们一直用行动，向世界证明着团结合作、共赢未来的无限可能。"不积跬步无以至千里，不积小流无以成江海"，过去的岁月里，我们一步一步地踩在通向真理的路上，在公益活动的酸甜苦辣里进步着、壮大着；"雄关漫道真如铁，而今迈步从头越"，在未来的日子里，我们仍然会在无涯的学海里无悔地挥动着学术创新的桨橹，同舟共济，共创美好的未来！

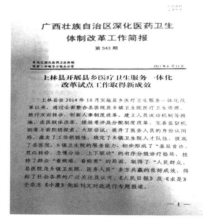

图6-19

生物科研梦　青春创业情

—— "团队合作"榜样先锋南宁国拓生物科技有限公司创业团队事迹

本团队由来自广西大学生科院的三名微生物学专业博士研究生施李鸣、陈琦、邹承武及来自商学院技术经济学、企业管理等专业的三名硕士研究生何金花、徐杨、曾涌潮组成。

施李鸣、陈琦和邹承武于2013年7月份在南宁市高新区大学生创业基地创办南宁国拓生物科技有限公司，白手起家，建立了一个可以开展生命科学研究的实验室。目前主要开展生命科学研究领域中非常常用的引物合成及基因测序等技术服务，成为广西首家也是目前唯一一家能够为生命科学研究提供技术服务的公司，填补了广西乃至西南地区的空白。同时，本地化的服务能够为科研院所及医院等单位节省大量的宝贵时间，大大加速广西的生命科学研究进程。

公司实验室装备有ABI3130XL测序仪、东胜龙PCR仪、Eppendorf高速台式离心机、DNA电泳仪、成像系统等一系列先进的仪器设备，不仅可以提供生命科学技术服务，同时可以开发相关产品，也可与南宁市各高校开展合作，为生物类本科生提供实习的机会。公司总经理施李鸣博士视野开阔，头脑灵活，交际能力强，在广西生物学科研领域人脉广，具有一定的公司管理水平，负责公司的总体构架和管理；邹承武博士学术知识丰富，实验技术扎实，开拓创新能力强，负责公司的技术研发；陈琦博士本科毕业后工作三年，具有一定的工作经验，尤其是市场营销和财务管理方面，负责公司的营销和财务。三人参与多项国家级课题研究，如973项目、863项目、国家自然科学基金项目以及广西自然科学基金项目等，已发表多篇SCI及中文核心期刊论文。

由于公司的创业项目比较有特点、有创新，因此，校团委推荐参加全区和全国的创业大赛，进而吸收何金花、徐杨和曾涌潮三名硕士研究生加入创业团队，共同组成挑战杯创业团队参加央视节目的录制及创业大赛。三名博士负责技术及

公司运营管理方面，三名硕士负责撰写商业计划书以及给予公司管理、营销和财务方面的建议。

本团队六个人各自发挥自己的特长，录制节目和参加比赛时精诚合作、默契配合，取得了不错的成绩。例如，中央电视台2套财经频道于2014年2月21日专题报道本团队的创业事迹；2014年6月10日，广西壮族自治区人民政府副主席李康同志听取公司负责人汇报公司业务，给予高度评价和大力支持。2014年6月荣获广西高校大学生创业邀请赛三等奖；2014年6月荣获"创青春"广西大学生创业大赛金奖；2014年11月，作为广西唯一一支入围全国创业计划赛决赛的队伍参加了"创青春"全国大学生创业大赛决赛，并荣获全国银奖。

本公司目前已经与广西大学、广西医科大学、广西农科院、广西水牛所、广西壮族自治区妇幼保健院等单位建立了业务往来，目前正在积极开拓市场，有望与全区更多的科研院所及医院开展合作。

本团队白手起家，历尽艰辛创办公司，注重发挥各自的长处，默契配合，不怕艰难困苦，是一个充满挑战且有重要意义的团队合作过程，不仅为自己赢得了荣誉，为学校以及全区增光添彩，更为重要的是为广大在校学生树立了榜样，激励大家充满激情地生活，将自己在学校学到的书本理论知识与社会实践相结合，努力做对社会及国家有意义的事情。

争做环保科技路上的拓荒人

—— "团队合作"榜样先锋苏洛仕团队事迹

一、苏洛仕团队简介

苏洛仕团队组建于 2013 年 9 月，苏洛仕（sulose），由甘蔗（sugarcane）和纤维素（cellulose）的两个英文单词的前后部分共同组合而成。苏洛仕团队通过对农林废弃物"蔗渣纤维"进行改性处理，生产出可生物降解的高解环保吸油材料，从而取代市场上极难生物降解的化学合成类吸油材料，在实现变废为宝的同时，大大减轻了环境污染。

来自广西大学轻工学院、商学院、环境学院、新闻学院的一群风华正茂、具有挑战精神的硕士生、本科生，因为同一个创业梦，让彼此陌生的他们走到了一起。为了梦想，他们团结一致，在一次又一次的挑战中成长，再多的困难，再大的压力，他们并肩面对。通过不懈的努力，他们获得了轻工与食品工程学院朱红祥教授的环保吸油材料的专利授权许可，就此创立项目。为了写出切实可行的创业计划书，苏洛仕团队做了大量的工作，包括进行实验研究、项目可行性分析、市场调研、财务分析等，最终获得了 CCTV-2 以及企业家们的高度认可，使项目得以广受关注。目前苏洛仕团队已获得"中国创业榜样"全国训练营入围资格以及晋级"中国创业榜样"决赛、第五届高校环保科技创意设计大赛金奖以及最佳导师奖、第六届广西大学 KAB 创业大赛暨广西高校大学生创业邀请赛一等奖、第九届"挑战杯"全国大学生"创青春"创业大赛广西区赛金奖等。

二、苏洛仕团队在 CCTV-2"中国创业榜样"走进广西大学节目中获得唯一入围"中国创业榜样"全国训练营资格

2014 年 1 月 4 日上午，由中央电视台主办的"中国创业榜样"大型公益活动走进广西大学。活动由央视名嘴谢颖颖主持，猫扑网 CEO 孙锁军、盘石

网盟创始人田宁等嘉宾组成了"榜样导师团",通过为大学生创业项目进行点评等多种形式,鼓励和支持广大青年创新创业。作为 2014 年活动的第一站,也是广西唯一入选的高校,广西大学通过精心筛选,最终派出三支创业团队参加此次活动。

苏洛仕团队通过不懈努力和突出的表现,争取到了上节目的机会,并且最终在节目中得到导师评委的认可,以优异的成绩拿到了唯一一个入围"中国创业榜样"全国训练营的名额。节目播出后,苏洛仕团队的项目得到了广大观众的支持,目前已有二十余家企业或个人愿意投资他们的项目并与他们合作。

图 6-20

2014 年 5 月,由国际节能环保协会、中华环保联合会、广东省环境保护厅、华南理工大学、广东省吴小兰基金会联合主办的第五届高校环保科技创意设计大赛在华南理工大学举行。苏洛仕团队知道这是一次不容错过的机会,同时也是一次前所未有的挑战。为了参加本次比赛,他们对项目进行了大量的实验,反复地讨论、修改,经常熬到深夜,同时,为了获取准确的官方数据,他们拜访了广西海事局、贵港海事局、炼油厂、大型油库等多家单位。这一切的努力没有白费,苏洛仕团队从来自全国各地高校的 588 个团队中成功突围,进入决赛,并且通过激烈的角逐,最终勇夺金奖,为广西大学在这类比赛中创造了历史,突出的表现也使苏洛仕团队的指导老师朱红祥教授获得了最佳导师奖。

三、苏洛仕团队夺得第六届广西大学 KAB 创业大赛暨广西高校大学生创业邀请赛一等奖

苏洛仕团队积极参加比赛是为了获得更多企业家的点评和建议,从而进一步完善项目。第六届广西大学 KAB 创业大赛暨广西高校大学生创业邀请赛共有 135 支队伍参加,经过初赛、复赛的层层角逐,产生了 10 支进入决赛的队伍。苏洛仕团队从来都不是一个人在战斗,在比赛中,面对

图 6-21

企业家提出的种种问题，他们团结一致，轮流回答企业家提出的问题，最终，苏洛仕靠紧密的合作精神以及优质的项目获得汉军集团董事长莫汉军等企业家一致认可，夺得了一等奖。

四、苏洛仕团队获第九届全国大学生"创青春"创业大赛广西区赛金奖（代表广西进入全国大赛）

2014 年"创青春"大赛涵盖了第六届"挑战杯"大学生创业计划大赛、创业实践挑战赛和公益创业赛三项赛事，是原有的"挑战杯"广西大学生创业计划竞赛的继承和发展。大赛开赛以来，全区共有 34 所高校 378 件作品进入自治区决赛，并推选出 28 件优秀作品进行公开答辩。

苏洛仕团队通过不懈的努力，从全区 34 所高校的 378 件作品中脱颖而出，最终以创业计划书成绩和答辩成绩第一夺得金奖，为我校争了光、添了彩。同时，苏洛仕团队代表获得广西参加 2014 年全国"创青春"的创业计划大赛的资格。

国旗·梦想·戎装

——"团队合作"榜样先锋广西大学国旗班事迹

整齐的脚步声在操场上回荡，身着春秋常服的 43 名国旗班成员昂首阔步，步履坚定，身姿矫健，目光坚毅。三名旗手英姿飒爽地护送国旗走上旗台，庄严的国歌响起，五星红旗被旗手高高扬起，徐徐升入了十月一日早晨晴朗的天空……

自 2004 年末广西大学国防生正式接手升旗任务至今，这支国旗班队伍已经顺利完成了 28 次大型升旗任务，它是巍巍西大一道亮丽的风景线。这个由国防生队列尖兵组成的队伍，承担着校内各种大小型升旗仪式的任务。每次升旗仪式校党委、校行政领导都会莅临指导，国旗班在学校的大力支持下，及时更新了各类设备装备，确保了升旗仪式的高质量完成。在校党团领导、学院及选培办的关心和支持下，整个队伍团结、向上，出色地完成了学校交给的各项任务，多次受到广西各大媒体及校内空谷、雨无声的追踪报道，更受到了校党委唐平秋副书记、学院、校团委、学工处的表扬。

班行秀出，精英中的骄子

国旗班成立 7 年，2 年一次大换届，每年从新生中挑选充实一批新鲜血液，每年国旗班都是从近 300 名国防生中层层筛选，从大一到大四四个连队中挑选出符合身高条件、形象好、气质佳、具备吃苦耐劳精神的队列精英，并采取全程淘汰制，严格要求每个人的队列动作，保证国旗班队伍的高素质、高质量。

在国旗班中，设国旗班班长、副班长及各队列小组负责人，组织训练的任务。43 人的国旗班中升旗手两名、护旗手三名（徒手或挂枪护旗手两名、擎旗手一名）、口令员一名、标兵两名，其余人员为国旗护卫队。由大三年级队列动作较优秀的同学担任作训教官，负责制订训练计划、管理升旗装备以及日常训练的考勤。

国旗班团队是个满载荣誉的集体，以国旗班成员为代表的国防生劈枪方队在2012年10月参加的广西壮族自治区高校学生阅兵大会上荣获第一名的好成绩，并在各大小赛事中以各自连队的身份斩获各项殊荣。作为一个优秀的团队，其成员的优秀也极具代表性。作为擎旗手的王玺同为国旗班中优秀的代表，在桂林陆军学院接受过广州军区综合训练基地队列教研室主任的亲自培训，熟练掌握擎旗、劈旗整套动作要领，曾代表广西大学国防生在暑期到桂林陆军学院集训，并在与广州军区其他10所高校的队列比武中斩获第一名的优异成绩，还多次参加学校各大活动，如校运动会、军训阅兵的出旗任务。作为国防生模拟训练营十连连长的他，平时表现优秀，其国旗班生涯也荣誉满墙。像王玺同学这样优秀的个人在国旗班中比比皆是，现任国旗班班长李信宽是国防教育学院评选的优秀国防生、集训优秀学员、校优秀团员，历任国旗护卫队队员、口令员、护旗手、擎旗手、升旗手，资历深厚，经验丰富。另外，国旗班成员中出自学生会

图 6-22　2011 届着 07 制式春秋常服国旗班

骨干的比例达 32%，历届模拟营营长、教导员、学生会主席都曾在这个集体中奉献自己的力量，各成员荣获队列标兵等大小荣誉更是数不胜数。

60 秒，66 小时

庄严的升旗仪式上，一袭华丽戎装的国旗班神采奕奕，赚足眼球。光鲜亮丽、英姿飒爽的背后是凛冽寒风中的毅然挺立，是似火骄阳下的纹丝不动，是腰酸腿疼时的默默坚持。一滴汗水，一份苦痛，却是一生的荣耀。

国旗班为了完美地呈现当天的升旗效果，每次接到升旗任务后会提前一个月训练，利用下午下课后的吃饭时间，严格组织训练，提高队列水平。每次训练的时间大约为 45 分钟，

图 6-23　护旗手送旗

这意味着国旗班成员为了升旗当天 1 分钟不到的路程，要付出将近 22 小时的训练。按照一年 3 次升旗任务算，就是将近 66 个小时的训练时长。每逢重大节日临近，东体育馆前都会出现一批批日日加练的战士，风雨无阻地进行训练。由于升旗任务大多集中在元旦、"五一"、国庆等重大节日，训练要经历不同季节、不同气候的考验，对国旗班成员的意志力也是极大的考验。国庆前的升旗任务训练，此时一般天气比较炎热，由于夏常服吸汗能力差，常常刚站几分钟军姿，身上的衣服就像刚洗过一样全部湿透，脸上的汗水沿耳朵和下颚滴下来，身上的汗水顺着手臂流到指尖打湿裤缝，而队员们却一动都不能动，常常要忍受汗渍流到眼睛的痛苦；元旦升旗之前的训练则因为气候特别湿冷，高筒的军靴特别磨脚，很多人的脚上都磨出来血泡，但行进口令一旦下达，不管是抬脚高度，还是一步一地的磕脚跟，都是一毫米也不能差。"选择了国旗班，就意味着你们将用自己的汗水去证明一名军人对国旗庄严的尊重。"这句第一任班长说过的话镌刻在每一个国旗班成员的心中，送走了一批又一批的国旗班人，传承至今。坚守着这样的信念，日复一日、一遍遍地刻苦训练，练就了一支训练有素、整齐划一的队伍，练就了坚强的仪仗礼仪，磨砺出了铁一般的意志，才使得在这短短几分钟的仪式上给全场以震撼，无愧地代表广西大学守护着国旗的尊严。

苛求完美，精益求精的极致标准

在义勇军进行曲短短 46 秒内将五星红旗送上旗杆顶，其实并非易事。为了在国歌最后一秒将旗帜升到位，旗手反复试验，一遍遍调整升旗频率和拉绳长度，设定每四拍国歌为一节，将整首国歌分为 19 节，这样升旗手拉动旗绳 19 次，就可以将国旗拉到旗杆顶。升旗手要拉 10.5 米才可以将国旗升到旗杆顶，按照国歌分 19 节的做法，每一节长 55 厘米。这一过程不知伴随着多少次的国旗升降和总结摸索。负责抛旗的旗手为了达到升旗当天抛旗最具视觉冲击的效果，常常需要私下成百上千次的抛旗训练，

图 6-24

回到宿舍中还要用铁饼来训练以增强大小臂爆发力，保证抛旗时国旗能在最短时间内展开到最大程度。

不仅如此，国旗班 36 名队员组成的护旗队在出旗过程中的标准也极其严格。出旗规定所有成员每一次齐步向前位移约 75 厘米，礼式齐步行进约 33 步后换正步，踢腿高度统一 25 厘米，以每分钟 110~116 步的速度行进 30 步后立定，转向国旗完成出旗任务主要部分。整个过程中要求每个人协调一致，从每个人动作规范、精神面貌到每个排面的胸线、摆臂线、腿线，都必须一律同排头方向严格标齐；再到整个护旗方块，动令下达后统一执行口令，要求每个成员有"我即方阵，方阵即我"的核心思想。为了追求在升旗任务中完美的效果，训练时队员们一个简单的踢腿或摆臂动作要重复成千上万次，按平均每次国旗班训练 45 分钟来计算，队员们参加训练一次需要摆臂加踢腿 150 余次，每次将腿抬起定在空中，调整高度达数分钟，有时甚至借助绳子定位，以确保排面踢腿整齐。虽然这种训练极其痛苦，但为了在仪式上整齐划一、美观大方地走出 50 米的距离，没有一个人抱怨，累了，就揉揉腿，然后继续训练！正是这种一丝不苟的态度，国旗班才能在升旗仪式上有近乎完美的表现。

国旗下的坚守，肩章上的使命

每名国旗班人都时刻谨记作为一名军人的职责，因为他们代表的不只是个人，而是一个光荣的集体，无论何时都要始终把任务和集体利益放在第一位。国旗班成立至今，无人迟到、旷训，无人请假、中途退出，这条不成文的规定鲜明地显示了国旗班人的牺牲精神。为了保证整个团队的训练进度，有人放弃了社团丰富的活动，有人放弃了在学生会的工作，有人更是带伤、带病参加训练。因为升旗任务基本安排在节假日第一天早晨，家住北方的队员们很多因为回家路程遥远、能坐的车次有限而多次放弃回家的计划并认真投入到训练中，加上国防生的特殊身份，假期常常需要参加集训或到部队当兵锻炼，能回家跟家人团聚的机会更是弥足珍贵。但国旗班负责人肖思宇说，军人肩负着责任，毕业分配到了部队，逢年过节需要站岗放哨的情况也再正常不过，何况国旗班这个集体守卫的是那面祖国的旗帜、是军人那份爱岗敬业的坚守。"从加入国旗班那天起，我其实就已经做好了牺牲个人利益的准备，既然国旗选择了我，那我一定不辱使命！"队员李一夫笑着说。"责任"只是一个抽象的概念，要把它付诸实践，就要具备国旗班人足够的思想觉悟，在关键时刻能够果决地牺牺个人利益,在争取集体荣誉的道路上争当排头兵。

有一种声音叫作步履铿锵,有一种颜色叫作赤胆衷肠,有一种责任叫作国旗护卫,有一种使命叫作献身国防。广西大学国旗班必将铭记责任和使命,传承广西大学国旗班人坚韧不拔的品质和拼搏向上的精神,用辛勤的汗水来刻苦训练,凭良好的风貌去接受检阅,以昂扬的斗志向国旗敬礼!

图 6-25

一群让科技落地扎根的奋进者

—— "团队合作"榜样先锋"奋进者"创新实践团队事迹

　　"奋进者"创新实践团队是在广西大学大学生科技创新俱乐部内部建立的大学生课外科技创新先锋小组，团队的组建由机械工程学院学工组老师发起，在国家级机械工程实验教学示范中心的指导老师指导下完成，以"勇于创新，勤于实践"为理念开展学生创新实践活动。团队成员相互合作，各有侧重，通过积极参与各项科技创新活动，在很大程度上提升了团队成员的创新与动手实践能力，并带动了一批低年级学生融入科技创新实践的氛围中，也为广西大学大学生科技创新俱乐部的持续发展储备了后备力量。团队在科技创新、学科竞赛等方面均取得了优异成绩。

　　"奋进者"创新实践团队主要核心成员由：热能动力工程专业10级曾燕斌、庞汉礼、刘小林，机械工程及自动化专业10级唐伟力、张孟军，农业机械化及其自动化专业10级张睿歆等六名成员组成。在学院严壮峰副书记的领导和张铁异、周晓蓉老师的精心指导下，队员们在课余时间相互交流学习经验，一起碰撞出创新思维的火花，积极参加各类学术、科技竞赛并获得了优异的成绩。

　　从2012年至今，团队主持、参与省级大学生创新性实验计划项目4项、校级项目6项；参与教师项目4项，分别是：张铁异老师负责的广西制造系统与先进制造技术重点实验室课题、张铁异老师负责的广西壮族自治区教育厅科学技术研究项目、张铁异老师申报的全国教育科学规划课题、陈家权老师的插秧机研发项目；获得授权实用新型专利5项，申请国家发明专利5项，申请实用新型专利5项，申请外观设计专利1项；已公开发表论文2篇，向核心期刊投稿2篇，正在审稿中；获全国大学生机械产品数字化设计大赛一等奖和二等奖各1项、全国大学生机械创新设计大赛二等奖1项、第五届全国三维数字化创新设计大赛二等奖1项、第三届全国残疾人辅助器具创新设计大赛创意类最佳创意奖1项、第六届"挑战杯"广西大学生课外学术科技作品竞赛二等奖1项。另外，获省部级各类比赛特等奖1项、一等奖1项、二等奖2项、三等奖1项。

青春实践展风采，争当创新弄潮儿

——"团队合作"榜样先锋"Fusion"创新实践团队事迹

　　"Fusion"创新实践团队是依托广西大学大学生科技创新俱乐部而建立的大学生课外科技创新活动小组。"Fusion"创新实践团队于 2010 年在国家级机械工程实验教学示范中心的指导老师的引导下组建，以"勇于创新，勤于实践"为理念开展学生创新实践活动，通过积极参与各项科技创新活动，极大地提升了团队成员的创新与动手实践能力，并带动了一批低年级学生融入科技创新实践的氛围中，也为实验室的持续发展储备了后备力量。团队在专业成绩、学科竞赛等方面均取得优异成绩。

　　"Fusion"创新实践团队主要核心成员由：机械工程及自动化专业 09 级陈伟鸿、梁大淳和罗超，10 级李冰和唐伟力，农业机械化及其自动化专业 09 级陈科余，热能与动力工程专业 09 级李萦，10 级曾燕斌等八名成员组成。在张铁异老师的精心指导下，队员们在课余时间相互交流学习经验，一起碰撞创新思维的火花，积极参加各类学术、科技竞赛，并获得了优异的成绩。

　　从 2010 年至今，团队完成国家级大学生创新性实验计划项目 1 项、省级大学生创新性实验计划项目 2 项、校级大学生创新性实验计划项目 2 项；获全国大学生机械创新设计大赛一等奖和二等奖各 1 项；在全国大学生机械产品数字化设计大赛中荣获一等奖和二等奖各 1 项，省部级一等奖 5 项、二等奖 4 项、三等奖 1 项。申请国家发明专利 5 项，获得实用新型专利 4 项，申请国家新型专利 2 项；公开发表论文 1 篇，中文核心期刊已审核通过、拟发表的论文 1 篇。

创业扬帆风正疾　青年壮志入高新

——"团队合作"榜样先锋竞速时代事迹

　　竞速时代团队是由分别来自化学化工学院的孙皓、刘旭、陈智聪、张涛以及来自商学院的温健纯、周善伟、蒙文成组成的积极进取、团结向上的团队，本团队旨在参加创业、创新项目活动及实践。

　　本团队近期已经在"挑战杯"中国大学生创业计划竞赛和广西高校大学生创新创业项目申报中获得一定的成果，下面分别进行简单阐述：

　　1. 竞速时代各个队员在"挑战杯"大学生创业大赛中精诚合作，获得了广西壮族自治区一等奖，同时获广西壮族自治区"网络虚拟运营"大赛三等奖，并即将代表广西壮族自治区参加 11 月下旬在上海复旦大学举行的全国决赛进行现场公开答辩，在确定至少获得全国银奖的前提下，向全国金奖发起强有力的冲击。本次"挑战杯"创业大赛，本团队在理论联系实际的基础上提出了"艾拓 ATO 功能型添加剂有限公司"创业策划书，值得一提的是，通过一定的市场及数据调查，加上有技术的支持，此策划书具有很强的可操作性。

　　2. 竞速时代在以 ATO 纳米粉体技术为支撑的前提下，通过申报高校大学生创业计划项目，获得了一定的创业基础资金，为日后团队实际创业提供了物质条件。

一、"挑战杯"中国大学生创业计划竞赛

（一）赛事简介

1. 大赛组织

　　该赛事的主办单位为共青团中央、中国科协、教育部和全国学联、承办高校所在的省级政府；每届由一所高校承办，需要向主办单位申办、答辩，本次比赛承办单位为上海复旦大学。11 月份的全国终审决赛将汇集全国各地的顶尖团队，竞速时代有望在全国高水平团队中脱颖而出。

2.大赛形式

该赛事分为校内选拔赛、省市预选赛、区域半决赛以及全国总决赛四段赛事。其中选拔赛由各参赛院校自行组织；省市预选赛由大赛组委会统一组织，并根据竞赛晋级规则选出优胜团队晋级区域半决赛；区域半决赛决胜团队将晋级全国总决赛。竞速时代各个队员在此次大赛中精诚合作，成功成为前三阶段的优胜队伍，即将代表广西参加11月下旬在上海举行的全国终审决赛。

（二）竞速时代参赛成果—艾拓ATO功能性添加剂有限公司

1.公司简介

艾拓ATO多功能型添加剂有限公司是一家正在筹建中的高新科技型化工公司。公司目前拥有的ATO纳米粉体及其附属产品是由广西大学化学化工学院研究开发，拥有着完全的知识产权。公司以ATO纳米粉体服务市场，充分利用高校研发力量，推进高新技术成果的产业化，致力于ATO纳米粉体及相关产品的研发、生产和销售的一体化。艾拓将以高新科技实用化为目标，以提高人类的生活质量为理念，将高新科学技术配合先进的营销策略，在满足客户需求的同时不断地加强和完善自己。

2.公司的产品与业务

公司的主要产品是掺锑二氧化锡（Antimony doped Tin Oxide，ATO）纳米粉体及其浆料。ATO纳米粉体是有色金属产业链中具有高性能和高附加值的纳米材料，符合国家新材料产业发展战略。ATO纳米粉体具有良好的导电性、浅色透明性、可阻隔红外线和紫外线，具有良好的耐候性和稳定性以及良好的催化性等性能。该产品目前作为原材料主要应用于液晶屏导电涂层、建筑及汽车玻璃隔热涂层、纺织行业纤维防静电涂层以及军工产品等多个领域。

3.公司战略规划

艾拓以高新技术开发为基础，主要致力于ATO及相关产品的研发、生产和销售。公司以其产品服务于市场，充分利用高校研发力量，推进高校高新技术成果的产业化。公司成立初期主要生产ATO纳米粉体的系列产品，解决过去同类产品功能单一、性能不稳定和环境效益不佳的问题，满足工业向大型化、系列化、专用化和高档化方向发展的需求；后期公司将以此为基础，建立一个多类化学品的研发、生产和销售的专业化公司。

4.公司的目标

未来3~5年，公司将通过树立名牌产品，实现产品多元化，为进一步扩大产能积累经验和打好基础。同时，积极进行项目及资源整合，不断提升经营和效益规模，力争在国内纳米材料行业占有一席之地。依靠制备纳米粉体的新技术，开展一系列纳米材料的开发：纳米级掺锡氧化铟（Indium Tin Oxide，ITO）、纳米级二氧化钛、纳米级二氧化锡、纳米级三氧化二铝等产品。公司成立后会不断将新的科技成果实现产业化，推出提高人民生活质量、造福人类社会的产品。同时，在生产的过程中将之不断完善、不断推进科技产业一体化，高质高效为客户提供满意的产品，并且持续提升产品品质。创造良好的商业和社会价值是艾拓努力的方向。

5. 策划书创新点

（1）应用创新：根据社会发展和市场需求，采用高校先进技术，将理论知识转化为实际生产力。该产品目前可作为原材料应用于液晶屏导电功能、建筑及汽车玻璃隔热功能、纺织行业纤维防静电功能以及军工产品等领域。

（2）技术创新：采用室温固相合成法，利用特殊的表面活性剂控制粒子生长的技术，并成功解决纳米产品在生产过程中易团聚的问题是本项目的创新点。

（3）生产创新：依靠上述制备纳米粉体的新技术和设备，可以开展一系列纳米材料的开发：

纳米级铟锡氧化物（ITO）粉体

纳米级二氧化钛粉体

纳米级二氧化锡粉体

纳米级三氧化二铝粉体

其中值得一提的是，本次创业计划中已由指导老师及其合作伙伴筹资100万元完成中试平台的建立，可以对ATO纳米粉体进行批量生产。

二、广西高校大学生创新创业计划项目

（一）项目简介

随着时代的不断发展，各种新兴节能环保高科技产品将替代传统污染大、耗能高的产品，锑锡氧化物（简称ATO）纳米粉体是一种极具发展潜力的新型多功能透明导电纳米粉体材料，具有广泛的应用前景，从而可以使公司实现可持续发展的战略目标。

实例：应用在汽车膜中，阻隔紫外线，防止物品褪色、塑料橡胶件老化，

过量的紫外线照射还会诱发人体皮肤癌变。阻隔红外线，降低车内温度，减轻空调负荷，减少油耗；在纺织行业纤维防静电方面的应用，以往的产品包装大多注重外观、防潮、隔热、保温等性能，而对防静电、防射频性能没有引起足够的重视，也造成了严重的后果，全世界电子工业因静电放电(EDS)造成的损失每年达数百亿美元，ATO正是为解决这些问题应运而生的，在防静电、防射频性能上有良好的效果；在建筑方面的应用，以往涂料主要来自石油分离出的苯，不仅会长期释放有毒物质，污染环境，而且耗能较大，不具备隔热、防腐、除菌、洁污等功能，纳米ATO则是具有以上功能的涂料添加剂，可以减轻空调负荷，节约用电，减少污染。

（二）项目落实

1.主要问题

① 通过市场调研，并对得到的大量数据进行处理，对多方面的风险进行评估，从投资净现值、投资回收期、内含报酬率、敏感性分析等方面对该项目进行可行性分析并形成分析报告。

② 做好市场调研，仔细分析该项目的优、劣势，探索项目成功的有效途径，撰写一份详细的商业计划书。

③ 产品生产怎样实现产业化，怎样尽快打开客户网，使项目尽快盈利。

④ 产品怎样投入市场，怎样增强该项目的可行性，公司的抗风险能力怎样。

2.拟解决的途径

① 在老师的指导和帮助下，通过检索网络、专业数据库，在图书馆查阅相关书籍，购买相关书籍、商业数据，向相关企业打电话咨询、去工商管理局咨询，到相关企业参观、学习等方式进行市场调研，得到大量准确的市场数据。然后，对数据进行分析，得到数据支持，在此基础上，对项目进行多方面的风险评估和可行性分析，并形成分析报告。

② 加入老师中试平台研究，与指导老师和团队共同管理该平台，将该产品扩大化生产，保证产品的产量和质量，并且能及时为客户提供足够的货源。

③ 通过实践考察、电话宣传、信件介绍，明确谁是客户，积极主动联系需要用到该产品的生产商；做好客户信息反馈网，可及时对中试平台进行管理和机构的调整。

④ 团队定期收集最新市场信息，定期开会，指定时间一起工作，将所遇问

题集中到一起解决，并分板块制作商业计划书。

⑤ 加强团队协作，提高团队工作效率，定期修改商业计划书，然后送交指导老师和学校其他相关专家老师进行评价，多次修改完善。

⑥ 与老师及其战略伙伴共同开展销售及售后服务等工作，以解决实际问题来完成商业策划书，提高策划书的使用价值。

3. 人员分工

孙皓作为项目负责人，负责项目各个环节工作的具体安排和团队人员的调配；蒙文成主要负责市场调研，保证准确的数据支持；温健纯和周善伟对数据进行分析，进行财务预算；刘旭和孙皓进行风险评估和可行性分析。

4. 模拟商业策划、运行

团队采用的 ATO 纳米粉体生产技术指标已达到日本、韩国等国外最好水平，处于国内领先水平，产品质量完全可以满足国内外用户对 ATO 纳米粉体性能的要求。并且，采用的室温固相法，国内尚无厂家使用，该工艺过程简单，基本无有毒的气体和废水排放，反应过程中的副产物全部回收。加之 ATO 纳米粉体是锡锑类产品的深加工，属高科技产品，既充分利用了广西丰富的锡、锑资源，又提高了锡锑类产品的附加值。团队模拟目标：创立艾拓 ATO 多功能型添加剂有限公司，实现公司上市，赢得国内外市场。流程：首先，创立中试平台，最大限度降低公司成立后所遇的风险；其次，注册公司，规模化生产 ATO 产品，及时投入 IT、建筑、涂料、能源等各个市场，让目标客户及时了解公司产品在同类产品中的优越性；再次，在国内相关行业中抢占市场，树立公司较好名声，再以盈利为主，为公司上市做好充足的准备；最后，公司成功上市，不断开发新产品，向海外拓展市场。

5. 预期成果

① 一份风险评估报告、可行性分析报告。

② 撰写出一份详细的商业计划书。

③ 产品投入到一定的市场，不少的生产厂家了解到我公司产品，收集到许多客户意见。

④ 根据中试平台的试运营，正式成立公司。

三、附录

附录一 本项目指导老师简介

在团队的两个主要项目中，以下老师给予了我们很大的帮助，对他们介绍如下：

尹作栋，博士，广西大学化学化工学院材料学副教授。主要从事与无机纳米材料、阻燃材料及抗静电高分子材料相关的研究。曾于 1995 年主持完成省级重点项目《水合锑酸钠新工艺研究》，1998 年主持广西大学校级项目《纳米级胶态五氧化二锑制备及改性研究》以及 2002 年主持完成横向课题《空气催化氧化法从高铅锑矿制备焦锑酸钠》，并实现年产 1 000 吨的规模。2009 年主持完成广西教育厅专利基金资助项目《空气催化氧化法合成醋酸钴》。以第一发明人获得两项国家发明专利，以第一作者发表 10 多篇论文，其中 SCI 收录 1 篇，EI 收录 2 篇。

童张法，博士，博士生导师，广西大学化学化工学院化学工程与工艺教授。主编教材一本、编著两部，发表 300 余篇论文，被 SCI、EI、ISTP 等收录 120 余篇，获国家发明专利 10 项，广西科技进步二等奖 2 项、三等奖 2 项，广西高校科技进步三等奖 1 项，2000 年入选为广西"十百千人才工程"第二层次人才，与加拿大渥太华大学、滑铁卢大学及日本、泰国、韩国、法国等大学、研究所有学术交流和合作研究工作。现承担国家自然科学基金、广西科技攻关等五个课题，在淀粉化工、生物化工、无机纳米材料、催化精馏等领域进行研究。招收化学工艺专业基本有机化工、材料化工方向博士研究生；招收化学工程与工艺一级学科专业、环境工程、物理化学等专业硕士研究生。

邓德军，博士。硕士生导师，广西大学商学院会计学教授，中国注册会计师。广西大学商学院财务与会计系副主任，硕士生导师，主要从事财务与会计的教学与研究工作。先后就读于武汉大学（原武汉水利电力大学）、武汉理工大学、华中科技大学，获得管理学博士学位。

邹武平，硕士，教师，广西大学商学院财务管理/会计学副教授。主持广西教育厅广西高等学校立项科研项目 1 项，主持校级科研课题 1 项，主持校级教改课题 1 项；参加国家社科基金课题 1 项，参加国家自然科学基金课题 1 项，参加省部级课题 3 项。公开发表论文 20 余篇，其中发表在《科技与管理》2007 年第 6 期上的《构建和谐企业财务关系探讨》一文被中国人民大学复印报刊资料《财务与会计导刊（上半月·实务版）》2008 年第 3 期全文转载。

在此特别感谢以上老师的辛勤指导。

附录二 竞速时代团队成员介绍

作为一个整体的我们都具有强烈的创业倾向和创业潜力，有着共同的理想信念，在各项团队实践活动中我们各自运用各自专业的知识和个人才能，在这个迅速发展的时代力争上游，我们就是"竞速时代"。下面将团队成员介绍如下：

孙皓，来自化学化工学院，其个人有着足够的胆识、魄力和足够的亲和力，具备创业的先决条件，在人际交流和发展业务方面有着其他人不可比拟的优势，所以他成为该项目的主要负责人。

刘旭，来自化学化工学院，具备过硬的实验技能知识和丰富的专业理论知识及一定的工厂生产经验，具有足够的激情和毅力坚持完成一项工作，曾于 2011 年暑假在四川大地文化有限责任公司实习，主要从事物流和生产方面的一些工作，拥有一定的实际社会经验，爱好比较广泛，擅长各种各样的球类运动。

陈智聪，来自化学化工学院，为人活泼开朗，善于活跃团队气氛，专业学习成绩优异，具有良好的表达能力，是团队对外公关的不二人选。

张涛，来自化学化工学院，作为团队唯一的一位研究生，具有较强的理论知识学习能力和技术钻研能力，其跟随指导老师对 ATO 纳米粉体制作进行了较长时间的研究，能为团队提供强大技术支持。

温健纯，来自商学院，现已保送商学院研究生，已通过雅思考试，达到出国留学水平，获得过专业奖学金，其具有丰富的社会实践经验、扎实的财务会计专业知识，对财务工作积累了一定的知识和经验；具有较强的沟通领导能力和良好的团队合作精神，曾于 2011 年寒假广西物资集团北海机电有限公司参加社会实践，任主管会计助理，2009 年在广西北海市国税局车辆购置税征收管理分局参加社会实践，负责协助工作人员进行车辆购置税的征收、管理。

周善伟，来自商学院，曾任班长、学习委员、华硕校园团队骨干，并且拥有丰富的社会实践经历：2010 年参加新东方外语培训机构兼职讲师培训，同时担任新东方中学生演讲大赛初赛评委；2011 年暑期在广西中信大锰财务部实习，练习和了解了企业的账务处理以及会计电算化软件的应用，协助财务部人员编制财务中期报表以及检查账务的工作。不但积累了一定的实践经验和社会

经验，同时也认识了一些朋友，积累了重要的人脉资源。同时本人具有较为扎实的会计及财务管理知识，能为创业团队提供财务方面的技能支持，为项目运营提供财务方面的分析和建议。

蒙文成，来自商学院，在校学习成绩优异，具有一定的财务管理专业基础，能够进行一定的财务指标、报表分析。曾担任广西大学商学院社会实践部部长，积极组织、参加院社会实践活动。2010年暑期在家乡一家名为兆丰制线的民营企业兼职实习半个月，主要负责产品清算核对；2011年暑期组织参加商学院"三下乡"支教活动。具有一定的组织协调能力、较扎实的专业基础，能够做好团队财务管理工作。

我们相信，未来竞速时代团队一定会取得更多实质性的成果。

附录三　学校网站相关报道

我校在第五届"挑战杯"广西大学生创业计划竞赛中总成绩名列第一（2012 – 06 – 21）

相关链接：http://news.gxu.edu.cn/xykx/2012-07-09/28480.html

6月19日–21日，由共青团广西区委、自治区教育厅、自治区科技厅、广西学生联合会共同主办的第五届"挑战杯"广西大学生创业计划竞赛决赛在广西财经学院举行。我校15支创业团队参加了决赛，经过创业计划书评审与秘密答辩两个环节的激烈角逐，我校获得14个一等奖，1个二等奖，获得总成绩第一名，并且连续第五次获得校级"优秀组织奖"。

此次竞赛全区共有44所高校参加，394件作品参加初赛，354件作品进入复赛，108件作品进入决赛。竞赛评选出一等奖作品35件、二等奖作品73件、三等奖作品246件。我校推荐的15件参赛作品，顺利通过初赛、复赛，全部进入决赛。

在决赛中，我校参赛创业团队表现沉稳、干练，发挥出色，获得评委一致好评。经过激烈角逐，我校"广西学子创业投资管理有限公司""绿城现代精铸模料有限公司""艾拓ATO多功能型添加剂有限公司"等14件参赛作品获得一等奖，"新科(MOM)能源科技有限责任公司"获得二等奖。

近年来，我校高度重视大学生创业工作，坚持以提高大学生创业能力为目标，以开展创业教育为基础，以树立正确的创业观为导向，以建立共青团"青年就业创业见习基地"为重点，以组织大学生参加创业计划竞赛为推手，努力构建包括意识培养、素质拓展、技能提高、实践锻炼等多环节的促进大学生创业的工作体系，开展了一系列卓有成效的工作，取得了显著的成绩。（校团委 王利军 文/图）

广西大学参赛作品获奖情况

作品名称	获奖情况	作者	指导老师
广西学子创业投资管理有限公司	一等奖	李智 张昕 李芝蓉 王崇志 玉正华 黄冬萍 岑利 李静	梁戈夫 王利军 洪锦团
绿城现代陆特模科有限公司	一等奖	修媛媛 陈远 李剑飞 陈桌志 张冬冬 杨阳 林灵	许证兵 曾建民 庞兴志 苏广才 韦德洪
艾拓ATO多功能型添加剂有限公司	一等奖	孙皓 刘旭 陈智聪 温健纯 梁文成 周善伟 张涛	尹作栋 童张法 郑西军 邓成平
林特慧园科科有限责任公司	一等奖	周智勤 蒋欣祥 柳神 韦雪 王锦 金岳 陈爵锋	蓝永钟 王利军 梁运文
广西朗爱工艺有限责任公司	一等奖	许煜锦 廖正寺 覃晚龙 黄翰舒 韦金萍 陈彩 陈芳	宋小白 田锡
广西乐蓝科技有限责任公司	一等奖	谭恒鹏 黄弘唯 黄晓军 黄秀海 林漱英 欣小绘 孙万玲 廖宋	徐丽 龙明华
汇盛生物制药有限责任公司	一等奖	朱韵玮 张思扬扬格 罗红 检 司媛姐玛 韦落璋 王海	梁志群 龚曜
ZynT信息科技有限公司	一等奖	王海亮 覃天威 梁敏辉 靡鸿萍 荷丽培 赵静	葛志辉
广西洁瘦生物有限责任公司	一等奖	夏庆光 覃梦轩 张梅真 赵玲锋 覃昭铭	龙晓鹏 梁修庆
南宁洁远化工材料有限责任公司	一等奖	张野 许熹微 毛小全 李翔 刘璎 徐组良 郝淑莹	曾建民 李永梅
钛隆诺芯制造有限责任公司	一等奖	唐何盛 罗开萍 王喆 覃昱鼎 蒋军翔李萍 叶锦呈 冯仙之	蓝永钟 王利军 辜武干
指尖朝阳有限责任公司	一等奖	王黎黎 黄甜萍 覃颀 陈寓今全 何艺晶 宋思佳	王立异 张文星
广西龙厨瓦股份有限公司	一等奖	璩玉珠 宋健恒 邱姐 李兰兰 陈慈全 王熙颖 林佳华 欧剑武	曾建民 李永梅 许证兵
锦利生态科技有限责任公司	一等奖	苏海蓉 吴曾晴 蓝苏宁 黄艺君 黄立成 程莘莘 卢圻 圈耀 蕾星合 王慈春	何冰 蒋林斌 黄显文
新科(双科)能源科技有限责任公司	二等奖	沈贤永 丘荤峰 黄涛 黄丹 陆松雷 朱良鹏 安瑶	陈小鹏 祝伟 黑杰玲

附录四 "挑战杯"创业大赛相关荣誉证书

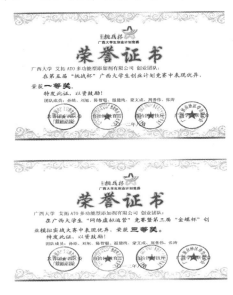

社会实践类

点滴播种希望　精准助力扶贫

—— "社会实践"榜样先锋"美丽那坡·生态乡村"社会实践服务团事迹

一、项目意义

"十三五"时期，参与我区脱贫攻坚战是在校大学生义不容辞的责任。2016年7月8日上午，由自治区高校工委、教育厅主办的2016年全区大学生助力脱贫攻坚战暑期社会实践活动启动仪式在我校举行。启动仪式上，自治区政协副主席、我校党委书记刘正东号召广大青年大学生积极行动起来，和全区广大人民一道，为实现我区"两个建成"目标和中华民族伟大复兴的中国梦奉献青春力量。我校团委积极对接我校派驻那坡县的6位"第一书记"的扶贫点开展实践活动，"美丽那坡·生态乡村"社会实践服务团活动被自治区高校工委评为自治区大学生社会实践示范项目。该活动发挥学生所学学科专业的优势，挖掘整理乡村建设的地方风貌、民族特色、历史脉络、文化底蕴，不断提高乡村建设的文化含量，开展文艺演出与体育比赛等活动，帮助当地群众自主建设彰显民族特色、体现历史文化、融入科技元素的生态家园。同时，让广大学生在学习中收获、在奉献中提高、在实践中成长，使服务地和参与学生双向受益，实现实践育人的目标，以实际行动为中国梦的实现贡献正能量，为我区"两个建成"目标贡献力量。

二、活动建设内容

（一）关注贫困村留守儿童

校团委长期高度重视我校扶贫点的扶贫工作，积极联系爱心企业与个人捐助那坡县城厢镇百林村完全小学。6月底，广西大学团委"瑶篮计划"资助百林村完小39 600元善款与爱心物资已送达该校，爱心物资包括铁架床、课桌椅、电风扇等。此外，校团委还为百林村完小建立了"君武图书馆"，发放"瑶篮奖学金"等。

图 7-1　校团委为那坡县百林村完小建立"君武图书馆"

图 7-2　校团委联系爱心人士资助百林村完小 39 600 元善款与爱心物资

（二）科技支农助力产业脱贫

实践期间，农学院的博士团小分队在那坡县农业局举办了一场中草药、食用菌种植技术讲座，受到热烈欢迎。讲座结合当地的自然环境和产业发展需要，为那坡县农业局骨干、当地种植大户详细讲解中草药、食用菌的发展前景，传授最新的种植管理技术。同时，博士团小分队还深入那坡县百林村，不仅捐赠了 200 株中药材"牛大力"种苗，而且在田间地头为农户现场示范"牛大力"栽培技术，他们计划于后期示范种植 20 亩，预计产值达 120 万元。为进一步助力当地农业产业发展，博士团小分队还深入达腊村等我县定点扶贫村开展"广西那坡农业产业扶贫现状及完善途径"主题调研，为那坡农业产业扶贫现状"问诊下药"，为贫困地区"脱贫摘帽"建言献策。该学院的学生党员实践团小分队则行走在那坡县念头村的田间地头，采集、分析病害虫害的标本以及土壤样本，深入探讨该村稻田养鱼示范田的难点，为助力当地农民增产增收贡献微薄之力；在那坡县德隆乡，该实践团小分队开展"互联网＋农业"宣传活动，发放宣传册、摆放"互联网＋农业"典型案例宣传展板、进行"互联网＋农业"宣传路演、推广"农天下"APP，广泛宣传"互联网＋农业"知识理念，使当地群众直接感受智慧农业新成果。该学院的各小分队还秉承"扶贫先扶智"的理念，积极开展"教育扶贫"支教活动，在三江县高滩屯，益农小分队开展了为期半个月的"小小植物学家"青少年科普夏令营，带领留守儿童开展认知植物、制作植物标本等科普活动，培养孩子们从小热爱科学的兴趣。

图7-3　农学院实践团进行现场指导

（三）生态调研活动

　　绿水青山，就是金山银山。"林下掘金"、生态致富已经成为农民脱贫摘帽的有力举措之一。实践期间，林学院实践团充分发挥专业优势，通过宣讲惠农政策和成功案例、调研取样并"对症下药"提供技术支持、关爱留守儿童等行动，积极助力那坡县"林下掘金"。林学院实践团先后在德隆乡集镇、念头村举行宣讲会，通过现场讲解、答疑解惑、展板等形式展示林下经济的优势，还推介国内外及广西目前的成功案例以及"贴息贷款"等惠农政策，帮助村民了解新兴产业，打消部分村民的顾虑。在念头村，实践团通过实地调查，针对杉木林下较为空旷、郁闭度适中的情况，提出林下培养真菌和种植中草药等新型模式，建议通过立体经营来实现林地增产增收。针对那坡县喀斯特地貌山地石漠化严重、利用度低等状况，实践团结合当地气候和成功先例，提出种植任豆树、金银花等耐旱物种，有效遏制石漠化并带来经济效益的良好建议。实践团还对林木取样，将病虫害制作成标本带回实验室分析，为村民提供技术支持，促农增收。实践团还通过文艺表演和组织团体活动，关爱并鼓励念头村留守儿童勤奋读书、学好本领、走出大山。接下来，实践团将从专业角度，为那坡县石漠化山区制定不同的林下经济发展模式，并根据走访、座谈和调研的情况撰写调研报告。

社会实践队学生深入乡村，通过开展实地考察当地历史文化、亲身感受那坡县当地风土人情、收集整理文献资料等活动，挖掘整理当地的民族特色和历史文化，并形成调研报告。

图 7-4　轻工学院实践团走入农户家中进行健康调研

（四）"美丽乡村"规划设计活动

轻工与食品工程学院的食品科学与工程和包装工程专业学生专门来到那坡县城厢镇者仲村牛场，参观牛场的养殖环境，听取驻村第一书记和牛场负责人的建设思路，为牛场发展建设出谋划策，并帮助设计了体现绿色生态、易于识别的牛场徽标。食品质量与安全专业学生则对村民生活用水取样检测，为当地村民饮用水保持清洁安全提供建议，提出矿泉水厂建设可行性的初步参考建议。

图 7-5　轻工与食品工程学院实践团调研活动

（五）家电义务维修

物理学院实践团义务维修组活动期间来到那坡县全民健身中心进行义务维修活动，热心为当地居民维修家电。在义务维修期间，一位曾参加过"越战"的退伍老兵听说有大学生在健身中心开展义务维修活动后，也被吸引到了维修现场，聊起了越南战争中自己的经历，并称颂中国共产党。他鼓励大学生加入党组织，成为党员，为祖国的繁荣发展贡献自己的一分力。

图 7-6　物理学院实践团进行义务维修

（六）清洁乡村义务劳动

暑期社会实践队在开展文化下乡社会实践活动期间，在所到乡村都要参加"生态家园"义务劳动活动，用自己的双手和汗水为生态乡村做出贡献。

图 7-7　轻工学院实践团在进行义务劳动

一直以来，校团委高度重视大学生暑期社会实践工作，鼓励、支持广大青年学生深入基层、服务社会，在实践中践行真知、砥砺自我、提升素质、增长才干。组织"美丽那坡·生态乡村"服务团赴那坡县进行社会实践活动，既是对我校大学生暑期社会实践的激励与鼓舞，也是对我校学生专业知识实践应用能力的考验与挑战。在 2016 年的暑期社会实践中，我校学子牢牢把握"十三五"规划开局之年新机遇，关注社会发展、感受时代变革、调研中国梦想，从经济、文化、政治等多方面进行考察，从国家、社会、个人等多层次进行思索，积极开展助力脱贫、精准帮扶、科技支农等社会实践活动，适应新常态，迎接新挑战，助力脱贫攻坚战，奋力建功"十三五"。

青春"三下乡"筑起农业梦

—— "社会实践"榜样先锋农学院博士志愿服务团队事迹

红色老区深耕耘 青春鼎立农业梦

为响应团中央《关于开展 2015 年"丝路新世界·青春中国梦"全国大学生"圆梦中国"暑期实践季专项行动的通知》精神，并深入学习、宣传贯彻党的十八大和十八届三中、四中全会以及习近平总书记系列重要讲话精神，以纪念抗日战争胜利 70 周年为契机，引领广大青年学生按照习近平总书记关于"勤学、修德、明辨、笃实"的"八字真经"要求，树立和践行社会主义核心价值观，更加坚定地跟党走中国特色社会主义道路，坚定为实现"四个全面"战略布局和中国梦努力奋斗的理想信念，关西大学农学院坚持社会实践与社会观察、政策宣讲、志愿服务、专业学习、环境保护、就业创业的有机结合，特此结合本学院的专业特色，开展暑期社会实践活动。

广西大学农学院博士团"三下乡"暑期社会实践活动是广西大学农学院广大研究生依据自身专业特点，结合农村实际生产需要，经过多年精心打造而逐渐形成的具有自己专业特色的"三下乡"品牌活动，是我院素质教育的试验田。该活动立足实际，着眼于解决当前农业发展所面临的现实问题，为"三农"建设服务，至今已成功举办十届。在此基础上，本届农学院博士团于 7 月 20 日至 22 日赴百色靖西开展以"红色老区深耕耘，青春鼎立农业梦"为主题的第十一届博士团暑期社会实践活动。

此次博士团一行共 24 人，由农学院党委副书记袁涛带队，何龙飞副院长以及相关专家、博士硕士研究生随行，其中农学系、植物保护系、园艺系、植物科学系相关专家 5 名、指导教师 2 名、14 名博士硕士研究生。

博士团依托专业优势，以"善用专业技能、增加社会经验、实现产学研结合"为活动宗旨，致力于运用专业知识为"三农"服务。因此，博士团活动得到了靖西各级政府的重视和大力支持。活动期间，博士团先后开展了座谈交流、田间技术指导、专题知识讲座、现场培训、技术咨询、实地调研、参观新农村建设、为希望小学捐赠、爱国主义专题教育等活动，得到了当地政府部门、农民群众、农业科技骨干、农业生产大户的好评。本次实践活动也促进了我院与地方对接，真正地实现了产学研结合，使得我院"办好农业院校，服务广大农村"的优良传统得以传承。现将具体情况总结如下。

一、活动开展情况——传承历史，开启服务新篇章

（一）精心准备，固基础

为确保我院博士团暑期社会实践活动的顺利开展，院领导对此高度重视。首先在选拔队员、成立团队时广泛汇聚人才。为了打造一支精英队伍，院领导严格把关，通过个人申请，考察平时表现，结合指导老师意见，选拔确立了一支专业方向切合靖西县农业生产实际、专业理论水平高、动手能力强、思想政治素质过硬的高水平队伍，形成广西大学农学院第十一届暑期实践博士团。博士团成员全心投入前期物资筹备工作，制作宣传海报、横幅、科普海报，印制宣传资料，购买捐赠物资等，并设计了团服、团帽。7月19日下午，博士团全体成员召开"三下乡"准备会，对活动前期最后的准备工作进行了统一安排，并对队员进行安全防范、医疗急救知识方面的培训，为我院博士团暑期"三下乡"活动奠定了坚实的基础。

（二）实地培训，促发展

实现农业梦，需要以科技作为支撑点，"农业技术现场咨询会"正是一个普及科技知识、帮助农民解决技术难题的平台。7月21日，博士团在靖西县新靖镇泗梨村开展农业技术现场咨询会。咨询会现场，博士团根据前期调研情况发放关于施肥与喷施农药技术要点、鉴定有机肥好坏、农业互联网＋等农业宣传资料，悬挂了关于十字花科病毒病、番茄病毒病、田七炭疽病、水稻稻瘟病、烟草赤星病等十张病虫害防治科普海报，向当地农民群众介绍了防治虫害技术，包括物理防治、化学药剂防治、生物防治等具体办法。对于群众提出的关于水稻稻瘟病、柑橘生长受限等专业问题，团员们也一一解答。

（三）农业调研，长知识

农业生产离不开大田，离不开土地。在广阔的农村，为了更好地"接地气"，让服务"三农"更具实效，博士团将亲自进入生产苗圃或田间地头进行

实地指导作为实践重点之一。因此，在活动期间，博士团成员奔赴玉琢村的中药材生产基地、靖西花卉种植园区和广西百色国家农业科技园区进行调研指导，考察当地生产技术，对于存在的生产困难提出改进意见。例如，在玉琢村的中药材生产基地，映入眼帘的是依山而建的大片田七种植大棚，该基地负责人带领我们进大棚参观，由于该地适宜的地理条件和气候十分适合田七的生长，所以田七长势很好。该负责人向我们介绍，目前田七种植基地已有650多亩，计划到2017年达到1 000亩并完成100亩铁皮石斛的种植，整个生产过程按照GAP种植要求规范化、标准化生产技术模式管理，形成种植、生产加工、销售为一体的中药材产业链，促进靖西县中草药产业发展。负责人还现场拔出一棵田七让我们观察其根部，田七的花、叶、根全都是宝，具有很大的药用价值。

（四）座谈交流，定方向

座谈会既是一种交流，也是一种学习。7月20日上午，博士团与靖西县政府、县农业局负责人、农业系统技术骨干、农业技术推广人员、种植大户等进行了座谈。在座谈会上广西大学农学院校友闭鸿飞副县长简要介绍了靖西县的基本概况，并特别指出靖西县农业生产的地理优势，从中感受到他对大力发展靖西农业产业的决心及肩负的责任。通过领导的讲话，我们了解了靖西县的作物种植现状和农业生产优势，这也为我们提供了生产信息，让我们了解到靖西县农业"6+1"产业发展思路：稳烟蔗、扩果菜、扶药桑、兴养殖，具体为发展烤烟、甘蔗、水果、蔬菜、桑蚕、中草药等6大种植业，大力振兴养殖业。但是主要存在以下几个方面问题：一是农民收入总体不高，扶贫任务艰巨。二是农业基础设施薄弱，抵御自然灾害能力不强；三是农业龙头企业少，农业规模经营组织少，带动作用不强；四是部分产业的发展面临市场等多重因素的挑战。甘蔗产业面临如何通过大面积实施"双高"基地确保产业稳定发展的艰巨任务，烤烟产业也面临如何提高比较效益对农民保持吸引力的挑战。有了对靖西县的深入了解，我们之后的服务也有了更明确的方向。通过介绍农学院以及博士团的情况，靖西县政府也对我们的服务有了更深的信任和更多的期待。座谈会后，许多农业技术骨干主动上前与博士团成员交流关于新品种选育、病虫害抗病性鉴定等专业问题。

（五）技术讲座，鼓东风

为了助推靖西县农业与农村经济又好又快发展，针对靖西县农业局提出的农民最关注的实际问题，并结合自身的调研成果，7月20日下午，博士团在靖西县农业局开展了农业新型技术讲座。首先，由广西大学农学院园艺系副教授，刘政国博士做土地流转下的蔬菜生产技术讲座，对蔬菜的种植技术以及常见的问题做了详细的介绍和讲解。接着，广西大学农学院果树学教授黄桂香做了关于柑橘夏秋季管理关键技术的讲座，对夏秋季柑橘的管理以及常见的病虫害以及防治措施做了详细的讲解，与会人员受益匪浅。最后，广西大学农学院植物科学系主任李良波教授做关于广西田七种植关键技术的讲座，对广西田七种植的前景以及特点和关键技术做详细的介绍。虽然讲座时间很长，但是大家的热情不减。听众们抓住机会积极与教授、专家们交流探讨，细致地做好笔记，拍摄照片，讲座结束后还主动与博士团成员沟通交流，咨询新品种，提出合作意向，拷贝讲座PPT。

（六）田间地头，"开药方"

博士团成员来到龙临镇龙显村糖料蔗"双高"基地参观并进行田间地头现场技术指导。近年来，国际糖业持续低迷，农民生产成本居高不下，种植甘蔗效益不显著，这极大影响了农民种蔗的积极性。在政府的极力督促及扶持下，高产、高糖、全程机械化的甘蔗"双高"生产才得以艰难开展。据了解，龙显村的"双高"基地4月底才开始种植，比正常时间推迟了近两个月，因此现在甘蔗还处于苗期，长势也不是太好。当地领导及蔗农都希望我们能提出有效建议，确保今年甘蔗的丰收。

在当地相关领导的动员下，近20名甘蔗种植户及相关单位的领导来到现场。甘蔗栽培专家陈超君教授首先介绍了甘蔗的整个生育期特点及各个阶段应注意的栽培措施，还有宿根蔗的管理方法。陈老师特别提到了甘蔗的破垄松蔸，这样做有利于提高宿根蔗芽位的温度及透气性，促进低位芽的萌发从而抗倒伏性更强。韦继光老师则重点介绍了甘蔗的主要病虫害及防治措施，他指出，当前甘蔗主要病害为梢腐病、黑穗病，梢腐病多是因为尿素施用过多引起，黑穗病则是因土壤中含有病原菌，并提醒大家一旦发现黑穗病应立即用火烧毁，防止病原菌进入土中；当前的虫害主要为甘蔗蓟马、蟆虫、蔗龟、蔗根锯天牛等，甘蔗种植之前应在土中洒防治地下害虫的农药，如地虫杀、克百威等。有种植户将蔗地里出现的病虫害拿来给专家进行鉴定，两位老师指出他带来的样品叶片是受到蓟马危害引起叶片枯黄卷曲，掰开卷曲叶片就能看见蓟马，该虫较小，主要是危害甘蔗叶片，陈老师嘱咐蔗农要在早晚喷药，因为蓟

马不喜光，白天太阳强烈时它会卷起叶子躲在里面，药剂很难到达。蔗农还发现现场不少蔗苗有枯心现象，陈老师将蔗苗拔起，发现在苗基部有虫眼，原来这是蔗螟在作怪，蔗螟在春植蔗拔节前产卵于蔗苗基部，后期产卵在蔗茎上，均散产。幼虫化后，钻入叶鞘间，逐渐下移。在甘蔗幼苗期和分蘖期，幼虫常从地下部的芽生长带或叶鞘间隙侵入为害蔗苗，蛀道弯曲，蛀孔外常露虫粪；甘蔗伸长期多潜入叶鞘间隙，再从芽或生长带侵入茎内。陈老师提醒大家耕地时发现幼虫就要从土中捡起一起处理，并在种植前每亩施用 3~4 千克呋喃丹或克百威来处理。蔗农们将两位老师的讲解一一记下，并感叹以前他们都不知道这些病的成因及防治办法，我们的到来给他们解决了不少问题。

（七）美丽乡村，传递爱

博士团在活动开展中，一直心系农民，不仅为农民朋友带来实际的实惠，也关心农民子女的学习、生活和健康成长。我们在咨询会上给当地的群众赠送了喷水壶，并且前往旧州小学，慰问当地的师生，关注农民子女的学习、成长，开展助教活动，向该校捐赠了部分学习用品和体育用品。获得帮助的小学生纷纷表示十分开心，以后一定会好好学习，小学的老师们也对我们的捐赠表示感谢。博士团成员们纷纷表示，农民生活不易，农村工作不易，农民子女学习也不易。我们捐赠的物资只能说是杯水车薪，却受到了热烈的欢迎和热情的称赞，今后如果需要对农村、农民更多的支援，尤其是物质上和技术上的支援，一定尽到我们力所能及的责任。

随后，我们一行人跟随县长考察了解旧州街"美丽乡村"的建设情况。小小的石板路两边晒满了玉米，街道干净整洁，一股浓厚的淳朴气息扑面而来。旧州街主要以旅游业和种植业为经济支柱，还发展烤烟和刺绣手工艺品。这里被誉为绣球一条街，每家每户都会制作绣球，我们看到路边的小商店里挂满了绣球和刺绣手工艺品，店前坐着的农户阿姨、奶奶们都在手工制作绣球。制作绣球的要求极高，看着她们一针一线地缝制，抛开世俗的纷争和喧闹，一切都是那么的自然和淳朴。再往前走，我们可以看到这里的名胜古迹甚丰，文昌阁、观音楼以及东山石刻，映着流水，依着山峰，风景美不胜收。河边大妈洗衣，河里小孩戏水，回归最真实的自然田园生活。县长向我们介绍当地新农村建设的步伐，意在保持淳朴的民风之下，传承手工艺文化，发展旅游业，提高居民经济收入。

（八）缅怀先烈，赤子心

博士团全体成员来到靖西县烈士陵园参观，缅怀长眠于地下的革命先烈。

看着革命烈士墓碑，我们心情万分悲痛，他们的平均年龄只有二十多岁，还有十七岁的。他们为了反对霸权主义、保卫祖国边疆安全和四个现代化建设，坚决执行命令，前仆后继、英勇奋战，无私地奉献了宝贵的生命，为人民立下了不朽的功勋，为我们树立了学习的榜样。他们对党、对祖国、对人民无限热爱，他们的英雄事迹凝聚着崇高的爱国主义和革命英雄主义精神。他们是祖国和人民的忠诚战士，是中华民族的优秀儿女，他们生的伟大，死的光荣！

二、活动特色及成果——发扬传统优良作风，收获活动丰厚成果

（一）举办各种活动，农民群众获得实际帮助

本次博士团"三下乡"活动进行了座谈交流、田间指导、技术咨询、知识讲座、现场培训、实地考察等活动，包括发放宣传资料、粘贴科普海报、赠送农用物资、慰问农民子女等，内容丰富多彩，形式多种多样。

我们开展了两场座谈会，开设专题讲座两场、专业培训两场，50多人得到了技术理论指导，近百人直接与博士团成员交流专业知识；我们奔赴玉琢村的中药材生产基地、靖西花卉种植园区和广西百色国家农业科技园区等3个生产种植基地进行实地调研指导，惠及当地的企业和种植大户；举办了1场农业技术现场咨询会，赠送喷水壶30个，约50人得到有效的问题解答；到旧州小学进行爱心捐赠，共捐献了3 000元的学习用品、书籍和体育用品，50名当地小学生直接受助。博士团活动在当地农民群众中收到了很大的反响，很大程度上受到了当地农业部门的肯定，促进了当地的农业发展和农业生产。

（二）传播知识技术，宣传创新理念

博士团在实践活动中，不仅亲力亲为举办各种活动，也带去了科技新知识和创新理念。我们重点宣传介绍了夏秋季柑橘的管理以及常见的病虫害以及防治措施、广西田七种植的前景以及特点和关键技术。在病虫害防治方面，我们提供了十字花科病毒病、番茄病毒病、田七炭疽病、水稻稻瘟病、烟草赤星病等10种常见病虫害的田间管理防治技术，讲解了物理防治、化学药剂防治和生物防治办法。在此次活动中，我们也深入调研了靖西县农业发展和新农村建设状况，撰写了随行日记、调研报告20余篇。

（三）双方高度重视，活动顺利开展

这次暑期"三下乡"社会实践活动之所以能够有条不紊地进行，是因为受到了学院领导和当地农业部门的高度重视，在活动行程与安排上都保持了紧密

的联系和配合。当地政府对博士团的活动表现出了极高的热情和期待，并对活动策划提出了更切合当地实际情况的建议。在我院党委的指导下，院研究生会具体实施各项活动，各部门互相协作，使得博士团"三下乡"活动各项工作都落实到位。在学院和当地政府及农业部门的通力合作下，上下一心，目标一致，本次暑期社会实践活动才得以顺利开展并取得突出成效，广西和靖西当地多家媒体均报道了博士团活动。

（四）自身锻炼，素质提升

要帮助农民实现农业梦，需要团队成员拥有扎实的知识基础，并且具备一定的生产经验。靖西是农业生产大县，生产的作物种类繁多，这就需要博士团成员都具备着扎实的专业理论基础，不仅是在自己的科研领域有深入的探索，还需要对于相关学科的其他领域知识有所

涉猎，以便更好地指导生产。通过此次博士团活动，各团队成员扩展了自己的知识面，对于知识的掌握更加综合全面，融会贯通，并且提高了语言表达能力和沟通水平，能对突发事件有更好的应变能力。除此之外，我们坚持"一个团队、一个目标、一种精神"的原则，在整个活动中都为服务好当地的农民群众而共同努力。在活动中遇到困难，我们也相互包容，通力解决，团队分工合作，也能提高工作效率。"三下乡"社会实践活动不仅培养了队员们吃苦耐劳的精神，发扬了努力拼搏的优良作风，同时也增强了队员在工作中的自我组织管理能力、协调能力和团队精神，加深了队员们之间的感情。

三、活动经验——注重创新，实现新突破

在中国梦、农业梦的指引下，今年的"三下乡"活动和往年一样，意在将知识转化为生产力，促进地方农业经济建设和发展，提高自身的服务本领和水平，第十一届博士团作为继往开来的一届，博士团活动又被赋予了新的意义和使命，我们也努力地进行创新和突破。

（一）具有针对性的实地走访指导

本次活动我们相较往届更注重实地调研指导，进一步将理论知识运用到实际当中，给予农民与企业最直接的帮助。我们根据当地的主栽作物和生产需求，由相关专家及博士团成员跟随农户到田间地头和生产基地，如龙临镇龙显村糖料蔗"双高"基地，直观地了解当地种植情况、栽培技术、遇到的问题，针对实际情况，专家提出更具体的栽培改进方法、病虫害防治措施等管理建

议，更具有针对性和实际效益。

（二）重视前后期宣传，扩大影响

博士团今年已进入第十一年，是具有里程碑意义的一年。我们立足于将博士团打造为更具影响力的特色品牌活动，让专业发展更具活力，从而吸纳更多的相关企业投入为农、帮农、惠农、兴农的服务大军中来。因此，此次博士团活动加大了宣传力度，采用新闻稿件、新闻采访、微博平台、网络通信、论坛等多种途径扩大宣传。活动期间，广西大学主页、雨无声网站进行了新闻报道，活动也受到了广西日报、人民网、新华网等多家媒体的重视，相继报道了相关新闻，既增加了校园影响力，又提高了社会关注度。

（三）关注农民子女，带去知识的希望

博士团在带去技术与知识的同时，也给当地农民子女送去了希望和温暖。我们向旧州小学捐赠学习用品和体育用品，与当地小学生交流，教导他们努力学习，鼓励他们积极进取，让他们了解到外面的世界，看到知识的力量，对未来充满希望。

（四）博士团活动品牌建设

在第十一届博士团活动中，我们更加突出团队及活动的品牌建设意识，设计了自己的团队标志，印制了团服和团帽；确立了活动宗旨是善用专业技能、增加社会经验；活动的目标是为基层农民送技术、送知识、送希望，助力农业梦。

此次博士团"三下乡"活动圆满成功，并取得了明显的成效。专家们根据自己多年的生产实践经验，帮助农民们解决了一系列的农业生产问题，将一些先进的科学生产技术传授给他们，田间的实地考察指导，更是让他们对不明白的问题一目了然。活动过程中，我们也遇到了困难，发现了自身存在知识欠缺和经验不足的问题，但同时我们也获得启发，对将来的科研方向和努力目标有了更明确的认识，各方面的能力都得到了锻炼。作为中流砥柱的一届，我院博士团的这次"三下乡"实践活动非常成功，积累了宝贵的经验，做出了一定的创新和突破，为今后我院的"三下乡"实践活动的发展奠定了基础。

牵手北部湾 服务农业现代化

—— "社会实践" 榜样先锋广西大学动物科学技术学院北部湾经济区系列服务活动暑期社会实践事迹

广西大学动物科学技术学院北部湾经济区服务实践团 2012 年 6 月成立，是一个由专业教授、创业导师指导，优秀专业博士、硕士、本科生组成的致力于服务北部湾经济区水产畜牧兽医行业发展的实践团队。在国家大力发展北部湾经济、中央高度重视农业发展的大背景下，动物科学技术学院北部湾经济区实践团本着 "动物科技下乡，服务养殖行业" 的宗旨，持续开展走进行业、走进企业、走进乡村、科技下乡系列调研实践活动。

一、团队构建与活动管理

北部湾经济区服务实践团，由优秀的博士生、硕士生以及本科生组成。在人员的选拔中，主要吸收学生党员、优秀学生干部以及热爱水产畜牧兽医行业的青年大学生。在这群学生当中，各个专业人数比例均衡，男女比例合理。实践团分成六个小组，分别是技术服务组、新闻宣传组、联络组、调研组、指挥组以及后勤保障组，保证分工明确、合理，调研实践能顺利、有效开展。后勤保障组为实践团的后勤保障力量，主管经费使用调度，安排饮食、出行、住宿、医疗卫生及安全防范措施；技术服务组为实践团的技术力量，主要由博士、硕士组成，负责开展技术培训、技术服务，为养殖户解难答疑；新闻宣传组利用 QQ、微博、微信以及编写新闻稿等对外宣传；联络组与各地团委取得联系，协助指挥组完成工作；调研组负责问卷调查发放回收、信息采集统计以及走访调查工作；指挥组负责活动的总体策划与安排，调动各个小组完成实践调研活动。

二、活动开展与调研实践

2012 年暑期，团队前往北海开展 "三下乡" 暑期社会实践活动，活动的主要目的是调查北海市水产行业的现状，走进企业了解行业发展状况。7月13日至7月16日，实践团先后走访了北海保通冷冻食品有限公司、广西粤海饲料有限公司、卜蜂（北海）水产饲料有限公司及北海银海区海洋和水产畜牧兽医局。不仅进行了座谈交流，还参观了饲料加工车间、虾苗养殖场、海上养殖，并在16日上午前往银海区驿马村向养殖户免费发放养殖技术资料、兽药、提供咨询等。

实践团调查发现：第一，国外企业已垄断了优质虾品种的繁殖生产。养殖农户养殖鱼、虾的进口品种收益很好，正在不断扩大养殖规模，但存在养殖不规范、产量波动大等问题；第二，北海水产生产自动化已普及。企业对水产专业人才的需求很旺盛，

图 7-8　北部湾经济区实践团队赴北海调研合影

占每年人力资源招聘总量的90%，水产专业毕业生的发展前途很广；第三，现今水产畜牧行业企业创新经营模式，有效带动产业快速发展，这全面推动了泛北部湾农业产业化以及可持续发展，带动产业升级。

2013年暑期，实践团到南宁市武鸣县开展了"清洁乡村，服务特色养殖"的"三下乡"主题活动。活动中同学们对特色养殖的发展状况和"家庭农场"模式进行调查，举办养殖培训会，和当地养殖户交流关于养殖中遇到的难题，并给予解答。与此同时，我院学生还参观了当地的养殖场（广西水产引育种中心武鸣基地、武鸣喜洋洋墨羊繁殖场、康佳龙生态农庄），参观了特色养殖场（广西南宁市桂海野生动物养殖有限公司的龟鳖养殖场），并深入养殖户（武鸣县宁武镇科技养殖示范户黄运安）家里，与养殖户零距离接触。此外，还组织了实践团队党员与基层党组织开展交流，探讨基层党组织建设问题。通过调查发现：第一，目前广西境内水产名特优养殖尚不成熟，仍有很大的发展潜力。主要表现在大部分名特优苗种引进仍处于初步试验阶段，技术方面尚不成熟，无法大规模推广；第二，农村个体养殖户比较分散，规模不大，懂得专业养殖技术的人很少。因此，普遍表现为生产成本高、利润少的情况。针对这些情况，实践团在交流座谈会中用专业理论知识为养殖户提出了建议和意见。

2014年北部湾经济区实践团来到贵港市，针对畜牧业开展为期四天的"科

技支农，生态养殖，美丽广西"暑期社会实践活动。在 7 月 21 日至 24 日四天时间的社会实践活动中，我们参观了扬翔集团旗下的瑞康饲料加工厂、广西扬翔原种猪场、郭详种猪场，广西农垦永新畜牧集团西江有限公司成猪场，港丰农牧有限公司瑶山鸡养殖基地、贵港市富生专业养殖合作社鸽子园、温水养殖越冬罗非鱼渔场、贵港市庆丰镇夏里村大学生创业园。在创业园，实践团队党员与基层党组织开展交流会，共同探讨创业与新农村建设。

图 7-9　北部湾经济区实践团开展养殖技术培训

在此次调研学习中，我们发现：第一，当地新农村建设中许多养殖户存在缺乏科学知识、养殖业污染环境大、不能有效地应对各种疾病的袭击，导致农村养殖业严重受阻，从而影响到社会主义新农村经济建设的可持续发展；第二，目前大型农牧企业在污水治理上有了很大改进，尤其是引进微生物生态制剂，实现污水净化；第三，在养殖品种上，应加强校企合作，开发和选育更具经济优势的优良品种；第四，当地养殖散户养殖成本高，生产污染大，销路不稳定，难以生存。

图 7-10　北部湾经济区实践团为养殖户发放养殖技术手册

2015 年暑期，到防城港开展"砥砺实践促成长，特色养殖创青春"创新创业调研。7 月 24 至 7 月 26 日期间，与防城港水产畜牧局开展座谈会，参观生态养殖基地、龟鳖养殖山庄、特色海水养殖场、鑫富家庭农场，与当地养殖户举行交流会一场，设点服务提供免费兽药及养殖技术手册，开展动物保护宣传一次。

图 7-11　北部湾经济区实践团野生动物保护宣传——放生中华鲎　　图 7-12　北部湾经济区实践团到鑫富家庭农场调研合影

实践团在调研中发现：第一，当地青年大部分对特色养殖创新创业十分感兴趣；第二，当地养殖环境和政策支持较好；第三，生态养殖结合休闲旅游发展是特色养殖创新创业的典范；第四，当地的苗种资源不稳定，是近年来养殖的一大难题；第五，由于工业化进程导致养殖面积减少，水体污染给水产养殖行业带来了诸多难题。

三、实践活动成果

连续四年来，广西大学动物科学技术学院赴北部湾经济区系列服务活动暑期社会实践团通过开展一系列的暑期社会实践活动，不断深入行业、走进企业、走进乡村学习、调研，发现问题并研究问题，对行业发展进行思考，形成了 70 多篇优秀调研报告，其中包括对养殖新模式的思考、养殖环境污染的治理、探讨行业发展新思路、水产畜牧兽医就业思考、基层党组织建设思考等调研报告，为行业发展、新农村建设献计献策。

四年间，实践团坚持科技下乡，送养殖技术到农村，服务各地养殖户，为养殖户送去高质量的技术服务，发放技术手册上千册，提供免费兽用保健品价值近万元，举行养殖技术培训 7 场，直接受益养殖户近千人；与各地水产畜牧局开展交流会 6 场，为当地水产畜牧业发展提出建议和解决疑难。2012 年赴北海暑期社会实践活动获自治区优秀成果奖。此外，我们的各项活动得到了人民网等众多媒体的报道和转载，在宣传上取得了较好的成绩。同时，实践活动还得到了地方水产畜牧局和专业公司的一致好评。

四年的社会实践活动，也使得我们的团队成员对行业有了更深的了解，对行业的未来更充满了信心，对自我的不足有了认识。同时，也学会了客观地看待问题。虽然就业前景好，但不盲目乐观，同时也将以改变行业不足、发展新模式作为自己的使命。

四、总结与发展

广西大学动物科学技术学院赴北部湾经济区系列服务活动暑期社会实践团四年来持续服务北部湾经济区水产畜牧业的发展，在实践中发现问题、思考问题。实践活动给企业、单位、养殖户带去技术和行业发展的建议，为水产畜牧行业献上青春的力量。实践活动取得了骄人成绩，真正地实现了实践服务使人受益、使行业受益，促进了行业的发展。在未来的实践活动中，实践团将坚持科技下乡，开展更多有利于养殖户，有利于行业发展的活动。同时，我们还将继续开展服务活动，强化队伍建设，不断地创新活动形式，使我们的服务更具特色，使服务覆盖更广的地域和更多的创业青年。

北部湾经济区实践团四年以来一直坚持服务水产畜牧业，结合北部湾经济区特点送去养殖技术和发展建议，解决发展难题。我们的技术服务培训座无虚席，我们的交流探讨从未断过，我们的养殖技术手册、生态养殖技术理念使养殖户走上了可持续发展道路，在减少环境破坏的前提下，为养殖户实现了增收创新高。同时，四年来实践团不断与基层党组织、与地方政府、水产畜牧局、养殖户探讨先进的养殖管理模式以及特色养殖创业成功经验。通过不断地探讨、学习，将他们的先进的成功经验分享给他人，这将使更多的地方能够学习并带动创业养殖不断推广。以下是北部湾经济区实践团的活动剪影。

图 13：2012 年北部湾经济区实践团在生产一线学习先进的生产管理模式

图 14：2013 年北部湾经济区实践团为基层党员和养殖户培训特色养殖技术

图 15：2013 年北部湾经济区实践团在报纸上的报道截图

图 16：2013 年北部湾经济区实践团在网站上的报道截图

图 17：2014 年北部湾经济区实践团深入猪场调研学习先进的生产管理模式

图 18：2014 年北部湾经济区实践团成员为养殖户解答疑问

图 19：2015 年北部湾经济区实践团在防城港利洋药店调研

图20：2015 年北部湾经济区实践团博士在养殖场为病龟诊断

图21： 人民网广西防城网报道北部湾经济区实践团活动截图

图22：2015 年北部湾经济区实践团在人民网重庆网上的相关报道

图23： 广西大学团学小微对 2015 年北部湾经济区实践团的报道

图24： 学院网站主页对 2015 年北部湾经济区实践团的报道

图 7-13　北部湾经济区实践团在正大虾苗场学习先进的养殖模式

图 7-14　北部湾经济区实践团在武鸣给养殖户上培训课

图 7-15　北部湾经济区实践团在报纸上的报道截图

图 7-16　北部湾经济区实践团相关网上报道截图

图 7-17　北部湾经济区实践团到原种猪场调研合影

图 7-18　北部湾经济区实践团成员为养殖户解答疑问

图 7-19　北部湾经济区实践团在防城港利洋药店调研

图 7-20　北部湾经济区实践团博士在养殖场为病龟诊断

图 7-21　人民网广西防城网报道北部湾经济区实践团
活动截图

广西大学送特色养殖技术到海边 服务青年创业就业

人民网重庆　2015-08-10 16:34

人民网防城港8月10日电 日前，广西大学动物科学技术学院硕博士创业服务暑期实践团来到防城港市港口区开展养殖技术服务和青年创业调研。在动物遗传育种与繁殖专家石德顺院长带领下，此次服务实践团由水产养殖学、野生动物保护、基础兽医学、动物生理生化专业教授、创业指导导师等8名教师以及18名硕士博士学生组成。

图 7-22　北部湾经济区实践团在人民网重庆网上的相关报道

点击上方【蓝色字体】把团子君装进口袋！ 西大·团学小微

"一带一路"国家大战略中的一个重点方向是积极推进海水养殖、远洋渔业、水产品加工、海水淡化、海洋生物制药、海洋工程技术、环保产业等领域合作。为此，广西大学动物科学技术学院组织由专业教授和创业导师带领硕士、研究生等各层次的学生到"一带一路"起始地防城港开展特色养殖创业的社会实践活动，调研当地青年的创业情况。7月26日晚上8点，实践团圆满完成调研工作，顺利返回南宁。

图 7-23　广西大学团学小微对 2015 年北部湾经济区实践团的报道

图 7-24　学院网站主页对 2015 年北部湾经济区实践团的报道

书写电竞江湖文化　开拓青年创业梦想

—— "社会实践"榜样先锋电竞帮创业团队事迹

广西大学"电竞帮"团队获得了"创青春"互联网专项赛全国金奖，是一支优秀的团队。团队组建之后，在组长的带领下，分工明确，互相协作，一步步从校赛走到了区赛，并在全国赛中夺得金奖，为广西大学实现了"挑战杯"这一系列零的突破。

我们团队在前进的过程中，得到了指导老师和团委相关老师的关心与帮助，在他们的指导下，我们不断取得进步，反复修改完善了我们的项目方案书；在他们的帮助下，我们多次演练了比赛答辩的环节，为比赛成功做足了准备；更是在他们的鼓舞下，我们获得了争取金奖的信心，并最终实现突破。

我们的项目前后历时一年，可谓经历了重重困难。由于战线拖得很长，团队成员又都很忙，事情比较多，组织协调工作就比较难。团队在组长领导下，团结一致，相互体谅，相互帮助，一路走过来，充满很多困难，但也其乐融融。这一年，我们见到了很多团队由于协调不好，项目才刚开始就无疾而终；见到很多团队由于分工协作不好，导致团队成员相互扯皮、推诿责任。我们的团队终于坚持了下来，我们从最开始的不相识，到一步步建立了深厚的友谊，为自己的大学生活留下了非常美好的一段回忆。因为有"电竞帮"，我们奋斗在一起；因为有"电竞帮"，我们为母校争了光。

一、项目简介

（一）项目背景

国外著名统计机构 Strategy Analytics 一份名为《全球游戏市场预测》的分析报告显示，全球的游戏软件业产值将由 2009 年的 465 亿美元增长到 2013 年的 649 亿美元。作为游戏的延伸产业，电子竞技也得到了蓬勃发展。欧美和韩国已经纷纷形成了各具规模的电子竞技产业。世界性的电子竞技比赛

正在日渐成熟，赛程赛规也正在制度化和正规化。很多国家的政府都大力支持发展电子竞技运动，计算机硬件厂商更是对赛事投入大量资金。经过 10 年的发展，电子竞技已经越来越受到政府和群众的重视，它逐渐被越来越多的人接受，电子竞技项目在中国有了较大的发展，产生了多个世界级冠军。

综上可知，电子竞技在中国的发展目前虽存在一些问题，但前景光明，"电竞帮"产品的自身优势与市场前景契合，它定位于服务高校玩家，积极主动满足玩家需求，在未来的电竞市场中有很大的发展潜力，因此，"电竞帮"应运而生。"电竞帮"是面向电子竞技玩家和爱好者的交流平台，在现在电子竞技产业蒸蒸日上、国内并没有针对性服务的时候，"电竞帮"将是广大电竞爱好者的福音，将会吸引大量的用户参与使用，建立起庞大的用户基数，继而方便战略合作伙伴进行一系列网络营销活动。"电竞帮"提供的这个交流平台，还有很多的可开发性，可以通过这样一个平台，开展各类线上线下活动。随着时间的推移，它将会积累大量的用户，形成一种独特的网络文化。

（二）项目内容

"电竞帮"，是一款将众多电子竞技玩家按兴趣爱好划分的交流圈，它由手机 APP、SNS 在线交互网站组成。凭借强大的校园团队支持，打造属于学生自己的电竞交流平台，"电竞帮"主要以当前市场上热门的几款电子竞技类游戏为主题，采用一些江湖名称，着重打造独特的帮派文化以及江湖文化。电子竞技圈就是一个江湖，职业选手以及一些高端玩家则是武林高手，整个应用富有江湖特色。

1. 社交网站

"电竞帮"是一个集人对人交流、视频分享和在线交互为一体的 SNS 社交平台。网址是：http://eslch.gotoip3.com/。目前网站板块完成，已经面世，处于公测阶段，"电竞帮"的功能模块如图 1 所示。

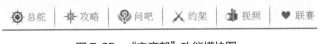

图 7-25 "电竞帮"功能模块图

2. 手机 APP

"电竞帮"手机 APP 以当代大学生为主要使用客户，提供在线交互、电竞时讯、越战英雄帖、电竞攻略等功能，为用户提供各种特色服务。"电竞帮"

是一款需要注册的手机 APP，注册时，会要求用户填写自己的学校以及所关注的游戏项目，并按照用户的填写将用户分成一个一个的交流圈，也就是帮派。

"电竞帮" APP 有江湖传说、"电竞帮"派、英雄帖、武林秘籍、新闻时讯与游戏公告、在线交流圈、约战系统、游戏攻略等八大功能板块。

图 7-26　"江湖传说"界面

3. 产品特点

（1）聚合性。通过推广会使得"电竞帮"的用户基数不断扩大，在拥有了庞大的用户基数时，就会产生自然的聚合性，他们又依照约定的规矩聚合在一起，形成多种群体，这些群体即为营销不可或缺的精准群体；（2）连带性。在拥有了庞大的聚合群体后，可以通过交流平台举办各种线上线下的交流活动及比赛。同时，也可以为用户提供网上交流结识平台，拉近网络用户之间的关系，为网络营销提供很大的方便；（3）高效性。产品独特的"点对点，人对人"的交流方式，会让使用者可以很高效地在这个平台上解决自己想要解决的问题。

二、团队介绍

（一）指导老师介绍

1. 范伟

基本信息：在读博士，广西大学商学院工商管理系副教授

研究方向：企业战略管理、市场营销、创业管理

个人简介：

1993 年广西大学化学系药物化学专业、物理系科技开发与经营专业（3 +

1 班）毕业；1993~1999 年期间曾在南宁高新技术产业开发区管理委员会、南宁枫叶药业有限公司、南宁康华制药有限公司工作。

1999 年考入北京理工大学管理与经济学院攻读 MBA 硕士研究生，期间曾到亚洲理工大学（Asia Institute of Technology）交流学习一个学期。读研期间在北京久仟企业标准技术有限公司、北京金远见电脑有限公司工作。曾担任过办事员、销售内勤、销售员、办公室主任、广告部经理、产品经理、大区经理等职务。

2002 年 11 月调入广西大学商学院工商管理系任教师，曾教授《经济应用文写作》《市场营销》《管理学》《销售管理》《战略管理》《广告学》《企业管理沙盘模拟》等课程。目前的科研方向主要是市场营销及创业管理。曾参加"广西高等学校发展战略研究""南宁创业环境调查与评价"等科研项目。历年来指导学生参加"国际企业管理挑战赛（GMC）""企业竞争模拟竞赛""全国企业竞争沙盘模拟大赛"等学科竞赛，获得了优异的比赛成绩。

2.韦兴剑

基本信息：女，广西大学校团委组织部部长

个人简介：

2006 年毕业于中央民族大学，获经济学、民族学双学位；

2010 年毕业于广西大学，获教育学硕士学位。

2006 年起，在广西大学工作，先后任学生工作处学生管理科副科长、校团委组织部部长。

指导广西大学学生会、广西大学创业创新协会开展大学生创业创新活动，指导学生参加"创青春"全国大学生创业大赛等大学生创业创新比赛，获得了优异的比赛成绩。

（二）团队成员

"电竞帮"团队由六位成员组成，分别如下：

1.唐丽君

基本信息：

女，广西大学商学院金融 111 班

技能及特长：

熟练运用 PS、iebook、CorelDraw、方正飞腾等编辑软件

获奖经历

2013—2014 年 "创青春" 全国大学生创业大赛互联网专项赛全国金奖

2013—2014 年 "创青春" 全国大学生创业大赛广西区金奖

2013—2014 年 全国大学生管理决策模拟大赛全国总决赛二等奖

2013—2014 年 高等院校企业竞争模拟大赛全国三等奖

2013—2014 年 华南区高等院校企业竞争模拟大赛特等奖

2012—2013 年 国际企业管理挑战赛全国三等奖

2011—2012 年 商学院优秀主持人

2011—2012 年 社团积极分子

实践经历：

2013 年 7 月 在招商证券桂林营业部进行暑期实习

2013 年 4 月 担任企业管理竞赛协会副会长及国际企业管理挑战赛负责人

2012 年 9 月 担任企业管理竞赛协会宣传部副部长

2012 年 3 月 担任金融 111 班班长

2011 年 9 月 担任企业管理竞赛协会技术部副部

2. 李尹聿丰

基本信息：

男，广西大学计算机与电子信息学院 2011 级本科生

技能及特长：

熟悉各种 Office 软件，擅长使用 AE，AU，Flash 等各种音频视频后期处理软件。

实践经历：

2012—2013 年 在广西大学计算机与电子信息学院学生会担任艺术团团长兼辩论队队长

2011—2012 年 在广西大学雨无声网站技术部担任干事，负责网页及后台的简单制作

3. 朱少敏

基本信息：

女，广西大学商学院会计学专业 2011 级本科生

技能及特长：

CET6，全国计算机二级，熟悉 office 办公软件

实践经历：

2012年8月至2013年8月　在广东珠海联发制花丝厂做暑期工，负责制造假叶

2012年　担任办公室老师助理，负责与学生交流及处理日常事务

4.徐文超

基本信息：

男，广西大学商学院企业管理专业2013级研究生

技能及特长：

全国计算机二级，熟悉Office办公软件；

人力资源管理师（三级）

实践经历：

2012年9月至2013年7月　在广西大学担任外教生活助理

2012年11月　在广州蓝月亮实习有限公司人力资源部实习，负责招聘南宁各大超市的蓝月亮产品促销员；

2012年7月　在南宁西乡塘工商局实习

5.童嘉俐

基本信息：

女，广西大学商学院财政学专业2011级学生

技能及特长：

CET-4，全国计算机一级，熟悉Office办公软件及CorelDraw、方正飞腾等美工编辑软件。

实践经历：

2013年08月在南宁江南区国税局办公室实习，负责编写单位"申优"策划及单位工作制度、会议纪要等。

2013年02月在南宁农工商集团有限责任公司实习，负责公关接待及公文写作；

2012年6月—2013年5月　担任广西大学商学院团委办公室副主任，2013年6月至今担任团委办公室主任，负责学院领导与学生会、学生会与学生间沟通协调工作及院报的编辑出版工作。

2012年02月　成为广西千千网志愿团成员，负责采访当地党委书记及组织对外交流活动；

2011—2012年　成为广西大学校主持人班成员，期间担任过校十大歌手、

校辩论赛等一系列活动主持人；

2011—2012 年　在广西大学财政 111 班担任副班长，负责处理班级贫困生入库及申请奖助学金等事项；

6. 钟秋雄

基本信息：

女，广西大学商学院会计学 2011 级学生

技能及特长：

CET4，会计从业资格证，计算机二级，熟练运用 Office 软件

实践经历：

2013 年 7—8 月　在广西中众益会计师事务所实习，做审计等相关工作

2012 年　在广西大学财务处经济管理科担任办公室助理，处理发票的盖章以及相关资料的录入、档案的归档等

2012 年 7 至 8 月　在广西桂平万村远程教育活动中担任小组负责人

2012 年至今　在广西大学商学院就业秘书处担任秘书

7. 蒋欣祥

基本信息：

男，广西大学商法学院研二学生

技能及特长：

CET-6，熟练运用 Office 软件，有投资发展眼光，经历多个投资项目。

（三）项目分工

"电竞帮"项目本着优势互补的理念建立团队，成员分工如下：

表 1

姓　名	职　责
唐丽君	负责整个项目的运营规划以及团队的人员调度，并制定合理的发展战略，是团队的核心人物。
童嘉俐	负责市场营销及项目推广，协助产品部开展市场调研，提高项目在高校群体的知名度和使用度。
徐文超	负责项目市场调研与开发，通过调查相关行业前期盈利情况，为公司提供深入开拓市场的数据分析，据此确立项目市场细分及目标客户，对公司的前期运营做出合理预测。

姓 名	职 责
李尹聿丰	负责项目的技术研发及创意设计，运用丰富的实战经验与专业知识满足项目的现实需求，美化项目页面设计。
朱少敏	负责公司财务报表及分析，贯彻执行公司财务部各项财务制度，根据公司运营规划战略拟订年度、季度、月度的财务支出预算，密切关注公司盈利状况并制订决算方案、利润分配方案和弥补亏损方案。
钟秋雄	委托代理人负责项目风险退出管理，对公司增加或减少注册资本、分立、终止等重大经济事项及时登记。
蒋欣祥	负责项目对外业务及公司法务处理，密切监督项目的运营及盈利分成，分阶段调整发展战略，并对公司的融资招标提供建议，并及时针对公司的重大经济活动处理法律事务，提供与项目产权经营有关的法律咨询。

三、参赛历程

（一）团队组建

2013 年 9 月 20 日，唐丽君组长将我们七人组织到了一起，组成"电竞帮"团队，一起参加比赛。自此，我们的团队成员因"创青春"而走到一起，开始了一段辛苦但充满收获的参赛历程。

（二）KAB 创业大赛

2014 年 6 月 7 日，第六届广西大学 KAB 创业大赛暨广西高校大学生创业邀请赛复赛在我校君武楼大厅举行。比赛形式分为团队展示、项目陈述、评委提问三大环节，每组团队只有十分钟的比赛时间。通过 35 支参加复赛的队伍激烈地角逐，"电竞帮"团队获得优秀奖。

（三）"创青春"区赛

2014 年 6 月 10 日，2014 年"创青春"广西大学生创业大赛决赛在我校隆重举行。"电竞帮"从全区 34 所高校 378 件参赛作品中脱颖而出，以优异的成绩获得区金奖，并获得终审决赛资格。

（四）"创青春"国赛

2014 年 9 月 25 日，由共青团中央、教育部、人力资源和社会保障部、中国科协、全国学联、湖北省人民政府共同组织开展的"创青春"全国大学生创业大赛互联网专项赛全国总决赛在位于湖北宜昌的三峡大学落幕。移动互联网创业专项赛于今年3月正式启动以来，吸引了全国225所高校539件作品参赛。最终经过初审、复赛的层层选拔，共有74所高校的100件作品进入终审决赛。"电竞帮"团队齐心协力，与来自全国70多所大学的参赛作品进行PK，通过重重考验，以优异的成绩获得全国金奖，实现了广西大学在全国大学生创业大赛中金奖零的突破。

图7-27　队员们与谢老师合照

四、获得荣誉

"电竞帮"团队自成立以来，将各个优秀的成员组织协调起来，积极参与创业比赛，取得了多项荣誉。

（一）"创青春"区赛金奖

2014年"创青春"广西大学生创业大赛是配合"创青春"全国大学生创业大赛而举行的一项具有导向性、示范性和群众性的大型竞赛活动，涵盖了第六届"挑战杯"广西大学生创业计划大赛、创业实践挑战赛和公益创业赛三项赛事。全区共有34所高校选送了378件作品参赛，我校学生先后获得全国大赛银奖5件、铜奖3件，全区大赛金奖28件，成绩位列广西高校第一，"电竞帮"团队获得全区大赛金奖。

（二）KAB优秀奖

在2014年度第六届广西大学KAB创业大赛暨广西高校大学生创业邀请赛上，"电竞帮"团队表现优秀，最终获得优秀奖及500元奖金。

（三）"创青春"全国金奖

在由共青团中央、教育部、人力资源和社会保障部、中国科协、全国学

联、湖北省人民政府共同主办的2014年"创青春"全国大学生创业大赛移动互联网创业专项赛比赛中，"电竞帮"团队夺得了全国金奖，向全国高校展示了广西大学学生的创业水平。

图 7-28

五、国赛感恩

"创青春"拉了近一年的战线终于圆满画上句号，难忘的嘻嘻哈哈宜昌七人行即将迎来归程，能拥有这样的经历便是幸运，还是希望用文字留下一些有价值的回忆。自团队组建到最终拿到全国金奖，我们团队一起经历了风风雨雨，一起经历了多项赛事，一起熬夜写策划……所有的一切回想起来，满满的都是感恩。感谢团队每一个成员，感谢亲爱的指导老师，感谢广西大学，感谢组委会，为我们无悔的青春，为我们的创业梦。国赛结束，金奖到手，突然颇多感想，在此絮叨一下。

第一天，兴致勃勃地和三位风格迥异的中国好老师一道出发去湖北宜昌参加"挑战杯"全国决赛，一路欢笑。从南宁到桂林坐动车，从桂林到武汉坐高铁，从武汉到武昌坐地铁，从武昌到宜昌坐硬卧，从宜昌火车站到三峡大学打的，在深夜三点多终于到达招待中心。好在除了没能在江边看上三峡日出外，行程简直是无缝对接！一天之内体验完中国陆路交通！

第二天，起了个大晚优哉游哉去报道并布展，和小伙伴们把横幅六幅、风格大相径庭的海报贴完后才发现广西大学真是土豪，一点都不输气势，马上自信心"蹭、蹭、蹭"地上来！吃饱喝足回房间全力备战，第一次彩排时看着三位"长老"真是紧张得要死，"四小龄童"晚上赶开夜车为荣誉而战。

第三天，组长唐丽君考虑果然周到，展位的设计吸引了大批游客驻足观赏，还是要特别感谢宣传部给力的海报（在此特别感谢秋雨、烨婷等人那么买我人情，海报质量杠杠地夺人眼球）。秘密答辩赛场里大家的表现都很顺利，虽然准备的问题一个也没答上，但临场发挥大家都很给力，还真是庆幸这次遇到了懂行的评委。当晚被告知夺金的那一刻，真是瞬间对这座缺乏甜点的城市都充满喜爱，老师们也乐翻了天，拍桌叫好那叫一个激动啊。

第四天，高大上的宜昌剧院和精彩纷呈的表演过足了瘾，看到组长丽君在台上领奖的时刻，内心真是无比澎湃，感恩项目，感恩老师，感恩团队，太多的感动说不清、道不尽。总之一切得来不易，且行且感恩！

童嘉俐

2014 年 9 月 25 日

三峡大学

附件一：国赛影集

图 7-29　电竞爱好者在扫"电竞帮"二维码

图 7-30　组长唐丽君上台领奖

图 7-31 "电竞帮"团队与三峡大学志愿者在作品
展位前合影

图 7-32 范伟老师、团委谢能重老师、商学院学工组马利
娟老师在酒店指导"电竞帮"团队答辩

附件二：团队个人风采

图 7-33 图为团队合照

献身生态护西江　引领环保新时尚

——"社会实践"榜样先锋广西大学林学院生态学博硕士暑期实践团事迹

　　作为珠江主干流的西江上接云南，纵贯广西和广东，通江达海，自古以来就是连接西南和华南的"黄金水道"。2008年10月，广西提出打造西江"亿吨黄金水道"的重大战略；2010年4月，广西公布了《广西西江黄金水道规划》，提出到2012年实现内河港口总吞吐能力达到1亿吨以上，在此基础上加快建设形成西江经济带。2010年上半年，西江黄金水道交通建设项目共完成投资11.62亿元，超额完成计划，内河完成吞吐量2 813万吨，增长24.9%，广西西江开发投资集团有限公司也已批准设立。从"十二五"规划开始，把西江经济带打造成为南方重要的开发轴带，成为大西江经济带的核心区段，成为大珠三角功能辐射的承接地，成为开发大西南的先导地区，成为中国向南开放合作的前沿基地。

　　但是，随着经济社会的发展，生态环境问题也凸显出来。为了深入学习贯彻党的十八大和十八届三中全会精神、习近平总书记系列重要讲话和"五四"重要讲话精神，充分发挥社会实践作为加强和改进大学生思想政治教育重要途径的优势，在接受锻炼的过程中培育和践行社会主义核心价值观，紧密围绕打造西江经济带，推动"西江黄金水道"建设和大学生社会实践"受教育、长才干、做贡献"的目标、任务和要求，组织引导广大青年学生深入社会、了解国情，服务广西经济社会发展，切实加强生态文明建设观。因此，我院生态学研究生党支部于2014年7月16日至20日，到广西贵港市组织开展了以"美丽西江·黄金水道"为主题的社会实践活动。

　　结合此次活动主题，为突出环保观念，本次实践活动还定做了"绿手环"和"绿叶家"标志发送给市民，更加充实了本次实践活动的意义。实践团一行10人以贵港市区为学习实践的中心，在市区中心广场向市民宣传保护西江的重要性。同时，通过发放调查问卷等形式调查分析了贵港周边农村对桉树的看

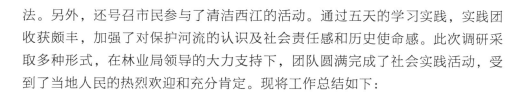

法。另外，还号召市民参与了清洁西江的活动。通过五天的学习实践，实践团收获颇丰，加强了对保护河流的认识及社会责任感和历史使命感。此次调研采取多种形式，在林业局领导的大力支持下，团队圆满完成了社会实践活动，受到了当地人民的热烈欢迎和充分肯定。现将工作总结如下：

一、领导高度重视，把社会实践活动作为大学生思想政治教育的重要内容

学院党委高度重视学生暑期社会实践活动，积极做好宣传发动工作，认真组织和指导学生团队进行项目设计和成果申报。在学院领导强有力的组织协调下，我们的暑期社会实践活动得以轰轰烈烈地开展，并形成了浓厚的活动氛围。

二、实践活动主题突出，成效显著

（一）实地调研

实践团首先与贵港市林业局联合召开了调研座谈会，然后，通过走访当地林业局、企业和居民，以调查问卷和座谈交流等方式，调查了解西江流域桂平地段的植被类型、森林经营模式、水土保持、自然灾害、环境保护和经济发展等情况，研究西江经济带所面临的生态环境和经济可持续发展问题；针对桉树种植对贵港市"美丽西江·黄金水道"建设的影响进行调研，结合生态学专业的知识，形成调查报告，给出生态保护和经济发展协调发展的建议，为建设"绿色西江"建言献策。

图 7-34 调研座谈会

图 7-35　入户调研

（二）环保宣传

实践团通过现场宣讲、图片展、微博平台和深入农户家宣传的方式，发放宣传单、宣传手册，向西江流域居民宣传保护西江的重要性和环境保护知识，呼吁全民从身边做起，共建美丽西江。在活动宣传过程中，还通过发放"绿手环""绿叶家"环保标志等方式邀请当地居民和家庭加入实践团保护西江绿色环保行动。另外，实践团还面向我校招募当地大学生作为义务宣传员，增强当地大学生保护家乡西江流域环境意识，并通过他们向当地居民宣传西江流域保护与发展的相关政策。

图 7-36　环保宣传

（三）公益行动

7月20日，实践团和贵港市团委、贵港市林业局联合组织近30名志愿者赴西江江堤开展"美丽西江·黄金水道"清洁江堤公益活动。最后，志愿者们在宣传横幅上郑重签上自己的名字，共同承诺"保护西江母亲河"。

图 7-37　清洁西江河堤签字活动

三、社会实践与专业特色有机结合，促进学生专业科研能力发展

实践团发挥团队成员所学学科专业的优势，到沿线的农村基层、县域城镇、城市社区、相关企业开展科普知识宣讲、社会调查研究、发展建言献策等活动，为开发、利用好西江黄金水道建设服务。活动促进了各位队员在调研中收获、在奉献中提高、在实践中成长，使服务地和参与学生双向受益，实现了实践育人的目标。

四、宣传措施有力，活动具有影响力

实践团充分利用网络、板报、电视台等宣传媒体，通过创建新浪微博，对本次实践活动进行全面深入地宣传和报道。科技日报、广西新闻网、贵港市电视台、贵港市林业局、共青团广西大学委员会、广西大学林学院等媒体、单位、部门的宣传报道，扩大了活动的社会影响力和在广大学生中的影响，使更多的学生能够从中受到鼓舞和受启发。

图 7-38　贵港电视台采访

回顾今年的暑期社会实践活动，我们既取得了一定成绩，也还有一些方面需要进一步完善和提高。在今后的工作中，我们将进一步解放思想、开拓创新、扎实工作，不断开创大学生暑期社会实践活动的新局面，在广大师生和社会中扩大影响力，把大学生暑期社会实践活动推上一个新的台阶。

脚尖上的艺术梦想　舞蹈里的美丽青春

——"社会实践"榜样先锋广西大学大学生艺术团舞蹈队事迹

一、团队简介

广西大学大学生艺术团舞蹈队成立于 1988 年，是一个由校党委领导，校团委、学生工作处指导的文艺团队，现归属于广西大学大学生艺术团，隶属于广西大学艺术学院。广西大学大学生艺术团舞蹈队的成员来自广西大学除艺术学院舞蹈专业外的各个专业、年级，团队利用课余时间集中进行舞蹈基本功培训，积极参与学校各类文艺活动，并多次代表学校参加校外文艺演出。

广西大学大学生艺术团舞蹈队建队以来，队员们坚持刻苦训练，珍惜每一次演出的机会，以精诚合作、积极上进的姿态响应学校"推动校园文化建设"的号召。

二、团队事迹

在广西大学舞蹈队成形之前，舞队的元老级队员们只是一群极其热爱舞蹈的广西大学学子。当时，为了能够参加学校举办的某个文艺比赛，他们每天在综合楼与外国语学院之间的空地排练，没有镜子也没有音箱，只能喊着口令，或者拿一台上电池的小录音机播放音乐。尽管条件如此艰苦、简陋，但是大家热爱舞蹈的心不会改变，每天坚持排练。终于到了比赛那天，大家取得了非常好的成绩，学校的领导、老师非常意外，这支从没听说过名字的队伍竟能带来如此精彩的舞蹈节目，而在得知了大家并没有获得任何老师的指导、排练环境极其艰苦简陋的情况后，或许是出于感动，或许是为了鼓励大家的舞蹈梦想，校团委决定把当时那群队员组成的集体命名为"广西大学艺术团校舞队"，并将东苑餐厅四楼的教室划做排练厅。从此，广西大学大学生艺术团舞蹈队诞生了。

　　虽然得到了校团委的极大帮助与支持，拥有了一个不受打扰、没有风吹日晒的训练场地，但排练厅只是一个空教室，缺少镜子、地毯、把杆等基本功训练、排练节目必须用到的东西。为了能更好地进行基本功训练和排练节目，在寻求了所有的帮助后，舞蹈队的老队员们发现还是要通过自己的努力去攒钱购买需要的东西。于是，他们利用自己的舞蹈特长进行社会实践活动来筹钱。在那段时间里，大家都积极联系各种公司的舞蹈编排活动、年会活动、品牌路演活动等，通过表演舞蹈节目而获得报酬，每个人都把赚回来的钱上交给当时的队长，就这样舞蹈队拥有了自己的第一份数量不多但极其宝贵的经费。排练厅里的镜子、地毯、把杆都是队长到处打听、对比买来的二手物品。队员们都很珍惜这来之不易的排练条件，训练的时候比以往更有热情与动力。

　　正是因为有了这些社会实践活动，广西大学舞蹈队才得以发展成今天这个生命顽强的舞蹈团队。在接下来的十几年里，舞蹈队再接再厉，除了在学校各种舞台上为全校师生带来精彩的舞蹈节目外，还参加了很多对外交流活动。1999年，舞蹈队代表广西大学以舞蹈《校际印象》获得全国大学生艺术节一等奖，队员们还去祖国的首都北京进行汇报演出；2004年，舞蹈《枯荣流转》获全国环保文艺比赛一等奖；2005年，又以舞蹈《索》参加了全国大学生艺术节，获得全国二等奖；2007年，代表广西大学参加在上海举行的"五月的鲜花"全国"211"重点大学文艺会演，以舞蹈《给咱妈妈纳双鞋》获得"观众最喜爱节目奖"和"优秀节目奖"，另外还活的了"广西南宁市社区情和谐颂"文艺演出优秀奖。舞队不仅在自己团体里带领着队员感受各种舞蹈的魅力，还积极地进行社会实践活动，与其他各级高等院校进行交流。2001年，舞队决定举办广西高校第一场学生主演的现代舞专场晚会《起跑线》，邀请了很多其他院校的学生与团体，希望能够借此机会以广西大学艺术团舞蹈队的名义与其他舞蹈团体交流沟通；2002年，广西大学艺术团舞蹈队第二场现代舞专场《路上》成功举办；2006年，舞队带着学校的心意去到塔山英雄团进行慰问演出。这些年来的社会实践活动，让舞队从一个新生的团体迅速成长为一个成熟、团结的集体，而另一方面，舞队也为学校与文艺事业贡献了属于自己的一分力。

　　随着每年新老队员的更替，目前舞队的队员总数为48人，三名女队长、两名男队长，按照广西大学大学生艺术团的队长责任制进行队员的管理。日常基本功训练时间为每周一、三、五下午五点半至七点，而当舞队接到学校的演出任务，队员们就放弃中午、下午放学和周末的休息时间进行排练。

所谓"台上一分钟，台下十年功"，要排练出一个好的节目需要的是每一个队员全心全意的付出与艰苦奋斗的团队合作精神，任何一名队员的表现都将对整个节目以及整台晚会的演出效果产生影响。因为排练厅设备较为简陋，只有吊扇，而且很多已经不能使用，通风条件差，一到盛夏就会异常闷热，连来带练的老师都开玩笑说"空气都是闷热的，简直不能呼吸，要晕倒过去了"。每次训练后，队员们的头发都湿透了，全身也都是汗珠，衣服湿得牢牢地贴在皮肤上。而到了寒冷的冬天，排练厅里没有暖气，我们的队员们却仍然坚持穿着单薄的练功服训练、排练。尽管如此，大家也从来没有因为条件艰苦就不训练。其实拥有这样的排练环境，大家都很知足，所以，总是积极乐观地进行训练。

就这样，舞队的队员们一届换了一届，但是热爱舞蹈的那股精神劲与为大家带去精彩节目的服务理念却不曾改变。大家珍惜、重视每一次上台表演的机会，不论这台晚会的性质、舞台的大小、节目的次序等，都会在队长的带领下认真、刻苦地进行排练，只为了精益求精，努力提高队伍的整体水平，为了在进行对外交流实践时，能够自豪、底气十足地说我们代表广西大学大学生的精神风貌。

2011 年 9 月，驻邕高校交流晚会在广西民族大学举行，驻邕各高校都会表演节目，舞队在校团委、学生会的带领下代表广西大学表演了古典扇子舞《秀色》，赢得了现场观众的喝彩与掌声。因为知道自己代表着广西大学的形象，表演的队员们来到广西民族大学后，时刻以友善、礼貌的原则与其他各个院校的老师、同学、社团等进行沟通交流。

2012 年 5 月 25 日，是舞队成立 24 周年的日子，"我爱舞"是每一个队员坚守热爱舞蹈、热爱舞队的信念，队员们也从实际行动上展示了大家对这个集体的挚爱。舞队通过与广西电视台交流，利用自身舞蹈特长，与电视台共同合作组织了以一场别开生面的广西大学校园快闪活动。此次快闪活动分别在广西大学学综合楼、金融街、图书馆和东体育场进行了表演，最终在《新闻在线》栏目播出，单是视频上传点击率就达到了 10 万次，在校园内外引起了广泛反响。队员们在用一种阳光新颖的方式为同学们进行艺术表演、活跃校园气氛的同时，也在省级媒体上展示了广西大学学子的青春创新和多才多艺，丰富了广西大学学子的综合素质形象。

2012 年 6 月，队员们接到了来自广西财经贸易学院校团委、学生会的邀请，希望我们能够在他们的校文化艺术节上作为特邀嘉宾出一个舞蹈节目。能够代表广西大学学子与其他各院校进行交流表演，舞队的队员们都表示很骄傲，大家也都很乐意为财院的师生们带去舞蹈节目，丰富大家的课余生活。于是，大家又开始了每天日复一日的排练，从队形到动作，一遍一遍地抠，一遍一遍地强调各种细节、表情、气息等。终于，在演出当天，队长带领着队员们来到了财院，为财院师生表演了灵动的民族舞《碧波孔雀》，演出效果很好，台下的观众给了我们热烈的掌声。财院团委、学生会的同学也对我们的舞蹈节目非常满意，并传达了他们团委老师对我们舞蹈表演的高度评价，他们的老师非常希望财院的舞蹈队能够多与我们进行交流学习，像我们一样刻苦训练，为大家带去更高水平层次的舞蹈节目。

2012年12月29日，舞队12名队员随校团委赴来宾市象州县参加"广西大学文艺下乡·学习宣传贯彻党的十八大精神2013迎新晚会"活动，为当地的群众表演了民族舞《碧波孔雀》和当代舞《千红》。12月29日演出当天，象州当地的最低气温为1摄氏度。在寒冷的早晨，太阳还没升起，舞队12名女队员就带上单薄的演出服踏上了前往象州县下乡演出的路途。下午彩排时象州下起了雨，由于是露天舞台，为了不弄脏租借来的服装，队员们商量着修改躺在地面上的舞蹈动作，在露天舞台上顶着寒风一遍遍地排练，当时已经有不少女队员开始出现风寒、感冒、流鼻涕的症状，大家冷得不停地哆嗦。晚上正式演出前雨终于停了，露天舞台上的积水也被寒风吹干了。12名女队员为了呈现出最佳的舞台效果，毫不犹豫地决定保留躺在地面上的所有舞蹈动作。因为当晚需要表演两个舞蹈节目，大家几乎全场晚会都只能在单薄的演出服外披一件大衣，尽管表演环境如此艰苦恶劣，但女队员们依然出色地完成了演出任务。因为天气严寒与服装单薄以及表演所穿的舞鞋毫无保暖效果，不少队员在演出之后出现了更加严重的感冒发烧、肠胃炎呕吐的症状，但女队员们互相照顾，没有向带队的老师喊一声苦叫、一声累，大家都十分珍惜这次的对外实践机会。当然，这次下乡演出的成功不仅靠的是舞蹈队队员们的努力，还得益于校团委老师和当地政府的耐心指导和悉心照顾，广西大学大学生艺术团舞蹈队队员将会以更优异的成绩回报支持我们的各位上级领导。

当然，舞队能够获得今天的成绩是与每一名队员分不开的。可以说，舞队为广西大学服务、为文艺事业做贡献的实践精神对每一名成员都有潜移默化的影响，也可以说正是因为有了这样优秀执着的队员，舞队才能在这条舞蹈的路上越走越远、越走越坚定。队员们在舞队里得到的舞蹈锻炼与实践经验，他们都能积极地运用到自己的实际学习生活中，将服务大众的社会实践理念发扬光大。每个学院的啦啦操队伍、舞蹈比赛队伍中，你都可以发现我们舞队队员的身影，他们不仅在舞队的舞台上努力演出，更愿意为了学院荣誉而站出来作主力，不少队员还是队伍的领头人，积极主动地带领着学院的同学们一起认真地准备比赛。每一届的队员里都有参加南宁东盟博览会志愿者活动的，还有的获得了"优秀志愿者"称号；从第五届到第七届的广西大学与台湾大学暑期联合社会实践活动，也少不了舞队的队员，他们都是当时的文艺组组长，尽职尽责地带领赴台同学认真排练节目，在两岸学子共同支教时为大家带去了精彩的节目；还有队员在 2013 年 4 月 –6 月南宁共青团"四点半"课堂活动中到江南区锦唐小学支教，负责舞蹈教学和排练，成功组织学校"六一"文艺会演，获得江南区"优秀志愿者"称号。这样的事例还有很多，舞队的服务精神在每一个队员身上体现，而每一个队员的乐于服务社会的精神从舞队出发感染了更多的人。

广西大学艺术团舞蹈队每个学年的演出经历都较为丰富。以 2012—2013 学年（2012 年 9 月—2013 年 6 月）舞队详细演出经历为例：

1. 2012 年 10 月，广西大学"我心目中的好老师"颁奖晚会，女子古典舞《忆江南》，共 12 人参与；

2. 2012 年 12 月 8 日，广西大学土木学院 80 周年院庆晚会，女子当代舞《千红》共 14 人参与；

3. 2012 年 12 月 26 日，广西大学喜迎十八大暨元旦晚会，女子当代舞《千红》、男子当代舞《战旗》，共 26 人参与；

4. 2012 年 12 月 29 日，广西大学文艺下乡（象州）学习宣传贯彻党的十八大精神 2013 迎新晚会女子民族舞《碧波孔雀》，女子当代舞《千红》，共 12 人参与；

5. 2013 年 4 月 21 日，广西大学舞蹈大赛，男女现代群舞《南京·亮》获金奖，共 22 人参与；

6. 2013 年 6 月 16 日，广西高校原创歌手大赛决赛，开场舞《青春舞台》，共 16 人参与；

7. 2013 年 6 月 3 日，广西大学"荷花节"开幕式，女子民族舞《旋旋旋》，共 12 人参与；

8. 2013 年 6 月 21 日，广西大学毕业生晚会，男女现代舞《天空》、女子民俗舞《梦里寻他千百度》，共 30 人参与；

舞队的每一次演出实践都是不求经济上的回报，只求能用自己的舞姿演绎出在广西大学这个美丽的校园里最青春靓丽的故事。25 年舞队人就是以这样的方式无悔地为广西大学的老师、同学们献上一场又一场精彩的节目，感动了广西大学也感动了我们自己。同时，这些演出实践活动，带给了舞队队员们最有价值的锻炼与校园记忆。

广西大学大学生艺术团舞蹈队的队员们把每一个演出都当成一次磨炼，舞台上的每一次起舞都在演绎梦想的故事。这个故事，关乎欢乐，关乎汗水，关乎友谊，关乎坚持，关乎温暖，关乎爱。相信在将来，舞队的队员们一定能将服务广西大学、服务社会的理念在舞蹈的这条路上继续坚定不移地走下去，将故事延续。

三、舞蹈队参加的部分艺术实践

1. 2008 年代表广西大学参加在云南举行的"五月的鲜花"全国"211"重点大学文艺会演舞蹈《古武今韵》获得"优秀节目奖"；

2. 2008 年 11 月份，在广西大学 80 周年校庆文艺晚会中有《追忆》《古武今韵》等节目出演；

3. 2009 年 3 月份，代表广西大学参加第二届全国大学生艺术展演比赛，舞蹈《古武今韵》获全国一等奖；

4. 2010 年在首届"外教社杯"全国大学生英语教学大赛广西赛区颁奖典礼，驻邕高校原创歌曲复赛、决赛，女生节古典才女决赛，女生节闭幕式暨礼仪大赛，2010 年毕业生晚会以及各个学院晚会参与演出等；

5. 2010 年 12 月 1 日，与明星后玄同台演出《千红》《菊》；

6. 2011 年 5 月 25 日，古典舞《黄河》获校第三届舞蹈大赛冠军。

7. 2011 年 6 月在广西大学 2011 年毕业生晚会上表演节目《起跑线》《穿上学士服》《梅》；

8. 2011 年 9 月 24 日，参加广西第三届大学生艺术展演舞蹈比赛，原创节目《板凳上的山歌》荣获全区二等奖；

9. 2011 年 12 月 23 日，广西大学艺术团专场表演节目《忆江南》《起跑线》《先行者》《板凳上的山歌》《相亲相爱》；

10. 2012 年 6 月 6 日，广西大学关工委成立 20 周年晚会上表演《战旗》；

11. 2012 年 6 月 11 日，2012 年广西大学毕业生晚会上表演《战旗》《花儿》《那些年我们追过的舞蹈》《光茫茫》；

12. 2012 年 12 月 8 日，广西大学土木学院 80 周年院庆晚会上表演《千红》；

13. 2012 年 12 月 26 日，广西大学喜迎十八大暨元旦晚会上表演《千红》《战旗》；

14. 2012 年 12 月 29 日，广西大学文艺下乡（象州）学习宣传贯彻党的十八大精神 2013 迎新晚会上表演《碧波》《千红》；

15. 2013 年 4 月 21 日，广西大学舞蹈大赛，《南京·亮》获金奖；

16. 2013 年 6 月 16 日，广西高校原创歌手大赛决赛上表演开场舞《青春舞台》；

17. 2013 年 6 月 21 日，广西大学毕业生晚会上表演《天空》《梦里寻他千百度》；

18. 2013 年 9 月，在"我心目中的好老师"晚会和空谷迎新晚会上表演民族舞《旋旋旋》；

以下是部分获奖证书和演出活动图片：

图 7-39　份在广西大学 80 周年校庆文艺晚会上表演《追忆》

图 7-40　广西大学舞蹈大赛上表演《黄河》

图 7-41　在广西大学毕业生晚会上表演《穿上学士服》

图 7-42　为 2011 年参加广西第三届大学生艺术展演《板凳上的山歌》

图 7-43　广西大学庆祝中国共产党成立 90 周年《黄河》演员与前广西大学党委副书记李继斌的合照

图 7-44　在庆祝广西大学关工委成立二十周年晚会上表演《战旗》

图 7-45　广西大学毕业生晚会

图 7-46　广西大学土木学院 80 周年院庆晚会上表演《千红》

图 7-47　参加"广西大学文艺下乡·学习宣传贯彻党的十八大精神 2013 迎新晚会"活动

图 7-48　广西大学舞蹈大赛《南京·亮》演员合照

图 7-49　广西高校原创歌手大赛决赛开场舞《青春舞台》

图 7-50 广西大学毕业生晚会上表演《梦里寻他千百度》

墨香画意里的传统文化守望者

——"社会实践"榜样先锋广西大学学生书画协会事迹

广西大学学生书画协会自成立以来，一直致力于继承和弘扬中国传统文化，在书画艺术的传播上发挥了重大的作用。书画协会成员十分注重实践，三十年来，广西大学学生书画协会结合自身特色，开展各种有意义的活动，在社会实践中传播书画文化。无论是在校外传统文化的宣传及服务方面，还是在校园文化的丰富方面，书画协会都发挥了非常重要的作用。近几年来，学生书画协会更是在社会实践方面逐渐探索出了具有自身文化特色的实践形式，打造了一支组织有序、团结奋进的强力团队。

自 2010 年以来，协会每年都组织开展暑期"三下乡"社会实践活动，分别走访了河池巴马、桂林全州、河池南丹、百色靖西等地，将书法、绘画、装裱、篆刻等传统文化作品以社会调研、宣讲会、现场免费试学、课堂教学等形式带入民间，深入群众，弘扬中国传统文化；同时与当地书法家开展交流会，学其精神、习其精髓。2013 年 7 月份，本协会更勇于创新实践方式，将协会特色与爱国主题相结合，把传统书画文化带进了武警广西边防总队龙邦边防检查站，在向军人们学习革命历史文化、弘扬爱国主义精神的同时，将书画传统文化传进警营。

此外，自 2011 年元旦起，书画协会连续三年开展了"迎新春·送春联"活动，并由面向广大学生送春联惠及到校内教职工社区的居民们，2013 年元旦，更是将春联送进了南宁市江南区翠湖新城社区，向社区群众展现了广西大学学生积极走进群众的精神风貌，书画协会就是在这样的实践中培养出了一个书写水平超强、极富凝聚力的送春联团队。

2013 年，本社团成立了一支独特的社会实践队伍——"牵手六一·爱心支教"赴江南区六一学校支教服务队，服务队将书画知识带进了农民工子女的课堂，在传播传统文化的同时，将对社会的感恩转化为对社会的关注与关心，极好地体现了当代大学生的社会使命感及责任感。

暑期实践 回馈社会

一、靖西——走边防，访军魂，共筑中国梦

2013 年 7 月 14 日至 19 日，广西大学学生书画协会暑期社会实践团一行 34 人在广西大学学生书画协会指导老师、广西大学文学院副院长韦明刚带领下赴百色市靖西县开展暑期社会实践活动。

实践团在为期 6 天的实践活动中参观了靖西龙邦镇十二道门古堡、龙邦口岸，走访了武警广西边防总队龙邦边防检查站等地，感受了边防生活，领悟了爱国情怀。在爱国主义教育基地——靖西县革命烈士陵园，实践团师生与边检站官兵共同开展了以"弘扬

图 7-51

革命传统，放飞青春梦想"为主题的团日活动，通过重温入团誓词、瞻仰革命烈士纪念碑、为革命烈士献花默哀、参观烈士陵园及纪念馆，表达对革命先烈英勇就义的缅怀及敬仰之情，树立正确的价值观与理想信念。同时，实践团与边检站官兵们共同举办了一场"青春志飞扬，边关团旗红"文艺联谊晚会，晚会中，同学们与官兵们各显才艺，小品、相声、合唱等节目形式多样，内容丰富，游戏互动环节精彩纷呈，整个晚会充满了愉悦气氛，边检站副政委与韦明刚老师在优美口琴声中的书法合演更增加了晚会的艺术性。会中，韦明刚老师代表实践团赠给了边检站"扬我军威"的书法作品，"努力，努力，大家一起努力……"歌声嘹亮，笑声连连，一首广西大学校歌，唱出我们立校本意，唱出我们求学目的，也唱出了本次联谊的主旨。晚会处处洋溢着军民鱼水情。

走出军营，实践团一行还到靖西中学与 100 多名高中生开展了学习经验交流会，与他们分享高中的学习经验及大学生活，鼓励同学们定好目标，努力学习，向大学迈进；在靖西县城中山广场开展"国家规范汉字推广及书法知识宣讲会"，向当地居民进行规范汉字问卷调查，发放书画知识宣传单，并开展现场免费试学，活动吸引了不少群众参与其中；与靖西县当地书法家举行了书法联谊笔会，以笔会友，挥洒翰墨深情，传播书画神韵。

二、南丹——规范汉字传民间，传统文化入蒙学

本着大学生自身发展需要和服务社会的宗旨，2012 年暑假，广西大学学生书画协会组织进行了到河池市南丹县的社会实践。本次社会实践主要工作是到南丹县同当地的书法协会进行书法交流与学习，并在当地进行书法知识的宣传和试教活动，同时进行关于国家规范汉字普及程度的社会调查。一方面，此次社会实践是书画协会立足于自身发展需要，推进学习，扩大影响，服务学

图 7-52

生，服务社会，在南丹和当地书法协会进行笔会交流与学习，并志愿进行书法宣传、社会调查。笔会进行了两次以及开展免费书法培训，总体上收获挺大。宣传活动圆满完成，达到了宣传书法的目的，从学生和家长们的反应来看，效果良好。另一方面，从社会调查结果来看，国家规范汉字已经基本覆盖，繁体字等已经很少使用。本次的社会实践主要是在社会上做关于书法的宣传和调查。进行书法宣传的初衷是希望书法艺术能够得以传承发展并有所创新，丰富民众的文化生活，提高文化素养，让更多的人了解书法，更好地传承祖国优秀文化。但从结果来看，现实情况并不是很乐观。如今，在书写手段上，硬笔和电子已经代替毛笔，当然，这是一个必然趋势，这是时代发展的需要，不可逆转。但是，书法作为我们祖国一种独特的文化，作为一项高品位的审美艺术形式，作为社会主义文化建设的一项重要内容，传承和发展书法艺术也是很有必要的。所以，对于书法，需要宣传，需要更多的人参与进来，至少可以努力让对书法有兴趣的人群学习和了解书法，让书法成为业余生活中的一大乐趣，陶冶情操。当然，此行我们也发现了许多民间中的书法爱好者，他们是传承和发扬书法艺术的一股重要力量。

三、全州——书画进万家，探桂北书风

广西大学学生书画协会于 2011 年 7 月 10 日至 14 日组织前往桂林市全州县文桥镇开展为期 5 天的以"书画进万家，实践长真知"为主题的社会实践活动。此次书协实践之行的一个重要目的就是调查桂北书风特色，感受当地的民

俗气息，并与当地的书法家们作进一步的学习交流。这次书协的实践活动，受到了全州县政府、全州县书协的重视。当地书协的热情招待使书协的队员们得以借机了解全州县的悠久历史以及当地独特的风土人情。

文桥镇唐镇长、全州县书协主席肖玉平、文桥镇书法家协会各级干部、文桥镇群众书法家、朝阳中学校领导及学生代表等百余人出席了本次活动，全州电视台、全州日报对本次活动进行了报道。通过与村镇人员交流，我们认识

到，近年来文桥镇声名鹊起，以浓郁的传统书法、石刻、绘画学习、宣传风气，鹤立于周围乡镇中。虽然难以在区级、国家级各项大赛中有所收获，但男女老少依旧孜孜不倦地学习着、进步着。近年来为了提升创作水准、丰富创作形式、提高创作格调，各级领导与传统文化爱好者们共同合作，通过"书法从娃娃抓起"、开展书法进村入户活动及时发现培养新的、有潜质的青年书法爱好者。随着作品创作的规

图 7-53

范化和专业化，文桥镇书法家们也取得了可喜的成绩，夯实了当地文化建设的基础。

座谈会结束后，我们兴致未尽，又进行书法交流笔会。参与者年龄跨度很大，年迈者达 83 岁高龄，年幼者只有 12 岁，但是在展示所学时豪情满怀、尽情挥洒、纹丝不怯，实践团成员也积极响应，创作百余幅作品。广西大学书协和文桥书协互赠作品集和墨宝，以作留念。走进乡村探讨书法艺术，让我们认识到深入开展"文化下乡"活动，对于丰富农民文化生活、推进社会主义新农村建设的重大意义。

四、巴马——访书法之乡，悟书画真谛

2010 年"巴马文化之旅"广西大学学生书画协会暑期社会实践活动在短短的四天时间里，实践团的各成员都得到了很大的锻炼和提高，实践活动给生活在都市象牙塔中的我们提供了广泛接触基层、了解基层的机会。深入基层、同基层群众及领导谈心交流，让我们年轻的思想碰撞出了新的火花，也让我们从中学到了很多书本上学不到的东西，汲取了丰富的营养，理解了"从群众中

来，到群众中去"的真正含义，认识到只有到实践中去、到基层中去，把个人的命运同社会、同国家的命运联系起来，才是我们青年成长、成才的正确之路。

通过开展具备协会自身特色的社会实践活动，我们逐步了解了社会，开阔了视野，增长了才干，并在社会实践活动中认清了自己的位置，发现了自己的不足，对自身价值能够进行客观评价。"纸上得来终觉浅，绝知此事要躬行"，社会实践使同学们找到了理论与实践的最佳结合点。尤其是我们学生，只重视理论学习，忽视实

图 7-54

践环节，往往在实际工作岗位上发挥得不很理想。我们应该紧密结合自身专业特色，在实践中检验自己的知识和水平。

五、爱心春联，服务群众

春联是中华民族的一种特有节日文化，深受广大百姓群众的青睐，因为它不仅是一种节日的特色，更是一种祝福的载体，一种家的氛围的象征。在公益性文化事业不断得到重视并日渐发展的今天，广西大学学生书

图 7-55

画协会抓住协会自身特色，并结合春联文化，打造出了"迎新春·送春联"系列公益性社会实践活动，旨在通过校园送春联、春联进社区等形式为广大师生、社区居民们送去一份节日的问候，感受一份春节来临的家的气息，同时为校园文化建设注入新的活力，为社区文化建设融入新的血液，为社会文化事业增添新的色彩。同时还可通过这样的实践培养出一批兼备书法水平与实践能力的杰出人才，打造一个温馨和谐、团结努力的优秀团队。

六、立足校园，弘扬传统

2011 年元旦，广西大学学生书画协会首创"迎新春·送春联"活动，活动以面向广大校内学子为主，意在给远离他乡求学的学子们带来一份家的节日味道的同时，调动同学们参与传承中国传统节日文化的积极性，弘扬中国的传

统书法文化艺术，活动浓厚的节日气息与文化氛围在校内掀起了一阵弘扬传统文化——贴对联的活跃气氛。

1月8日，一个普通而特殊的日子，广西大学学生书画协会迈开了"迎新春·送春联"活动的第一步，开始了这项特殊实践的首次探索。在新年伊始的南宁，虽寒风袭人，但广西大学西校园的6B小广场上却是一派温馨热闹的景象。

图 7-56

早上9点，数信学院醒狮队同学们响亮的锣鼓声拉开了广西大学学生书画协会首届"迎新春·送春联"的序幕。书画协会准备了300多副规格不同的对联纸，1 000多条主题丰富的春联内容，由同学们自行选择交给自己喜欢的春联写手帮助创作。活动邀请到了广西书法家协会驻会书法家谢德欢、广西大学艺术学院老师兼书画协会的指导老师闭理由，2002届、2003届书画协会会长朱广文、黄福宽等书法高手来现场为同学们书写春联。他们同书画协会的成员们一起为广西大学学子挥毫赠字，厚重的墨沉落在火红的对联纸上，晕开了浓浓的节日味道与艺术内涵，一幅幅挂起来的春联火红的颜色更是格外惹眼，吸引了许许多多师生们的驻足、参与，更有校园网站的记者朋友闻讯赶来，竞相为这个别具一格的活动进行报道。现场的人流量大大超出了预期，同学们的积极性与热情更是让活动推迟了结束时间。

活动首办便赢得了师生们的高度肯定与热情参与，这为书画协会开展第二届送春联活动奠定了很好的基础，无论是在人气支持方面，还是在活动经验的积累方面。

七、走进社区，实践利民

2012年元旦，书画协会将"迎新春·送春联"活动的外延扩大，在面向广大学子送春联的基础上，为将活动与社区文化建设相结合，把活动开展到了校内社区，为广大教职工及其家属带去了节日的祝福，同时表达了对老师们的感恩。这一年的送春联活动，

图 7-57

书画协会开创了"征集原创春联"的形式，积极调动同学们参与到春联内容的创作当中，让更多的学子可以有更多的选择，可以得到自己更喜欢的春联，充分运用了在校学生的学识，提高了创新能力，增强了新时代大学生的民族文化传承意识，展示了春联日新月异的文化内涵。

此外，书画协会的这次送春联实践还进行了"春联进万家"志愿者招募，为社区的一些特殊群众进行年前大扫除，并为他们贴上书画协会为之书写的春联，志愿为社区人民服务，展示了高校学生的社会责任感和奉献精神。

2013年元旦，"迎新春·送春联"活动已成为书画协会的精品特色活动。第三届的送春联活动分为校内和校外两个阶段。在前两年的基础上，此次实践活动得到了更进一步的发展，做到了在时间上延长、内容上充实、规模上扩展、范围上增大。

图 7-58

第一阶段，2012年12月29日至30日，在广西大学东教职工活动中心举行。29日上午，天下着淅淅沥沥的雨，但书画协会送春联的志愿者队伍仍然在负责人的有序组织下，按部就班地运行，书画协会的指导老师韦明刚、闭理由老师还冒雨到现场为大家书写春联，书协前任会长唐景龙、孙靓樱也来到了现场帮忙。有些冰凉的雨意中，协会成员却激情高涨，一对对红色的春联为社区更增添了许多的暖意与热闹，师生们、居民们也受到感染，纷纷在雨中选择自己喜欢的春联。第二天天气好转后，活动吸引了更多的群众，数信醒狮队的友情演出更将活动推向了高潮，热闹的氛围增加了许多年味儿。

第二阶段，2013年1月1日，在继续得到校工会主席的支持下，进一步争取到了南宁市江南区团委的支持，广西大学学生书画协会组织了一支"迎新春·送春联·喜盈社区"志愿者团队，带着春联，走出校园，走进了江南区五一路翠湖新城社区，把一份份喜庆的新年温暖送到了社区居民手中。

活动开始之前，在街道办的协助下，会员们临时搬了几张简易的桌子拼成三张大书桌，并准备好需要的墨水和毛笔，挂好横幅，开始了校外送春联的第一步。活动的火热进行引来了不少的群众参与。书画协会送春联团队负责人向前来采访的媒体记者说："我们举办这次活动的目的是为了给群众带来方便，让社区的居民感受到新春喜庆的气氛，让群众在这寒冷的冬天里感受到内心的温暖，同时也让社会了解广西大学书画协会。"这一次校外送春联实践，一共送出了200多副春联，居民们获得了自己喜欢的春联，脸上都洋溢着满意的笑容，在凉意习习的冬日里，散发出阳光般的味道。这一次送春联活动积极响应了南宁市教育局"为广大群众送春联"的号召。

广西大学学生书画协会结合协会自身特色，坚持贴近实际、贴近生活、贴近群众的原则，将"迎新春·送春联"与校园、社区文化建设相结合，在开展校内送春联活动的基础上，将活动开展到社区，服务群众，将节日的关怀与祝福送给了更多的人，同时用大学生特有的方式继承和弘扬中华传统文化，将"文化强国"的方针践行于大学生生活。

图7-59

经过连续举办三届送春联活动，书画协会已能成熟地组织策划此项活动，并保证质量地打造了广西大学社团精品活动，使之成为广西大学的"十佳社团活动"，每次开展活动都吸引了不少校内外媒体争相报道，并得到校内外书法艺术家乃至南宁市书协等的大力支持。而这一实践活动的组织者——广西大学学生书画协会，则培养出了一批楹联书写的优秀人才和组织策划活动的精英；协会内部成员之间更是通过活动加深了感情，促进了了解，培养了一种团结友爱的氛围，打造了一个杰出的送春联服务团队。

公益支教　温暖校园

八、赴江南区六一学校"四点半课堂"爱心支教

近年来，农民工等弱势群体的权益受到了不同程度的忽视和损害，深入基层群众，加大了对农民工及其子女的关爱力度，成了全社会热议的话题。书画协会响应国家的政策，主动走出校园，了解社会，关爱农民工子女，传承中国传统的书画艺术，为社会尽一分自己的绵薄之力，给农民工子女带去党和国家的关怀。

六一学校学生大多艺术是外来打工人员的子女，许多孩子的父母在平时的

放学期间、周末以及节日等因为上班而没有时间照看小孩和辅导孩子完成课后作业，而且孩子平时因缺乏父母的关心爱护也可能会导致一些问题的出现，如学习成绩跟不上、容易受社会闲散人员带坏、容易出现心理问题等。为了帮助农民工解决孩子的学习问题及周末无人照看的问题，使孩子们能够更好地学习，身心更好地成长，我们书画协会支教志愿者团队利用周末时间对江南区六一学校学生进行了为期一年的爱心支教服务。

图 7-60

2012 年—2013 年，由于我们是初次组织支教活动，所以做了很多前期工作。负责人多次跟学校协商，交换意见。

为了保证周末小朋友们的安全和取得家长的同意，支教前我们联系了六一学校，给小朋友家长发了《致家长的一封信》，志愿者也签订了《志愿者服务守则》，并对志愿者进行了培训。每个学期我们的志愿者人数都超过了 40 人。

九、支教课程，各具新意

我们此次支教活动共设书法、绘画、英语、手工制作、课业辅导和舞蹈等六个兴趣班，每个兴趣班都各具特色。

书法班：书法是我们的强项，所以在教学计划方面做得最好，连贯性最强。志愿者都能认真备课，书法教学基本上能按照教学计划进行。从简单的坐姿、站姿、执笔姿势、基本的笔画、简单的字形开始安排教学，小朋友们进步都很大。

图 7-61　　　　　图 7-62　　　　　图 7-63

绘画班：最注重兴趣，纪律相对较好，调皮的小朋友很少，但是大部分的小朋友基础很差，他们的接受能力很有限，讲的许多知识都听不懂，导致之前的备课方案都用不上。但绝大部分小朋友态度都很认真，课堂上都能保持安静认真画画。画画平静了小朋友的心，画出了他们的梦！

英语班：小朋友学到的知识较新颖，志愿者为他们讲解了西方的文化，包括饮食、习俗、节日、歌曲等。给小朋友们打开了一扇窗，看看外面的世界。

手工制作班：手工班很强调动手，因为教的课时只有六周，所以知识比较简单。主要教了折纸，课堂气氛活跃但不乱，课堂活动趣味横生。志愿者创新能力强，备课认真，虽然有不少调皮的小朋友，但志愿者们总是能把小朋友管好，教会了他们手工，让他们的生活增添了情趣，带来了乐趣。

图 7-64

课业辅导班：课堂形式主要是老师在黑板上讲例题，小朋友把平时的错题、不懂的题向志愿者提问，志愿者手把手教学。所以，基本上教的内容难度不大，志愿者找小朋友的课本进行备课，手把手教学，针对性强。我们的辅导提高了小朋友的自信心和自主学习的能力，为他们的求学之路扫清了些许障碍。

舞蹈班：舞蹈班是我们下学期才开的班，但是小朋友们都很积极地报名参加，人数一度达到 70 多人。由于志愿者有限，我们不得不从中筛选一些较有天赋的孩子。他们很珍惜这次机会，学起来都很认真。舞蹈给了他们艺术的启蒙，带给他们生活的激情和活力。

十、爱心购书，传递知识

除了我们每周正常给小朋友上课外，我们还带他们参加了很多活动。

4 月 21 日，受江南区团委和六一学校之邀，我们团队派出 12 名志愿者参加爱心购书活动。志愿者全程陪同小朋友们，帮他们介绍书、选书、拿书和

图 7-65

回答他们的各种疑问。那天天气不怎么好，风很大，很多人都觉得有点冷。但当看到有些小朋友穿的少时，我们志愿者毫不犹豫地把自己的衣服脱下来给小朋友们穿上。虽然我们也很冷，但是看到小朋友们的笑脸，我们就忘却了寒冷。由于路程离广西大学比较远，我们回到学校时天已经黑了。虽然我们都很累，有些人晚上还有课，但我们都觉得很开心。从这次活动中，我们看到了还有很多人在关注和关心这些需要帮助的小朋友们。和这些爱心人士、这些伟大的社会力量比起来，我们的一些志愿服务真的是微不足道。

十一、广西大学之旅，意外收获

6月1日，儿童节，"广西大学之旅"。为了这次活动，我们前期做了很多工作。我们先后和江南区团委负责人和六一学校老师进行了沟通，在她们的同意和建议下，在陆老师的帮助下和征得家长的同意后，我们选出了16位小朋友。为了让他们多了解一下我们协会，书画协会在"六一"这天举办了作品展。"六一"这天早上7点，我们两位负责人就从学校出发，赶赴六一学校接小朋友。把他们接到广西大学后，8位志愿者每人负责2名小朋友，带他们参观了广西大学和我们的作品展。临走时，我们给他们发了棒棒糖、果冻等，算是给他们的"六一"礼物吧。最后他们都依依不舍地

图 7-66

离开了广西大学。相信在我们志愿者的介绍和他们自己的体会下，他们一定对大学有了新的见解，希望这次活动能对他们有所帮助。

一方面，通过此次爱心支教活动，小朋友们在各种兴趣方面都学到了一些他们平时上课没有学到的知识。比如，写毛笔字、手工制作各种作品和在日常生活中用英语进行一些简单的问候等；我们在支教过程中会进行一些课程的互动和游戏，让他们在进行游戏的快乐时光里领悟一些人生道理，拓展了小朋友的视野；在整个支教过程中，小朋友们都非常积极地参与到活动中，和我们支教志愿者们建立了深厚的感情。

另一方面，参加此次活动的志愿者们也在活动中得到了极大的锻炼。作为一名大学生，我们听了十几年老师讲课，现在终于有机会做一回老师，体验自

己在讲台上给学生上课的艰辛与困难，好好地反思一下自己，端正自己的学习态度，今后在课堂上认真地听老师讲课；我们在活动中也提高了交流和实践能力，学到了一些在课堂上学不到的东西，领悟到了一些人生道理。总之，在此次活动中我们学到许多，非常感谢江南区团委给我们这次开展活动的机会。

一次实践，便是一次成长，在这一次次的实践中，广西大学学生书画协会不断吸取经验，不断改进与完善实践方案，创新实践方式，全力打造富有协会文化特色的社会实践活动，为校园文化建设、社区文化建设乃至社会文化建设贡献了一定的力量。在积极响应党中央"大力弘扬传统文化"等文化建设号召的同时，促进了社会文明建设，更是对胡锦涛"广大青年要积极响应党的号召，树立正确的世界观、人生观、价值观，永远热爱我们伟大的祖国，永远热爱我们伟大的人民，永远热爱我们伟大的中华民族，在投身中国特色社会主义伟大事业中，让青春焕发出绚丽的光彩"希冀的践行，传递了大学生的青春正能量。虽然每次的实践活动都仍存在很多不足之处，但正是这一次次的实践，打造出了一个团结奋进的团队；正是这一次次的活动，历练了一个个大学生精英；正是这一件件小事，培养了一颗颗热忱的心。

中国传统书画艺术是具有鲜明特征、蕴涵丰富内容的中国传统文化艺术。正所谓艺无止境，学当所用。书画协会，广西大学最"年长"的学生社团，时间留给它的是更多的考验。在这个连接国粹的平台上，书画协会的同仁们将会时刻牢记"根深则果茂，源远而流长"的古训，深深扎根书画协会这片沃土，一起勤学苦练、坚持不懈，在实践中探索，在探索中发展，在丰厚的历史底蕴上，海纳百川，兼收并蓄，寻求书法与人生的真谛。

忆往昔峥嵘岁月，展未来任重道远。广西大学学生书画协会将会一直在艺术的道路上追寻，并坚持以继承和弘扬书画传统文化为己任，不断结合这门艺术开展实践，学习精髓、传播精粹，以书画为帆、实践为风，在书画协会的掌舵下前行，为文化建设添砖加瓦！

穿越海峡　执手共赴青春之约

—— "社会实践"榜样先锋广西大学与台湾大学暑期联合社会实践服务团事迹

　　广西大学与台湾大学暑期联合社会实践服务团（以下简称"桂台联合社会实践团"）已经走到了第六个年头，作为一个横跨两岸高校、以促进两岸青年学子交流和加强两岸公益服务为目的的实践团队，桂台联合社会实践团已经经历了六届团员的更替，分别在两岸各地开展了一系列公益活动，帮助了大量社会弱势群体，将两岸大学生的爱心和关爱传达至社会的各个角落。今年，第六届桂台联合社会实践团在往年实践经验的基础上，大胆创新，积极开拓，再次使得今年的暑期联合社会实践活动取得圆满的成功！

一、高规格、高水平、高素质，铸造优秀团队

（一）穿越海峡，沟通两岸

　　广西大学与台湾大学暑期联合社会实践服务团与一般学生社会实践服务团体最大的区别在于其横跨两岸的重要特征，随着两岸经贸往来增加，加强大陆与台湾的沟通是历史的趋势。作为校级重点项目之一，桂台联合社会实践团的开展意在促进

图 7-67　团员们与谢老师的合照

和加强两岸学子交流，除了在公益事业上有所贡献外，来自两岸的高校大学生还能够借此机会加强沟通，互相了解彼此学习、生活、文化，这使得桂台联合社会实践团与一般社会实践团队具有了更深一层的意义。

（二）精挑细选，铸造优秀

　　作为两岸大学生沟通的重要平台，为促进两岸学子良性沟通，桂台联合社会实践团团员都经过了精挑细选。团员从上百名报名者中层层筛选而来，其中

包括校内的主要学生干部、社团骨干、文艺标兵等。严格的筛选保证了团员优秀的素质和积极向上的精神风貌，保证了两岸交流活动顺利开展，更保证了桂台联合社会实践团成为一支大陆高素质精英团队。

（三）年跨六载，爱不间断

自2006年始，广西大学与台湾大学的领导们合作构思，提出了利用暑假期间两所学校互派学生参与暑期联合社会服务营队，以交流文化、播种关爱为理念，深入到两岸各地进行社会服务的全新学生交流模式，给海峡两岸的青年学子们提供了一个交流的新契机。时隔六年，桂台联合社会实践团已经走到了第六届。六年来，两岸学子不但在合作中沟通，更是将关爱传遍四方，这些四处传播的未曾间断的关爱，正是桂台联合社会实践团能够坚持走到第六年的重要原因。而在那些仍需要被关爱的角落，也正是桂台联合社会实践团仍会坚持走向未来的重要动力。

（四）肩负重任，广受关注

相较于一般的社会实践团队，桂台联合社会实践团还有一大特点便是具有重要的政治意义。作为自治区与我国台湾地区接洽的项目之一，同时也是广西大学校级重点立项之一，桂台联合社会实践团得到了来自政府、社会、媒体的广泛关注。它肩负的责任不仅仅是完成联合社会实践，更重要的是它是两岸大学生沟通的窗口，是大陆与台湾交流的纽带。桂台联合社会实践团暑期社会实践活动的顺利开展，代表的是两岸沟通的圆满实现，是两岸交流的重要成果，更是大陆与台湾相亲相融、不可分割的重要标志。

二、积极准备，开拓创新，实践教案新突破

（一）历时三月，蓄势待发

教案准备工作一直是每届桂台联合社会实践团最大的课题，教案设计的好与坏直接关系到公益服务的水平和质量。同时，教案也是两校联合实践中的重要课题，教案本身的水准也代表了两校大学生的综合水平和素质。为了保证本次暑期联合社会实践活动的顺利开展，桂台联合社会实践团在2012年4月就开始着手准备，从教案前期的总框架设计，到具体的教案实施细则以及美工设计乃至文艺表演，都在这三个月中井然有序地开展着。由于今年桂台联合社会实践团的行程安排是先在广西进行服务，然后两校学生共赴台湾开展服务。所以这就使得本届桂台联合社会实践团广西营期的教案准备时间非常紧迫，尤其是在准备工作后期

正好临近期末考试，教案也是最后的冲刺阶段，但全体团员仍然能够齐心协力，在保证课程复习不耽误的情况下，依然在出营前出色而圆满地完成了教案准备。不但得到了老师的好评，也得到了来自台湾大学的同学们的赞叹！

（二）立足经验，大胆创新

从以往几年桂台联合社会实践团的服务经验来看，外界对广西大学桂台联合社会实践团设计的教案一般都存在"教学化、严谨化"的印象，另外，由于服务对象基本都是未成年人，过于教条化的教案会造成吸引力的不足，进而导致服务效果不如预期。由于应试教育大环境所致，大陆学生在设计教案时一般都难以跳出"教学"的框架，只能停留在传统的灌输式教育上。尽管表面上看似寓教于乐，但是教案本身吸引力不足，教导性过强等，都难以对青少年教育起到良好的效果。本届桂台联合社会实践团在吸取了往届经验的基础上，大胆创新，在今年特殊的背景下（往届是大陆学生先赴台湾，所以可以吸取台湾营期方面教案的经验再进行改进。而今年正好相反，是台湾学生先赴大陆，故没有参照模板），经过团队商议，充分准备，在教案经历了几次大改动之后，彻底摆脱了原本的灌输式教育方式，而提出创新的"探索式学习"方案。通过让青少年参与教案的过程，并由大学生队员加以引导，让青少年得以自主思考和成长。同时，教案的趣味性和内容都得到了极大的丰富，包括闯关游戏、定向运动、团队辅导、视频互动等。这次创新性的设计，也让过去一直精于教案设计的台湾大学同学眼前一亮，一改过去对大陆学生设计教案的看法，连连称赞。

三、情系武鸣，爱在金山，爱心牵动两岸

（一）情系武鸣，爱在金山

今年桂台联合社会实践团的服务对

图7-68　桂台联合社会实践团出征仪式

象是广西武鸣民族中学的少数民族学生和台湾启聪学校的听损学生。武鸣的服务过程一共五天，其中包括开营仪式、持续四天的寻找挪亚方舟系列教案和最终的联欢晚会，经过五天的相处，团员们和武鸣民族中学的同学们建立了深厚的友谊，并通过一系列教案，使得同学们得到了快速成长——明确了人生目标，

认识到团队的力量，激发了对大学生活的美好向往。最后一天的联欢晚会后，所有团员和民族中学的同学都流下了伤感和不舍的泪水，为武鸣的营期画上了一个圆满而感人的句号。

而在台湾地区服务的对象则是本届桂台联合社会实践团的另一个亮点。本届桂台联合社会实践团与台湾"爱加倍"社会公益福利基金会合作，为台湾地区的听损学生进行服务。这不仅仅是历届桂台联合社会实践团首次服务残疾类的学生，也是台湾大学乃至整个台湾地区首次由大学生开展对听损儿童进行社会服务。听损生作为一类社会特殊群体，这也是他们第一次接受来自社会第三方的直接关爱，所以这次的服务活动，对于各方来说，都是一次艰难而重大的考验。由于缺乏与听损生接触的经验，桂台联合社会实践团的团员在进行服务前，接受了海量关于听损生的培训，了解他们的心理世界、行为特点，甚至学会了台湾地区的手语。充足的行前准备最终使得在台湾的启聪学校以及金山针对听损生开展的服务得到了圆满的成功。本次服务为听损生带去了来自两岸大学生的关爱和关心，同时也开创由大学生对听损生进行服务的先河，对未来给听损生带去更多社会关爱具有重大的社会意义。

（二）反响热烈，各方好评

本届桂台联合社会实践团在广西行程的服务，也是武鸣民族中学首次开展暑期夏令营活动。营期结束后，本次夏令营得到了当地县政府、校方、家长以及社会的多方好评。经过这次夏令营，不但丰富了学生的暑期课余生活，还使他们得到了成长。民族中学的校长表示，今后每年都将举办类似活动，并争取将其作为学校的招牌之一。而本届桂台联合社会实践团在台湾的社会公益服务，也得到了当地校方、"爱加倍"社会公益福利基金会的好评。"爱加倍"社会公益福利基金会的志工对于本次桂台联合社会实践团的表现赞赏有加，特别是团员们都能够放下身段与听损儿童亲密交往，并且为他们带去欢乐，同时也表示，此次活动对听损生的心理给予了极大的鼓舞，许多听损生因此而变得更加积极向上和开朗活泼。因此对于此次活动，"爱加倍"基金会十分满意，并表示以后将会更多地组织类似活动，让听损生得到更多的社会关爱。

四、播种关爱，收获幸福，服务成果丰硕

（一）飞越海峡，爱无止境

短短的几天营期并不能够轻易带来长远的收益，而桂台联合社会实践团做的不仅仅是五天的服务，而是一种持续的关爱。通过几天的交往，团员们和武鸣的孩子以及金山的孩子都建立了深厚的友谊，在营期结束后，联系却没有结束，他们仍然一直保持着网络或信件的交流，在遇到烦恼或挫折时，团员们作为更年长的人，都能够给予他们更为长久的支持和鼓励。这是桂台联合社会实践团与一般社会实践团队的一大区别，也是这个团队真心实意地为了将爱和公益进行到底、真真正正关注公益效果的最好证明。

（二）两岸友谊，根深蒂固

作为两岸高校联合举办的团队，搭建两岸青年学子交流平台是桂台联合社会实践团的另一个重要目的。广西大学与台湾大学的同学们在活动中建立了十分深厚的友谊，在营期的过程中两校学生相处愉快，并且借此机会相互交流了各自成长和生活、学习的环境和心得，尽管 27 天的相处时间不长，但是两校学子所建立的深厚友谊已经根深蒂固。营期结束的那天，广西大学的同学即将登机离开桃园机场时，所有团员动情地流下眼泪挥别的场景，就是这届桂台联合社会实践团深厚友谊的最佳证明。尽管难以预见何时再相见，但是相信在科技日益发达的今天，网络会成为维系团员们友谊的第二条纽带，让这份友谊地久天长。

（三）敢于实践，开创先河

本届桂台联合社会实践团一个重要的收获，便是我们成了台湾地区大学生服务听损儿童的先行者。一直以来，听损儿童由于其特殊性，十分需要得到社会的关爱，但是由于社会对听损生情况的认知不足，错误的关爱会对他们的心理成长造成相反的效果。本届桂台联合社会实践团通过与"爱加倍"社会公益福利基金会合作，本身就是一项巨大的考验。对于从未接受过除基金会外的社会组织服务的听损生，是否能够适应大学生的服务方式，是一项重要的课题。而对于桂台联合社会实践团而言，从未有过接触听损生和服务听损生的经验，也使得这次的服务活动变得异常艰难。但在开营前充分的培训和准备以及团员们出色的表现，使得这一困难的任务迎刃而解，使得本次服务取得了巨大的成功。这无论对于听损生，还是整个台湾

图 7-69　团员们在武鸣民族中学

315

社会，都是一个具有重大意义的事件，也让未来台湾的听损生，能够有更多的机会得到来自社会的关爱。

（四）媒体报道，反响热烈

本届桂台联合社会实践团得到了社会各界媒体的巨大关注，广西电视台、南宁晚报、雨无声网站等媒体都派出了特约记者对本次活动进行了专题报道，另还有大量媒体也刊登了本届社会实践团队的新闻信息。通过社会媒体的报道，让桂台联合社会实践团的感人故事得到更多人的了解，也引起了更多的社会反响。大学生的积极服务意识和服务态度得到更多人的认同，这是一种正能量的传播，也给这个社会带来了更多温暖，鼓舞更多的人用爱去温暖他人，不再冷漠。

经世济民，孜孜以求的实践者

—— "社会实践" 榜样先锋广西大学学生经济学社事迹

广西大学学生经济学社已经走过了 21 年的风风雨雨，逐步打造出经济学特色，活动清晰践行着"学习实践回报社会"三步走的规划。2011 年 10 月至今，我社始终不忘"经世济民，学以致用"的宗旨，深感社会责任之大，坚持"学习实践回报"社会三步走战略，坚持"广育人"的思想，努力为广大同学提供实践、锻炼自我的平台。

我社的许多精品实践活动，如毕业生物品调剂会，毕业生将有价值的二手物品低价转卖给其他同学，这一活动被列入了广西大学毕业生行程安排项目；夺宝"经"兵大型素质拓展活动，通过参赛队员在全校园闯关的形式进行，并成了一个校级活动；除此之外，还有暑期"三下乡"活动、暑期公益做杂志和地图、组织学生参观公司等，这些社会实践提高了我们社员的实践组织管理能力，并以此为契机更好地做到回报社会，具有一定的社会影响力。

知之愈明行之愈笃

学习实践篇

我社与时俱进，大胆创新，秉承了校团委提出的社团活动应"创品牌，育精品"的精神，打造了一系列精品活动。不仅丰富了校园文化，培养了社员"经世济民"的社会责任感，而且锻炼了同学们的社会实践能力，实现了精神文明与物质文明建设的双丰收。

身体力行学以致用

经济文化节

我社的常规性学术交流活动，是连接广大社员与经济学者的桥梁纽带，是广大经济学爱好者的精神家园。"经彩沙龙"，以举办讲座为主、开展各类丰富多彩的特色活动为辅，为广大社员献上一道道知识大餐：股票入门知识讲座；证券投资入门知识讲座；雅思考试、法语考试免费讲座；大学生就业热点讲座；创业沙盘演练等。2012年3月，我社第二届经济文化节开幕，经济文化节是由一系列活动组成的，包括第五届驻邕高校模拟炒股大赛、第七届夺宝"经"兵大型户外素质拓展活动、第九届毕业生物品调剂会等。

图 7-70　第二届经济文化节开幕

第五届高校联盟模拟投资大赛

随着社会的进步、经济的发展，金融市场已经变得越来越完善，作为现代大学生，懂得经济、认识经济、掌握经济是我们必不可少的基本技能。为了强化大学生的投资意识，活跃校园气氛，丰富校园文化，促进校友交流，广西大学经济学社发起，并与广西众多高校学生联合，在2012年举办了第五届驻邕高校学生联盟模拟投资大赛。

图 7-71　　　　　　　　　　　　图 7-72

通过对模拟交易平台的操作，大家了解和学习了实盘交易的一系列规则和交易策略；通过专业交易人员的培训和指导，大家还了解了国际金融环境、金融产品。这是一次十分难得的投资实践契机,使象牙塔中的我们能够与世界金融市场紧密联系,学会把握金融市场的脉搏,从中学习理财的经验。参与其中的同学更是熟悉甚至熟练了交易技巧,是一次很不错的模拟实践经历,给广大同学提供了一个学习机会。而我们的社员通过这次社会实践不但参与其中学习,更收获了组织、宣传活动的能力。

参观青岛啤酒公司

公司参观一直是广西大学学生经济学社的活动项目。我社一直是以模拟公司运作来进行管理,公司参观能让我们更加直观明了,以做参考。同时,社员参观公司,通过引导员的介绍,能开阔他们的眼界,增长阅历。这个活动项目

图 7-73

很久以前就已经是经济学社的固定项目,也受到了社员的热烈欢迎。而另一方面,公司也得到了他们想要的宣传效果。对于社员和公司,这是一个值得继续进行的、双赢的社会实践活动。

2011 年 11 月份,我社组织参观了青岛啤酒公司,参与人员大约有四十名社员和干部。公司引导员引领大家进行参观,给社员讲解了公司的有关历史、发展、挫折、变革,并详细介绍了啤酒生产的有关步骤。社员们都对此很感兴趣,整个历时一个半小时的参观很有效果。公司参观是一个简单易行的社会实践,可是简单并不意味着意义小。我们的社员能从中学习到很多,了解一个公司的运作能给我们以更好地管理组织的启迪,了解一个公司的历史能让我们明白人生的道理。不管怎样,我们将把这个社会实践进行到底,把这个活动做大、做广,争取能有机会参观各种类型、各种规模的公司。

图 7-74　暑假为新生制作的杂志和地图

精诚合作同舟共济

秉承着"关怀新生、服务新生、引导新生,使其更快、更好地适应大学生

319

活，融入南宁"的办刊理念，以"定位准确，实用性强，品味高雅，内容健康"为宗旨，以"做最贴近新生的刊物，做最富亲和力、持久力的宣传"为努力方向，我社于2002年组建了精诚工作室，出版了首期公益杂志《大学新生完全攻略》。10年来，虽然社员更迭，但是精诚工作室"精益做事，诚信为人；精诚所至，金石为开"的灵魂永在。

2012年7月中旬，我社组建的精诚团队继承了"服务广西新生，创造品牌刊物"的优良传统，勇敢地挑战自我、全力以赴，冒着烈日在南宁这片热土上闯荡了一个多月。2012年9月，《大学新生完全攻略》第十期终于成功出版，共印刷12 000册，地图7 000册，全都为全彩纸张，免费发行到广西南宁、柳州、桂林、北海等市共26所大中院校。今年将会有近20万新生阅览到此刊物，它让大学新生更好地了解大学生活、南宁生活，并且提供一些有价值的文章，引导新生树立正确的世界观、人生观、价值观。杂志在社会上、校园里都引起了较大反响。而地图给新生提供了方向，帮助新生适应南宁，适应广西大学。它们的免费发行受到了我区高校众多新生的热烈欢迎。

这次暑期为新生制作杂志和地图的社会实践对于我们的社员是一个很大的挑战。为了做出高质量、高水平的杂志、地图，我们的外联团队一个假期跑遍了南宁去和商家谈判，而负责美工、文字的团队更是精益求精，不断改革创新，反复核对修改。一个好的社会实践活动是辛苦的，可是成果却是斐然的。开学时期，我们为广大新生免费发送了这些"礼物"，受到了大家的热烈欢迎。我社是众多社团中唯一有能力在暑期时间里做出这么高质量、高水平杂志和地图，然后开学免费发送给大家的团队，这些杂志和地图虽然来之不易，可是给了新生、家长很大的帮助，有很高的社会影响力，我们也将持之以恒，将活动进行下去。

图7-75 社员在整理杂志和地图

图7-76 广大新生拿到我们制作的杂志和地图

经营生活　服务于校
千人夺宝"经"兵大型素质拓展益智活动

以丰富学生课余文化生活、培养团队精神、全面提高学生素质为根本目的，广西大学学生经济学社于2006年创新举办了一个大型素质拓展活动——夺宝"经"兵大型素质拓展活动。这极大地锻炼了社员的管理能力及团队合作精神，并得到众多媒体的关注。活动可以拓展学生素质，增强同学们的团队意识，培养团队精神；更可以让同学们从中体验到合作夺宝的快乐、全民健身的愉悦以及对学习、生活全新的领悟。该活动是2008年广西大学80周年校庆在几百个社团活动中唯一被列为校庆级的大型活动.2012年5月，我社开展了第七届夺宝"经"兵大型素质拓展益智活动，有超过200个参赛队伍，参赛人数高达1 600多人，其中不少是外校慕名而来的参赛队伍。目前，这个活动已经给广大师生留下了深刻的印象，具有很高的校园人气和社会影响力。作为广西大学最大的户外素质拓展活动，夺宝"经"兵这个项目是对广西大学学子的一场考验与锻炼。无论是场上坚持不懈、所向披靡的参赛选手，还是一旁坚持己任的工作人员，都在夺宝"经兵"里经历考验不断前进。

图 7-77

图 7-78　大家争分夺秒往前冲　　图 7-79　年夺宝"经"兵部分工作人员赛后留念

实践活动不一定是在社会上，或是在暑期，夺宝"经兵"就是校园里最大的一个实践活动。在活动关卡中，考验着参赛队员的体能素质、判断力和团队精神。在激烈的比赛中做出了无数的选择，经历了多次考验，不知不觉在曲折的过程中增加了自己的信心与心理素质。我社一直致力于为众多学子提供更多更好的实践活动，一路悉心奉献，无怨无悔。

诲吾谆谆 回报恩情
毕业生物品调剂会

绿色环保，服务广西大学。毕业生物品调剂会是以毕业生还有利用价值的二手物品，低价转卖的形式，响应着科学发展观和建设节约型社会的要求，本着广西大学"务实、节俭、传承、创新"的原则举办。既方便了毕业生处理物品，实现资源的共享和有效利用，培养大学生的节约意识，又保护了环境，更将大学生爱心互助的良好品质发挥到极致，支持了许多贫困山区的学校、学生，锻炼培养了社员的临场应变能力及组织能力。自2007年开始，毕业生物品调剂会就受到校领导的高度重视，已被列入了广西大学毕业生行程安排项目，并荣获"十佳活动"称号。

2012年6月，我们继续开展了第九届毕业生物品调剂会，这次提供的场地需要卖家以任意20本书来等价交换。这个有意义的活动一如既往地受到同学们的热烈欢迎，虽然天气炎热，但也抵挡不了大家买卖的热情。然后，我们把得到的图书和书店进行换购，换购成小学图书，为下乡捐赠给山区小学做准备。毕业生物品调剂会作为一个为毕业生服务的平台，是在校大学生为即将离开母校的学长们准备的"礼物"。

物品调剂会前期，宣传是我社主要的工作。从宣传单的设计印刷到商务外联工作，再辗转到广西大学各个宿舍楼做宣传，我社工作人员一直致力于让千万广西大学学子了解毕业生物品调剂会，并参与到其中。活动当天，在我社全体工作人员的配合下，学长们充分利用物品调剂会资源优势，出售自己的物品，众多学子可以采购

图7-80 毕业生物品调剂会现场

实惠的商品，热闹非凡的场面昭示着广西大学学生人"务实、节俭"的美好品

格一代又一代地传承不息。当我社工作人员为毕业生承办了这场物品调剂会，才领悟到实践的真正意义是付出，是为他人服务。赠人玫瑰，手留余香。

春风送暖　大爱无边
暑期"三下乡"实践活动

我社自 2003 年起，每年暑期组织"三下乡"服务团队，牢记"经世济民，学以致用"的宗旨，携着我们的爱心洒向八桂大地。我们深入农家和农民群众同吃、同住、同劳动，体验农村生活，进一步了解广西的区情；我们关注山区儿童，进行义务支教，资助失学儿童，帮助他们坚定求学信心，开阔视野，进一步扩大"大手牵小手"助学基金的帮扶面。活动让在校大学生投身社会实践，接受爱国主义教育及继承、发扬艰苦朴素的生活作风，提升了当代大学生的社会责任感。

暑期"三下乡"作为我社影响最深远的实践活动，一直以来都得到了社团人员的巨大支持，每年都有众多人员积极踊跃报名参加。2012 年 7 月 9 日，广西大学学生经济学社开展了暑期"三下乡"活动。本次团队的宣传组、支教组和调研组切实融入当地生活展开工作，为本次调研主题"关注留守儿童的成长状况"取得了宝贵的一手资料。

"三下乡"活动对一些贫困山区影响巨大，我们给山里的孩子带来了山外的先进的思想理念与视角，让他们有了走出大山接触外面世界的信念。这次社会实践不但对当地居民影响很大，对于下乡的工作人员来说，当认识到山里和山外信息的巨大落差时，确实触发了内心的社会责任感，也更加珍惜现在的生活，进而肩负起祖国复兴的历史重任。

图 7-81　给家庭条件不好的同学送去爱心基金

图 7-82　广西大学学生经济学社 2012 年暑期"三下乡"人员和当地的小学生合影留念

经济学社爱心义卖

爱心义卖是借着校运会商业街和人流聚集的契机，通过采购货物进行义卖活动，并设置爱心捐款箱来筹集助学基金的活动。经济学社义卖活动主要目的是筹集助学基金，为暑期"三下乡"活动做准备，以帮助更多的贫困山区儿童。

经济学社义卖从 2003 年开始一直延续至今，现已成为广西大学学生经济学社的精品活动之一，并在广西大学以及社会上产生了一定的影响，通过义卖让很多人了解了我们的助学基金。

义卖是广西大学学生经济学社筹集助学基金的主要渠道之一，也是让外界了解和关注助学基金的重要方式。通过这一爱心义卖活动，让更多的人来奉献一片爱心，将爱传承下去，让贫困山区的孩子也感受

图 7-83

到社会的温暖和关注。2011 年 11 月 11 日–12 日，我社再次举行了一年一度的爱心义卖活动。对于本次参与活动的工作人员，在社会实践方面也收获不小。参与活动的社员要做好前期的工作准备，通过问卷调查的方式，了解现在大学生的消费特点，并结合学社的实际情况及总结往年义卖的实践经验，集思广益，确定义卖的商品以及物资的购买等各项事宜，并对相关商品价格做市场调查，为所售商品合理定价。这让我们与当今的市场经济有了直接的接触，从而才能了解市场行情。在义卖过程中，我们对义卖出的商品按时做好详细的记录，并积极与顾客沟通，听取顾客对义卖活动的一些看法和意见。这不但可以为下一届义卖活动获取好的建议，也可以锻炼同学们的沟通能力。经济学社爱心义卖，不仅可以为助学基金筹集更多的资金，而且也使参加义卖的同学在实践中得到了销售、沟通方面能力的提升，同时也加强了团队合作精神和克服困难的品质。

主要成绩

广西大学经济学社永远推崇的是相亲相爱、团结互助、自强不息、艰苦奋斗，他们敢于挑战自我、追求卓越的精神每一天都在深深感动着周边同学。经

济学社"大舰队"的一系列精品团队活动，也得到了广大师生的好评。在校团委的深切关怀和支持下、在全体队员的齐心协力下，我们踊跃参加各类学术、文艺、社会实践、精品活动评选等竞赛，并获得了骄人的成绩，现选择其中部分奖项，列举如下：

2007 年，荣获第三届广西高校学生社团公益品牌活动优秀奖，并被自治区教育厅评为"全区优秀学生社团"。另外，我社的广西大学毕业生物品调剂会活动获广西大学校园文化建设优秀成果评选活动优秀奖、全区十佳活动奖；

2008 年，我社参加第二届"谷歌杯"益暖中华中国大学生公益创意大赛，最终荣获全国优胜团队奖；

2010 年，荣获"全国百强社团"等荣誉；

2011 年，再次荣获"芙蓉学子·感动西大奖"，并被评为"暑期实践优秀服务团队"。

近年来，我社连续蝉联"广西大学五星级社团""广西大学明星社团"奖，并且是广西大学唯一能连续三年获得"芙蓉学子·榜样力量"奖的组织。

社会实践远景规划

在未来的工作中，我社将按照"以面向驻邕高校的大型活动为龙头，以社会实践活动和社团文化建设为纽带，带动学社全面发展"的工作思路展开工作。对内，注重我社社员的成长、成才，通过形式多样的社会实践活动来更好地体现我社"经世济民，学以致用"的根本宗旨，争取"让每一位社员都能感受到经济学社大家庭的温暖，都能参加至少一次社会实践活动"；对外，积极开发学商合作的契合校园文化的社会实践活动，扩大学社活动在校内外影响力，并组织社员和社会公益组织进行长期深入的交流。以下是我社的远景规划。

一、为将我社打造成为全区乃至全国的优秀学生社会实践品牌社团、模范社团，为此制订一套更加完善、细化的"经济学社社会实践发展战略方针"，其内容包括：内部管理、对外联络、实践开展、思想升华等战略，真正贯彻我社"经世济民，学以致用"的宗旨。

二、未来我社在普及宣传各种经济理论的基础上，要着重增强对社员的实践能力的开发和培养，能通过实践和理论相结合的方式达到学以致用的境界。通过增加社会实践活动的数量和种类来提供更大的平台。例如，和东盟博览会、北部湾论坛的志愿者、国际国内知名企业的交流，与政府、团委的大学生创业实践项目的接洽等。

三、内强素质，外树形象，着力构建社团文化思想体系，打造实实在在的"精品活动"，创造"广西大学经济学社"的品牌价值，不断扩大学社知名度和影响力。充分发挥我社爱心基金的优势，着力加强我社和贫困山区的联系，把"三下乡"这一公益实践活动做成精品活动，在提高大学生素养的同时为国家的发展做出应有的贡献；

四、加大对经济学社网站、论坛的更新、管理，使其成为经济类学术交流的平台和对外展示我社风采的重要窗口，成为社员互相交流的纽带，成为我社社会实践活动不断发展和壮大的第二战场；

五、加强社员的各方面素质培养，塑造"大舰队"的团队精神；通过社会实践活动，增强社员的凝聚力，充分发挥大学生的自主创新精神，走出校园，体验社会，更好地服务于社会，锻炼出社会需要的真正有思想的人才；

六、我社的活动要做大做强，改变当代大学生懒惰和骄傲的恶习，目标是为社会提供可持续发展的人才。

结 语

　　曾经，有一位经学社人这样给经济学社定义："经济者，乃经世济国之意。细嚼之，乃经营世界、救济民众也。然此等重任，较之吾等初生之犊，未免尚早，乃负重道远矣。鉴此，又释曰：就现之阶段，经济者，经营生活，服务吾校师生，救济贫困尔。此谓之曰经济。学社者，乃望吾社之莘莘学子能于社中学到有用之物，增长各方面之见识，以期为社会做出应有之贡献。此谓之曰学社。"

　　经济学社人的精神是什么呢？我们的制度里没有写，然而真正的经济学社人的血液里必定在流淌着这样一股力量，这就是热情团结、主动实干、积极进取、有责任感、有爱心、不计物质报酬去帮助他人。

后 记

　　青年大学生作为我国社会主义事业的接班人，能否牢固树立和自觉践行社会主义核心价值观，已经成为当前大学生思想政治教育的重中之重。2016 年 12 月 7 日，习近平总书记在《全国高校思想政治工作会议上的讲话》中提出"用社会主义核心价值观教育学生，引导他们扣好人生的第一粒扣子，是高校思想政治工作的使命所在"。同时，总书记还强调"要坚持不懈培育和弘扬社会主义核心价值观，引导广大师生做社会主义核心价值观的坚定信仰者、积极传播者、模范践行者"。

　　高校共青团工作作为高校校园文化建设的重要组成部分和重要阵地，在高校思想政治教育中发挥了重要的作用。高校共青团工作中，每年按惯例的"五四"评优评先、十大团员标兵评选、青年先锋评比、向上向善好青年评选和榜样力量评比等活动，也是共青团的常规工作和重点工作。除历史英雄人物、各类先锋模范的影响以外，这类身边榜样的作用也是不容忽视的客观存在，甚至在某些方面对身边朋友所产生的积极影响会更大。发挥青年榜样的作用，转变现有的话语体系，推动社会主义核心价值观教育的落细、落小、落实，让青年大学生们觉得社会主义核心价值观就在身边，成为目前对青年大学生社会主义核心价值观教育的重要方式之一。

　　我们综合运用政治学、心理学、社会学、教育学、传播学等理论与方法来考察榜样作用和影响，揭示新时代下高校共青团开展大学生社会主义核心价值观教育引领工作进行实践的不同路径。以探究高校共青团评优评先工作的实践路径为线索，以广西高校各代表性共青团为主要对象，从榜样作用的影响路径、实践路径等方面来考察共青团工作与开展大学生社会主义核心价值观教育引领工作两者间的关系。

　　本书对于推动社会主义核心价值观教育落细、落小、落实具有创新意义，有利于促进大学生社会主义核心价值观教育的建设和优化，有利于进一步创新思想政治教育新模式，有利于提高高校共青团工作和大学生思想政治教育的实效性。